国家社科基金
GUOJIA SHEKE JIJIN HOUQI ZIZHU XIANGMU
后期资助项目

刑事疑案适用法律方法研究

Study on Law Applying Methods of Controversial Criminal Case

任彦君　著

中国人民大学出版社
·北京·

国家社科基金后期资助项目
出版说明

后期资助项目是国家社科基金项目主要类别之一，旨在鼓励广大人文社会科学工作者潜心治学，扎实研究，多出优秀成果，进一步发挥国家社科基金在繁荣发展哲学社会科学中的示范引导作用。后期资助项目主要资助已基本完成且尚未出版的人文社会科学基础研究的优秀学术成果，以资助学术专著为主，也资助少量学术价值较高的资料汇编和学术含量较高的工具书。为扩大后期资助项目的学术影响，促进成果转化，全国哲学社会科学规划办公室按照"统一设计、统一标识、统一版式、形成系列"的总体要求，组织出版国家社科基金后期资助项目成果。

全国哲学社会科学规划办公室

2014 年 7 月

序

随着传统法治理论受到各方面（尤其是后现代法学）的冲击，强制性、确定性观念逐渐在司法实践中出现了式微的趋势，同时，更具包容性和开放性的法律方法研究为此提供了一定的解决之道。[①] 法律方法的运用是增强判决公正性、妥当性和说服力的重要保证。在司法实践层面，我们需要进入一个“方法的时代”，以使人们信服和尊重裁判结果，树立司法的权威和公信力。

刑法的适用不是对刑法条文的机械套用，不是对号入座的过程。刑法不只是概念和逻辑的简单结合，而是一个复杂的系统，它包含着辩证性和创造性的东西；刑法的适用应立足于规则，但考虑实质正义、社会经验和具体情景而形成最终的判断。[②] 这个过程需要一些专业的方法或技巧。

作为法学研究中方法体系的总体架构，法学方法论一般包括两种具体的方法。一是法学研究方法。这主要是指法学理论研究所采用的技术性方法，如经济分析法、历史考察法、比较分析法、社会调查法等，这些方法为法学理论的提出、论证和检验提供有力的技术手段，以使“法学理论”具备创新性、时代性、客观性、开放性和可检验性等特征，从而提高法学理论的合理性与说服力。二是立法与法律适用的方法，即如何通过相对科学的技术性手段建立一个具体的法律制度，以及此种法律制度如何运用于实践中、如何面对具体的个案。[③] 本书主要讨论的就是刑法规范在刑事疑难案件裁判中的具体运用问题。

近年来，刑事热点案件的不断出现，既凸显了刑法规范方面存在的不足，也反映了刑法适用方面的问题。刑法的适用是一个技术性思维过程，

---

① 参见孙光宁：《法律论证中的可接受性原则》，载《法律方法》，第 8 卷，济南，山东人民出版社，2009，第 371 页。

② 参见刘艳红：《正义、路径与方法》，载梁根林主编：《刑法方法论》，北京，北京大学出版社，2006，第 85 页。

③ 参见胡玉鸿：《方法、技术与法学方法论》，载《法学论坛》，2003（1）。

它需要司法人员发挥主观能动性，运用解释、判断、衡量、推理、论证等方法，作出合理、合法并且可接受的处理结论。刑法适用方法是法官将刑法规范运用于具体的刑事案件并得出裁判结论的方法，即把刑法法条的内容与案件事实对接进行裁决的方法，它将规范的一般性规定体现于具体的刑事案件①，它包括案件裁判的思维方法和论证方法两个层面的内容。因此，刑法适用方法既是一个理论问题，也是实践问题。② 如果没有科学的、系统的刑法适用方法做指导，在司法实践中，法官，尤其是初涉审判活动的新法官，会不得要领，审判结果会不甚理想，从而造成司法资源的严重浪费，也影响司法判决的既判力和严肃性。

公众热议的“许霆案”“天价过路费案”等，虽早已成为过去，案件也有了普遍能够接受的结果，对这些案件的讨论和分析也推动了刑法理论某些方面的发展，但反思一下，社会耗费了这么多的资源，只得到一个相对合理的判决结果是不够的，我们或许还应该从这些案件所反映的问题中获得更多有关规范的完善和理论发展的可能。③ 从现行司法背景来看，热点案例的不断出现，舆论对“公案”的关注，反映了刑法适用方法研究的不足，这一点已经引起一些学者的注意，认为仅仅讨论案件如何定性，不足以从热点案件中得出更有价值的东西，重要的是反思为何事实清楚的案件，在适用法律上观点争议会如此之大——刑法适用的方法论问题以及制度建构等更深层次的问题需要进一步理清。如果一个国家有法律但缺乏法律适用的方法、缺乏司法的专门技巧，法律也只是装点门面、铺陈摆设而已。④ 中国刑法学理论研究应转型为以实践为主，要实现“从纯粹说理到解决问题”的转型，提升刑法学理论研究的实践性。⑤ 也正是在这些公众热议的案件发生之后，笔者产生了对刑法适用方法作一些探讨的想法，目的在于反思一下现行刑法适用方面存在的不足，并进一步探讨、分析相对合理和科学的刑法适用方法论，尤其是刑事疑难案件如何得到合法、合理的审判结论。任何理论体系都是暂时的，而蕴含在体系中真正有价值的方法却可以启人心智并发展下去；任何理论观点都可能会随着社会的发展或

① 参见侯学勇：《我国法律方法论研究内容的变迁——以三对概念的对比为线索》，载《浙江社会科学》，2010（6）。

② 参见王桂萍：《定罪总论》，中国政法大学2003年诉讼法学博士学位论文，第119页。

③ 参见苏力：《法条主义、民意与难办案件》，载《中外法学》，2009（1）。

④ 参见谢晖：《〈法律方法〉总序》，载陈金钊、谢晖主编：《法律方法》，第2卷，济南，山东人民出版社，2003，第2页。

⑤ 参见齐文远：《中国刑法学该转向教义主义还是实践主义》，载《法学研究》，2011（6）。

时间的推移而变成过时的东西，而有价值的方法却能帮助人们找出独立探索的合理途径。可以说，一个学科成熟的标志在于其自身方法论的发展和更新。然而，长期以来，刑法理论界与司法实务界对刑法方法论的研究一直没有给予应有的关注。① 本书就是这样一种努力——寻求共同的法律话语平台和共同的审判思维方式。

目前，我国刑法学界对于刑事疑难案件裁判的方法论研究比较薄弱。法理学界对于法律适用方法研究较多，国外著作如拉伦茨的《法学方法论》(商务印书馆 2003 年版)、博登海默的《法理学：法律哲学与法律方法》(中国政法大学出版社 2004 年版）等，国内著作如葛洪义主编的《法律方法与法律思维》(法律出版社)、陈金钊的《法律方法论》(中国政法大学出版社 2007 年版）等。另外，关于法律方法的论文也不少，如苏力的《法条主义、民意与难办案件》[《中外法学》，《中外法学》，2009 (1)]等。这些研究成果从法理学的角度研究法律适用方法，具有广泛的适用性。不过，每一门学科都有自身的特殊性，刑法是最严厉的法律，涉及公民的重大利益，加上刑法理论的深入发展等原因，使得针对刑法的方法论尤其是疑难案件的裁判方法研究有进一步深入的必要；近年来一些公案的热议（如“许霆案”）更凸显了刑法适用方法研究的急迫性和重要性。针对刑法的方法论研究已有一定的成果，这些著作中，有的从宏观角度对刑法学方法的功能、刑法学的研究方法、研究视角以及研究方法的选择等问题作了深入研究，如曾粤兴的《刑法学方法的一般理论》（人民出版社 2005 年版)；有的从中观或微观角度对刑法方法论作了深入研究，对于刑法的教义分析方法、解释方法、推理方法等作了深入探讨的著作，如陈兴良的《刑法方法论研究》(清华大学出版社 2006 年版)、梁根林主编的《刑法方法论》(北京大学出版社 2006 年版)、陈航的《刑法论证方法研究》(中国人民公安大学出版社 2008 年版)、杨艳霞的《刑法解释的理论与方法》(法律出版社 2007 年版)，等等。对刑法解释的语义分析方法以及有关技术问题进行实证研究的著作，如张明楷的《刑法分则的解释原理》(中国人民大学出版社 2011 年版)、吴学斌的《刑法适用方法的基本准则——构成要件符合性判断研究》(中国人民公安大学出版社 2008 年版）等。这些针对刑法学方法的成果从各自的角度对刑法的适用或研究方法作了深入的探讨和分析，对于刑法学方法论的理论发展和司法适用具有重要作用。整体来说，虽然法理学界对法律适用方法研究得不少，但刑法

① 参见刘艳红：《走向实质解释的刑法学》，载《中国法学》，2006 (5)。

学界对于刑法的适用方法的研究有待深入。从法理学的角度研究法律适用方法具有广泛的适用性，但是，每一门学科都有自身的特殊性，并且，随着我国经济社会的转型，社会新问题、新矛盾不断出现，刑事公案层出不穷，由此司法部门提出案件的办理要注意法律效果和社会效果的统一，这种司法理念对于如何适用刑法规范提出了新的挑战，因此，考虑社会、经济和公民观念的发展，结合刑法学理论和法理学知识，对于刑事疑难案件如何适用刑法规范作进一步的研究，丰富刑法适用方法的理论，以指导刑事审判实践，具有重大的理论和实践意义。

本书的研究目的在于，在强调社会和司法背景的情况下，通过对热点案件争议观点的分析以及对一些刑事判决书的实证分析来找出刑事案件裁判中存在的问题，包括事实认定、刑法规范的寻找、大小前提的恰当对接、判决书的论证等刑法适用中的不足，以及一些案件的处理结果不能达到两个效果的统一的原因，进而，从宏观角度提出刑法适用的一些理念，从微观角度提出一些使大小前提恰当对接的思维方法以及判决书论证的方法等，以期丰富刑法适用方法论，为司法实践提供一定的指导。

本书秉持语境主义的研究进路，坚持法律规范的意义和运用要结合其语境（包括历史背景、各种关联因素等），不能孤立地理解法律现象、法律规范，注重特定社会中人的生物性禀赋、政策因素、各种利益关联以及社会经济发展水平的制约，在不反对基础主义思考方式的前提下，强调以具体分析问题和实际解决问题的方式来解决刑事疑难案件的审理难题，以保持刑事规范的生命力。对于疑难案件的刑法适用，笔者秉持实用主义的观点：社会科学理论是否切题、合理的检测标准是它的工作成效。具体到刑事疑难案件裁判方法的适用，其检验标准只能是它是否完成了使命，对裁判后的法律效果和社会效果是否有益。

由于本人学力有限，对于这样一个宏大的命题，只能从自己的有限学识和经验出发，站在能够论说的角度来分析一些问题，其中的不足会在以后的学习和研究中逐渐弥补、探索，因为这只是本人对于方法论研究的初步尝试。

目　录

引　言

我国学者习惯性地认为司法实践一直以来都受到我国实质法治的影响，但是，近年来，我国的法学研究和司法实务受到西方概念法学、规则中心主义等的影响比较大，越来越注重法律规范的制定和各种法典的完善，相对忽视了如何将规范运用到具体案件中的研究。从司法实践看，我国的法官还没有形成自觉运用法律方法的意识或习惯。方法的欠缺使得一些热点案件暴露在赤裸裸的权力争夺的表面。① 面对刑事司法实践中出现的大量实际问题（热点案件和理论困惑），法学界的理论研究成果，不管是从数量还是从质量看，也不管是从理论解释力还是从实践指导力看，都难以尽如人意。问题出在哪里呢？笔者认为，这与法学理论方面“辞旧迎新”时期还没有系统而完整的方法论体系有直接的关联，尤其是与没有一套深入、成熟的具有实践品格的法律方法体系相关。② 近年来，由于司法实践中出现的一些法律适用问题以及实用主义法学的兴起，法律方法③在我国法学界开始受到重视。目前，在司法实践中，对法律方法的运用还处于不自觉状态，尤其是遇到刑事疑难案件时，更凸显了法律适用方法的欠缺。这主要表现为选择适用于当下案件的法律规范的思路不够明确：如何将案件事实与规范恰当对接；遇到法律规定本身模糊、多解、有歧义时，如何选择和运用解释方法；在多种解释并存时，如何以利益衡量方法得出

---

① 参见陈金钊、吴丙新、焦宝乾、桑本谦：《关于“法律方法与法治”的对话》，载《法学》，2003（5）。

② 参见黄竹胜：《法律方法与法学的实践回应能力》，载《法学论坛》，2003（1）。

③ 法律方法与作为理论研究手段的法学方法，虽同属于广义的法学方法论的范畴，但其旨趣和实践面向却有很大的差异。法学方法无论是实证分析方法还是价值评价方法，都只是对法律实际生活进行理论抽象和学理解释的方式，其提供的产品是理论性的而不是实践性的，这些法律理论有助于提升人们的法律认识能力和法律思维结构，但对于具体司法行为，其作用方式是间接的、宏观的。相形之下，法律方法则具有直接的实践指向，是否掌握有效的法律方法或是否运用科学、合理的法律方法，法律活动的结果会有很大的差别。另外，法学方法对法律现象是解释性的，而法律方法对法律活动是应用性、指导性的。

最优结论，等等。

方法来源于实践经验的总结又作用于未来的实践，所以方法既是实践的产物又是实践的开始。① 技术意义是法律方法的首要意义，法律方法的价值主要在于其工具性功能。法治是规则之治，但“徒法不足以自行”，适用是规则的生命，规则向判决的转化需要各种法律方法。理论和方法相互依存，某种理论如果无法从方法论层面上予以检验，就不能算是有用的理论，换句话说，没有方法支撑的理论，只能是一种无法结果的理论。② 法律制度、法律知识为人们思考和处理法律问题提供了基本的前提，如何将已有规则和法律知识与司法实践中的具体问题联系起来并提供具体的解决方案，需要各种方法和智慧。法律知识与现实世界并不是一一对应的关系，法律方法和法律人的主观能动性对案件的具体解决有着重要意义。在英美法中，法律方法③主要是指法官在案件裁判过程中解释法律和逻辑推理的技巧或手段，具有“实践技艺”的特点。将法律规范适用于具体案件的过程不是仅仅借助于逻辑涵摄即可完成的，它还是需要有各种方法支撑的、能动的实践活动。④ 法律方法就是得出正当裁判的方法，即法律适用的方法。法律方法是法律适用中必不可少的技巧，它为法官裁判案件提供了规范寻找、法律解释、论证、推理、利益衡量等一系列从进入案件到作出判决书这一全过程的各种手段。法律方法的实用价值还体现在它能够使法官按部就班地从事司法运作，提高审判效率，尽快从解决法律问题的各种不同方案中找出最优选择，以减少大量试探性工作，降低司法活动的成本。法律方法以法律思维的方式发挥作用，将事实与规范进行恰当对接，使判决得以形成，并使判决正当化，在具体情境中体现法的公正性，实现形式正义和实质正义的统一。另外，法律方法具有效率价值，能使各种法律问题及时有效地得到处理，也节省各种成本包括司法成本。⑤ 法律方法具有理性论证的功能：它是法律人论证说理的必要形式。通过运用一定的法律方法，司法人员向当事人、社会公众以及其他受众证明自己的结论或论证过程是正确的。法律修辞学、逻辑推理、对话协商等都是法律论证过

① 参见王新生：《法律方法的技术意义和规范意义》，载《甘肃政法学院学报》，2007（2）。

② 参见陈金钊：《追问法律方法论学科的意义》，载《法学论坛》，2003（1）。

③ 法律方法（legal methodology）指“在某个特定法律制度之内可用来发现与解决具体问题或者具体争议的原则和规则的方法之总和”（《牛津法律大辞典》）。

④ 参见刘获：《论司法的合法性与法律商谈》，上海师范大学2011年硕士学位论文，第26页。

⑤ 参见王新生：《法律方法的技术意义和规范意义》，载《甘肃政法学院学报》，2007（2）。

程中的有效方法。司法人员主要以三段论的逻辑推理为基础，结合常识、常理和相关知识进行一定的说理，使法律活动的各方参加者达成必要的共识或妥协，从而减少不必要的纷争，提高法律问题的处理效率。此外，法律方法也具有形式功能。获得可以接受的司法判决是法律方法的主要目标之一。由于多元价值的存在，共识也只能建立在形式的意义上，而这种法律形式也就是维护法治平衡所必需的。①

刑法适用方法是法官将刑法规范与案件事实对接形成判决结论的方法，即把刑法法条规定的内容具体运用于案件裁判的方法，它使法律的一般性规定体现于具体的刑事案件中，它包括思维方法和操作方法。② 刑法坚持罪刑法定原则，并不意味着法官要扮演“自动售货机”的角色，刑法的适用绝非案件事实与法律规范的机械对号入座，它需要司法人员的主观能动性，需要去发现罪刑规范，对事实进行归类，并运用一定的方法去推理论证。大陆法系实行的是制定法制度，其主导的思维方式是演绎推理，即司法三段论。但是，纯粹的三段论推理并不能够实现司法的正义，或者说，演绎推理不保证判决的正当性，原因主要是推理的大小前提并不是一目了然，或者说不是那么容易确定，总是需要借助其他的方法，甚至法官的“内心确信”，以及“目光在事实与规范之间往返流转”来确立推理的大小前提。另外，司法也不是一个单纯的运算过程，它包含着价值判断或利益衡量，是一个对话的辩论过程。③ 总之，裁判的过程是一个技术性思维过程，其间要运用解释、判断、衡量、推理、论证等方法，以作出具有合理性和合法性的处理结论。

---

① 参见王新生：《法律方法的技术意义和规范意义》，载《甘肃政法学院学报》，2007（2）。

② 参见王桂萍：《定罪总论》，中国政法大学2003年博士学位论文，第119页。

③ 参见王瑞君：《刑法解释：为刑事个案裁判提供推理大前提》，载《山东社会科学》，2008（5）。

第一章 绪 论

第一节 刑法适用与法律思维方法

一、法律思维方法概述

思维是指人脑对思维的对象所产生的概括性反映，它是一种与语言有关的理性认识过程。[①] 法律思维是法学研究和司法实践中最为重要的思维形式，其影响着人们对法律问题的基本判断。对于法律人来说，法律思维的过程就是运用法律知识、经验和法律方法解决法律问题的过程。法律思维具有思维的一般特征，同时，又比一般思维有更为特殊的内涵。何为法律思维？广义的法律思维是指社会主体在与法律相关的社会活动中所运用的某种思维模式，它既包括法律职业共同体的思维方式，也包括非法律主体的思维方式。[②] 狭义的法律思维是指法律职业共同体的思维方式（本书取其狭义），特指法律人运用法学理论、法律知识、形式逻辑，并按照法定程序进行思维的活动。对于法律思维的概念，可谓仁者见仁、智者见智，本书不详细介绍，只借用其中一种作为概念的界定："所谓法律思维方式，就是按照法逻辑（包括法律规范、原则和精神）来分析和解决社会问题的思维方式。"[③] 法律思维的过程不仅仅是一个对法律问题进行技术操作的过程，更是一个通过具体问题对法律进行思考和再认识的过程。

① 参见吴俊明：《法律思维：和谐社会建构的法律观念保障》，载《理论建设》，2009 (4)。

② 参见吴俊明：《论影响我国社会主体法律思维生成的因素及其消解》，载《法学杂志》，2010 (4)。

③ 郑成良：《法治理念与法律思维》，载《吉林大学社会科学学报》，2000 (4)。

本书所称的法律思维方法是指以司法适用为中心，针对个案如何得出判决结论的思考方法，即应用法律的方法。这种思维方法是法律适用的技巧。在具体个案的审理中，必须依据科学的思维方法，根据法律知识、经验等作出合法合理的判决结论。本书所说的法律思维方法包括两个方面：一是案件裁判过程中的操作方法，如定罪方法、量刑方法，等等；二是有关刑法运用的理论方法，如刑法解释方法、逻辑推理方法以及论证方法等。①

二、刑法适用与法律思维方法

一般认为，演绎推理是法律适用的基本逻辑模型，司法三段论通常是案件推理的基本框架。但是，司法三段论的演绎推理只是案件推理中的一种总体框架模型，对一个具体案件的裁决来说，显然是不够的。司法的起点是一般的法律规范，以及特定的事实；司法的终点或目的是就个案事实作出一项裁判。但是具有普遍性的法律规范并不完全对应于多样的个案事实，因此，一般化的法律与个案裁判之间不能建立直接的推论，法律适用就需要一个理解应用的过程，即法律思维过程②，以解决若干不同的法律和事实问题，形成精确的大小前提及法效果。

法律适用是司法实践的核心，而刑法适用的关键则是对法律思维方法的掌握。因为在所有领域，方法对于问题解决具有决定性意义。在具体案件的审理中，仅仅依赖演绎推理难以保证结论的妥当性，结论的妥当性主要取决于大小前提是否能够恰当对接，而如何将大小前提匹配，或者说寻找到合适的刑法规范以及将事实恰当归类，则是演绎推理无法解决的，必须借助于一定的法律方法。

以曾经成为舆论热点的许霆案为例：从形式上看，其中的定罪推理和量刑推理都完全符合三段论的规则要求，然而依据演绎推理的形式作出的判决却不能够得到大多数人的认同。问题出在哪里？正如有学者所言，许霆案所反映出的问题远远不是“定罪是应该的，但判得太重，法律效果和社会效果结合得不太好”③，还在于法官是否运用了恰当的法律方法；也不仅仅在于其适用了刑法中的特殊减轻制度，而在于如何不动用这一制度

① 参见刘治斌：《法律思维：一种职业主义的视角》，载《法律科学（西北政法学院学报）》，2007（5）。

② 参见王源渊：《法官在法律适用中的地位》，载《法律方法与法律思维》，第4辑，北京，法律出版社，2007，第163页。

③ 《检察日报》，2008-03-12，第4版。

而能够运用一定的法律方法进行恰当处理。①

在许霆案再审中，法官就不仅运用了形式推理，还运用了实质推理，在判决书中运用了多种论证方法，如逻辑论证、对话思维、修辞手法等法律方法，达到了较好的法律效果和社会效果。

总之，在刑法的具体适用中，法律思维方法的掌握和运用对于法律人来说，是必不可少的技巧或工具。

第二节 超越法律形式主义

——形式主义与实质主义在刑事审判中的双重演绎

一、法律形式主义及其局限性

法律形式主义是一种方法论。关于法律形式主义②的界定，有很多观点，但总体来说，它的主张包括：法律是理性的、确定的；判决的过程是机械的、严格的演绎推理过程；得出判决结论时不用诉诸价值判断、利益权衡等非法律的因素。③ 一般来说，主张案件裁决过程应遵循严格的演绎推理过程的学者都算是法律形式主义者。形式主义者认为，法官具有很小的司法裁量权来选择法律，他们根据法律规范（大前提）和案件事实（小前提），通过逻辑推理得出结论，不能有较多的主观能动性。④

法律形式主义是19世纪特定历史背景的产物。在近代，“法律形式主义”的发展是与欧洲的法典化运动紧密联系的。19世纪科学和工业的发展使人类对于自己在自然环境方面的能力、思想、政治和经济中的许多理念和制度，有了新的认识，尤其在社会结构和生活的各个领域中充斥着科学以及对科学的极度崇拜。一些唯理主义者如笛卡尔认为：人类有能力把握普遍的知识，借助于心中固有的自明的知识和原理，能够建立一个包罗万象的理论体系，并且这种理论必然被理性地遵守。⑤ 当时，此种唯理主

---

① 参见刘军：《根据法律进行思维的方法与限度》，载《法律方法》，第8卷，济南，山东人民出版社，2009，第293页。

② 法律形式主义只是具有“家族相似”的一个群体。所有形式主义者都强调司法过程中逻辑方法的重要性。进一步说，凡是认为司法决定的过程是一个严格的演绎过程的学者都属于法律形式主义者。

③ 参见陈锐：《法理学中的法律形式主义》，载《西南政法大学学报》，2004（6）。

④ 转引自陈锐：《法理学中的法律形式主义》，载《西南政法大学学报》，2004（6）。

⑤ 参见〔美〕梯利：《西方哲学史》，葛力译，北京，商务印书馆，1995，第326～327页。

义思想在整个社会科学界包括法学界都产生了很大的影响，“科学化”成为刑法立法和司法的指导思想。其时，在立法上，欧美一些法学家试图建立无缝隙的法律概念网络，在其中，法律规则、原则等紧密地结合在一起，形成一个和谐的、逻辑上封闭的法律体系。在这种严密的法律体系下，法律具有确定性、客观性、完全性，司法决定的过程是一个机械的、不可自由裁量的过程，法官判案不能参考法律以外的因素，正确的审判结论可以依靠逻辑演绎的方法推导而来。也即法的适用方面，形式主义方法论的体现是形式推理——演绎推理。可以说，盛行于19世纪欧美国家的法典化运动使法律形式主义发展到了顶点。直到20世纪自由法运动兴起以后，法学研究和法律适用中的形式主义受到了抨击，法律形式主义逐步衰落。

本书所述“法律形式主义”，既是指运用逻辑方法从前提推导出法律结论的思维；也指坚信法律语言具有明确性、安定性，法律体系具有封闭性和完整性，并因此认为疑难案件的答案能够从现有法条中找出，即通过常规法律分析手段能够得到法律问题的正确处理结论。①

法律形式主义的典型特征包括：坚信法律制度是一个封闭的逻辑自足的规则体系；强调法律概念的字面含义；推崇法律适用的形式逻辑；忽视法律适用的目的与社会效果。在法律形式主义者看来，具有形式合理性的法律是一种高度逻辑化的普遍性思维，是一种制度化的思维，它要求在立法上制定逻辑清晰、体系完整、可适用于任何实际情况的规则体系。在法的适用方面，法官应严格遵守形式推理中的演绎推理，即使探求法的精神也只能是探求立法者的意图，法官的逻辑推理须忠实于法律，不允许自由心证，不允许法官造法，不能够随意变更法律的含义。这种方法论的优点在于结构严谨，形式合法，明确性较强。只是，形式逻辑的演绎需要存在以下前提：其一，法律是一个由法律命题构成的没有漏洞的体系；其二，所有案件都能够在法规范中找到对应的法条，能够通过法律逻辑的方法得出裁决结论；其三，由于法律体系的完整性，各种行为都能够被类型化为对法律规范的适用或执行，或是对它们的违反。② 立法和司法的现实已经证明，这样理想的前提几乎是不可能存在的：首先，关于法律体系的逻辑

---

① 参见吴学斌：《司法能动主义：司法实践超越法律形式主义》，载《广东行政学院学报》，2006（3）。

② 参见王亚明、杜万松：《从形式到实质：纠纷解决的范式变迁》，载《河南大学学报（社会科学版）》，2008（2）。

自足性。法律形式主义者把法律看作是封闭的东西，力图划清法律同其他学科如心理学、社会学、伦理学、政治学等的界限，并强调法律的形式和结构，使法的适用局限于法律制度之内。但实际上，作为一门研究人与人之间关系的社会科学，法学不可能割断法律与其他人文社会学科之间千丝万缕的联系；同时，由于人类认识能力的有限性，法律的确定性和完整性都只是一种理想，而且法律规范不可能是固定的、永恒的，而是随着社会发展而变化和更新的，尤其是随着司法的决定过程而变化。其次，关于法律的普遍适用性。霍姆斯认为："一般命题不决定具体的情况。"司法实践表明，形式主义的逻辑演绎总是遇到以下情况：法律规范的含义模糊；法律规范之间相互冲突；出现"合法"与"合理"相悖的局面①；法律条款包含了多种可能的解释结果。在这样的情况下，形式主义就凸显它的局限性。如何解释和选择法律规范，对于法官来说，依然是一个"仁者见仁、智者见智"的问题。再次，关于严格的形式逻辑演绎问题。逻辑在司法决定中起着重要的作用，这一点毋庸置疑。但是，法律推理既然是一种思维活动，那么它就既要符合思想的规律，也要符合实践的规律，是逻辑与经验的有机统一。如果只重视逻辑而忽略经验，把法的适用仅仅看作是逻辑推演过程，认为正确的判决仅用逻辑推理方法就能从法律规则中推断出来，则只能保证裁判结论的"形式正义"，而无法保证"实质正义"的实现。

总体来说，法律形式主义的局限性在于：在法的适用过程中，形式主义强调文本和逻辑，但是，在司法裁决过程中，对案件事实的归类，即将具体案件事实归摄于一般刑法规范，仅仅靠形式主义难以解决问题。而逻辑在对具体事物进行分类时用途不大，逻辑只能从规则推出结论，而不能作出这种特殊的判断。当然，在这个过程中一般范畴绝对是有用的。至于大前提的发现或寻找，单纯的文本和逻辑都无能为力，还得靠法官根据法律知识、经验和价值判断作出选择和适当的解释。如果严格地、机械地执行法律形式主义司法方法，必然会忽视个案的实质主义，难以兼顾自由保障机能与社会保护机能。

二、实质主义——形式主义的超越

与形式主义方法论相对的是实质主义方法论，它是对法律形式主义的

① 参见韩登池：《法官的逻辑与经验——兼论法律推理》，载《韩山师范学院学报（社会科学版）》，2005（5）。

矫正。实质主义方法论认为：法律体系不是封闭的、完整的，法的适用既要依据规则和标准，同时又要考虑规范所立于其上的根据以及规范之外的某些东西；法律适用正当性的标准不仅仅包括形式的，也包括实质的；不仅要进行形式判断，还要进行实质判断。其推理方式既包括辩证推理，也包括形式推理。

实质主义方法论的思想根源是语境主义①，语境主义强调特定情景（政治文化环境、社会经济环境等）与原则的关联和结合，不过分强调和依赖文本（规范）。实质主义方法论者认为，一般性命题（具有普遍性的法律规范）并不能完全解决具体的案件，判决不能仅仅依赖于明确表述的大前提，还需要一些价值判断、利益衡量或直觉等；法律的生命不仅仅在于逻辑，还需要经验；时代的发展要求、当下的政治与道德理论、公共政策等，不管是坦率承认的还是讳莫如深的，在确定行为规范或裁判规范上的作用要胜于三段论的演绎推论。② 实质主义方法论在法学上的表现形式为法律现实主义的理论倾向。

20世纪初期，美国从自由资本主义过渡到垄断资本主义以后，资本主义私人制与社会化大生产之间的矛盾日渐突出，各种社会问题凸显、激化，法律形式主义在解决各种社会矛盾时暴露出滞后性、僵硬性特点，从而弥补法律与现实之间的鸿沟成为一个至关重要的问题。③ 在这种背景下，法律现实主义应运而生。这种观点认为：作为社会调控的工具，法律应起到社会政策的作用，应能够促进社会的发展。由于法律不断显现出滞后性，所以法律人要注意审视法律与社会之间的距离而适当予以调整，对法的适用就不应拘泥于法律规范的内部结构。其司法理论是工具主义取向的，认为法院作为一个处理案件的机构，须服务于特定的时代和一定的社会目的，这免不了进行社会利益的衡量和各种价值的判断等。④ 在裁决案件过程中，法官在对案件事实进行司法归类时，有时会根据直觉下初步结

① 语境主义注重在特定时空框架中不断变化着的历史事实，而且这种可变的事件本身赋予主体目的和意图，主体参与了事件和语境的构造当中，同时，语境反过来也影响主体的行为，这是一种相互促动、关联的关系。语境主义将实体、事件、现象等具有实在特征的存在视为是在关联中表述的，不同的语境会形成不同的本体论立场，从而词语及其所指的对象就会有不同的意义。参见殷杰：《语境主义世界观的特征》，载《哲学研究》，2006（5）。

② 转引自柯岚：《法律方法中的形式主义与反形式主义》，载《法律科学（西北政法学院学报）》，2007（2）。

③ 参见曾毅、熊艳：《从法律形式主义到法律现实主义》，载《求索》，2010（1）。

④ 参见曾毅、熊艳：《从法律形式主义到法律现实主义》，载《求索》，2010（1）。

论，然后寻找适当的法律规则和理由对这个初步结论予以合理化论证（在判断过程中不断将事实与法律规范进行比对，并检验和修正自己的直觉判断）；裁决的主要理由既包括法律规范也包括非法律因素（如政策、道德等）。从刑事司法方面看，现实主义法学提出了几点对形式主义的不同意见：世界是复杂多变的，而人类立法具有有限理性；法律本身是不确定的，法律规范不可能是固定的、永恒的，而是不断发展和更新的；在判决过程中起作用的不单单是逻辑和规则，还有经验，以及政策的考虑、伦理道德、法官的"前见"和直觉等；法官在裁判中（尤其是裁判疑难案件时）不应机械地适用法律规则，而应权衡社会利益，作出价值判断。具体到刑事司法判决来说，实质主义的论证主要是指对法律推理大小前提的合理性、同一性的证明。它包括对案件事实的分析和归类、裁判规范的寻找、相关的价值判断、法律解释等内容。①

实质主义方法论贯彻在刑事司法适用中，主要优点在于：(1) 能够避免因社会发展而导致法律滞后的情况，不至于出现无法可依或者合法不合理的情况；(2) 不拘泥于法律规范，不机械适用形式推理，能够根据案件的具体背景、特殊情况作出合法合理的判决，有利于个案的实质主义，有利于社会和谐秩序的构建。毋庸置疑，实质主义方法论也存在一定的不足：(1) 主体的依赖性。实质主义方法论虽然克服了形式推理的逻辑固定性，在复杂疑难的案件中表现出灵活性和适应性，但由于实质推理或价值判断能否达到实质正义取决于法官的专业水平、经验等因素，所以其主体依赖性和主观性较强。在进行实质推理时如何克服法官个人的主观臆断是一个很重要的问题。(2) 判决结果具有差异性与不确定性。价值判断涉及法官个人的价值观问题，这会出现"仁者见仁，智者见智"的问题。这种主观判断的差异性会导致判决结果的差异性和不确定性，违背同样案件同样处理的公平原则，甚至会引发人们对法律的不信任和对裁判权威的挑战。

三、我国刑法适用的形式主义倾向

尽管中西方国家在不同程度上都崇尚司法的实质合理性，但由于文化传统、司法手段、目标等方面的差异，东西方法治走上了不同的发展道路。② 中国历史上主要是以"礼"治国，虽然有法典，但却没有法治的传

---

① 参见张继成：《法律推理模式的理性构建》，载《中山大学学报（社会科学版）》，2003 (6)。

② 参见王亚明、杜万松：《从形式到实质：纠纷解决的范式变迁》，载《河南大学学报（社会科学版）》，2008 (2)。

统，也没有较为丰富的法学思想或理论。“天理、人情、国法”是我国古代社会处理案件或争议的依据，其中，最主要考虑的是柔性的“天理”和“人情”而非刚性的“国法”。因为“天理、人情”更加灵活，能够根据案件或争议的具体情况进行处理，即能够兼顾“语境”，具有实质主义取向。而“国法”的运用，是不得已的手段，并且经常被变通，或者附加了诸多的道德内涵。法官的判决经常动用习惯、道德等各种资源，很少讲究逻辑，而且大量地运用修辞性言词，使判决看起来不是一个是非的断明，而是一种道德的说教。① “原情定罪，因事制刑”是中国古代实质主义法律思维最突出的特点。近代以来，由于我国经济、政治的相对落后，而西方经济、政治以及文化日益繁荣，使得我们开始注意和学习西方文化，并逐步大规模移植西方的法律与法学理论，从理论到立法都对中国法学和法律做了极大的改造。又由于我国实质主义法律推理和论证的传统，法律人和法学人一直以来极力推荐和强调形式逻辑推理在中国司法语境中的重要性，“面对司法实践中的能动主义和实质主义倾向，我们须倡导司法保守主义和法律形式主义”②；“我国的国情和西方国家大不相同，传统法文化中不存在法律形式主义的传统，有的只是实质的伦理法”③。近数十年来，强调形式逻辑的声音一直占主导地位。如今，我国的国情和司法状况已经发生了不小的变化：首先，我国的经济体制在转型，经济水平快速发展，由此引起文化、观念的变化，产生了一系列新的社会问题和矛盾，疑难案件或者说难办案件越来越多。其次，随着几十年的法学教育的发展，我国法官的素质早已得到了较高的提升，大部分法官都是法学院校毕业的，形式逻辑的教育并不缺乏。再次，“法有限、情无穷”，立法能力的有限性和社会生活的多样性之间的矛盾决定了立法难以涵盖所有情况或者有些情况或案件虽然属于制定法的字面含义范围，但不应属于该法的目的范围，尤其在疆域宽广、经济发展不均衡的中国。在社会矛盾不断突出的情况下，我国提出了判决的法律效果和社会效果统一的司法理念。在传统习惯和体制转型的双重背景下，我们不能一味地强调形式主义和实质主义中的某一方面，而应该审视我国现行司法究竟出现了什么倾向，适时纠偏，以保证

① 参见范春莹：《形式与实质：法律思维的两个面向》，载《法律方法》，第 7 卷，济南，山东人民出版社，2008，第 306 页。

② 范春莹：《形式与实质：法律思维的两个面向》，载《法律方法》，第 7 卷，济南，山东人民出版社，2008，第 307 页。

③ 王亚明、杜万松：《从形式到实质：纠纷解决的范式变迁》，载《河南大学学报（社会科学版）》，2008（2）。

判决能够合法又合理，达到两个效果的一致。

近年来不断有媒体报道“疑难案件”，像沈阳的“刘涌案”、广州的“许霆案”、平顶山的“天价过路费案”、深圳的“梁丽案”以及“邓玉娇案”等，这样的“疑难案件”或热点案件层出不穷，有关这些案件的舆论沸沸扬扬，甚至法律职业群体内部也意见纷呈。可谓是“横看成岭侧成峰，远近高低各不同”。在这些热点案件被判决之后，意见之间的分歧就不复存在：公众“只好热闹不求甚解”，故其注意力迅速转移；但是法学人也没有对“疑难”案件引发的相关问题深入反思，尤其不见在学理上作出什么贡献，而是转投新的热闹去了。①

对于频频出现的“疑难案件”，我们要做的不仅仅是讨论是否构成犯罪、构成何种犯罪、如何量刑等纯技术的问题，我们必须进一步思考的深层次问题还有：为什么依据同一部刑法、面对同一个法律事实会得出不同的法律观点或结论？难道不都是运用着大前提和小前提进行着相同的演绎推理吗？在笔者看来，引起意见分歧的深层根源不在于对犯罪构成要件的理解不同，而在于他们共享的“形式主义法律观”。也许可以说，这些争议案件引发多种不同观点透露出了一个信息和倾向：当下我国法律理论和司法实践实质上偏向于法律适用的形式主义。法律适用不就是“罪刑法定”“依法治国”以及“程序正义”，等等，而不是“实质正义”吗？严格的规则主义、罪刑法定已经成为我国当代法学界和法律界的主流意识形态。② 在形式主义法律观的前提下，法律体系具有完整性、逻辑自足性，法的适用是一个严格的逻辑推演过程，对于各种刑事案件只要根据现行法律规范进行适当的逻辑分析，便能得出正确的判决。探求法的精神只能是探求立法者明示或默示的意旨，法官的逻辑推理须忠实或服从于法律，不能够随意变更或增减法律的意图，否则就是逾法或越权。③ 于是，在“形式主义法律观”的支配下，大家对于疑难案件所涉犯罪的构成要件讨论来讨论去，局限于传统刑法理论或者法条字面意思来比对事实和规范是否对接，较少以立法目的为指南作价值判断（考虑社会情势、经济发展等因素），或者说，没有一个核心的价值观作为解释法条和事实的指导思想，这种大小前提的解释和对接就具有一定的盲目性。

---

① 参见蔡宏伟：《“许霆案”与中国法律的形式主义困境》，载《法制与社会发展》，2008（5）。

② 参见苏力：《法条主义、民意与难办案件》，载《中外法学》，2009（1）。

③ 参见曾毅、熊艳：《从法律形式主义到法律现实主义》，载《求索》，2010（1）。

形式主义强调对法律的严格执行，但在刑事立法还不完善的情况下，一些问题还无法可依。另外，社会的多元化发展，也使刑事案件越来越复杂。近年来，网络传媒使得多元的价值观极易在刑事热点案件中发生碰撞，“许霆案”“胡斌案”“天价过路费”案等在网络媒体中被媒体、民意和政治来回冲击，使得各种复杂因素影响到案件的裁判，以至于作出一份被各方均接受的判决成为不易的事。① 这是法律形式主义无法解决的。综观一系列公众热议的案件，尤其是社会反响不佳的判决，可以发现，在我国刑事司法中，存在着为了形式而形式的法律形式主义倾向。有些案件，法官过于注重形式合理性，过分迷信刑法条文的字面权威，机械刻板地理解构成要件，对刑法的规范目的不作深入探究；只注重形式逻辑，对法的内涵的理解不够深入，不注意刑法目的和社会效果的考量，没有对案件事实和刑法条文作体系解释，即不考虑规范目的及刑法的上下文意义。② 有些法官一味追求形式合理性，而没有认识到形式正义的最终目的还是达到实质正义。正如有学者所言：刑法不是概念和逻辑的简单组合，它是一个复杂的系统，其包含着创造性和辨证性的因素；刑法具有正义的底线价值，兼顾形式正义和实质正义是其终极目标。自古以来，法的适用包括刑法的适用都不能只依据规则和逻辑就能够得出判决，必须立足于规则之上并求助于法的精神、社会经验和案件的语境来形成的合理的结论。③ 因此，法律规则和演绎推理对于判决虽有重要意义，却不是得出妥当判决的决定性因素。④ 决定性因素应该是判决结果是否符合法律的目的，是否能够被当事人以及社会公众接受。另外，法律规则为平息纠纷而生，无论是立法者制定的规则还是法官创造的规则，都只是为了解决纷争而“发明创造”的，既然如此，根据目的和效果不断地怀疑、改造和完善法律是必然的，也是必要的。作为人类的创造物，法律不可能是永恒、理性的产物，因为人类的理性是不完善的，社会也是不断发展的。因此，对疑难案件的裁判，从法规范以外汲取相关信息作出明智决定不仅必须，而且有根据。⑤

以“许霆案”为例，许多法律人运用了各种法律的教义分析（主要是犯罪构成）。一些学者运用民商法的教义论证，认为许霆的行为是不道德

① 参见胡铭：《法律现实主义与转型社会刑事司法》，载《法学研究》，2011（2）。

② 参见倪文：《我国刑事司法中关于形式主义的反思——关于曹天案的法律思考》，载《长春理工大学学报》，2010（4）。

③ 参见刘艳红：《走向实质解释的刑法学》，载《中国法学》，2006（5）。

④ 参见蔡宏伟：《许霆案与中国法律的形式主义困境》，载《法制与社会发展》，2008（4）。

⑤ 参见苏力：《法条主义、民意与难办案件》，载《中外法学》，2009（1）。

的，但不构成犯罪①；有学者主张严格遵守罪刑法定，认为应宣布许霆无罪；一些刑法学者运用教义分析，包括犯罪构成分析、刑事政策方面的分析，将许霆的行为认定为侵占罪（比盗窃罪轻）或其他罪；但大部分刑法学者运用教义分析得出的结论是许霆的行为构成盗窃罪，只是应适用《刑法》第 63 条第 2 款②减轻处罚，这种观点被法院最终采纳。重审判决能够为人所接受，并不是因为人们认为判决所用的教义分析或论证过程是正确的，而是因为这个结果能够让人接受，从而接受了援引减轻处罚制度的教义分析。其实，教义分析只是法学人的游戏，普通民众并不在意这种教义分析。另外，多种法教义分析的存在以及刑法学者不同的教义分析与结论本身就表明不存在一个公认的教义分析，不存在一个确定的结果，更不能保证这个结果为社会所普遍接受。从法条主义层面上看，原一审判决没有违法，没有错误，但由于量刑不符合公众的预期，于是在“天理、人情”或“自然法”的层面上，也可以认为一审判决“错了”。这也说明：（1）虽然看起来法律人强调“形式正义”“程序正义”，但一遇到实际问题，他们和普通民众一样，重视“实质正义”或“结果公正”；（2）对于案件，大多数法律人也是“先定后审”，即结果导向，根据结果是否具有可接受性来判断案件裁决是否正确，而不是相反。可以说，“许霆案”暴露了当代中国司法实践和主流法学中非常尖锐且值得深思的问题。③“许霆案”重审判决选择了刑法中的特殊减轻处罚制度，不是因为持这一观点的学者更多、更著名，或者他们所作的教义分析比其他观点的教义分析更准确，只是因为这种处理方法得出的结论比其他结论更合理，更能让人接受，且同现行司法背景更为兼容。以陈兴良教授以及张明楷教授的分析为例：他们都做了大量的、详细而不同的教义分析，最后都赞同运用特殊减轻处罚制度（《刑法》第 63 条第 2 款）更为合适。虽然他们的分析路径不

① 苏力教授认为，在“许霆案”中，无罪判决早就被否定了：不仅因为许霆的行为是社会否定的，所有论者都有意无意忽略，但“许霆案”一审法官无法忽略的是，之前另案处理的郭安山（受许霆“教唆”非法取款），其行为比许霆的显著轻微，却已经以盗窃罪被判有罪。如果一审或重审判许霆无罪，那司法还有公正吗？郭安山会怎么想？这会有一个什么导向？这不仅涉及广州市中级人民法院的形象，甚至影响整个司法的形象。任何法律人都不能不考虑这个问题。司法对此类案件的处理已形成了一个基本的司法格局，这决定了许霆不可能被判无罪。那就意味着，主张许霆无罪的任何教义分析，不管其多么详细，都不可能被此案法官采信。这也意味着，教义分析如果不结合具体司法语境，不考虑价值或者政治性的判断，看起来再准确精美，也不过是司法中的花拳绣腿。

② 《刑法》第 63 条第 2 款规定：犯罪分子虽然不具有本法规定的减轻处罚情节，但是根据案件的特殊情况，经最高人民法院核准，也可以在法定刑以下判处刑罚。

③ 参见苏力：《法条主义、民意与难办案件》，载《中外法学》，2009（1）。

同，但贯穿其分析主线的还是比较各种可能罪名的后果与利弊。这实际上是一种利益权衡，是社会效果的考量。从这一点上说，他们都采用了实用主义的判断方法。重审判决书以及核准裁定书中表现出来的是《刑法》第63条第2款的教义分析，给人的感觉是教义分析的胜利。但光荣并不仅仅属于《刑法》第63条第2款的教义分析，这幕后有司法实用主义（笔者认为是实质主义）的功劳。①

四、形式主义与实质主义在刑事审判中的统一

刑法规范是形式与内容（实质）的有机统一，这决定了法律推理的模式应是形式主义与实质主义的结合，以形式主义为主，以实质主义为辅。实质主义的论证主要解决合理性问题，形式主义的论证主要解决合法性问题。法官在办理案件的过程中，尤其是办理疑难案件，少不了价值判断，这既是司法裁决正确性的保证，又是一个客观存在的事实。博登海默认为：在司法过程中，法官会根据法规范、文化传统和习俗等进行综合判断；法律制度中的原则、社会背景以及当时的公共政策等都会成为影响法官推理的客观因素。② 司法实践中，个案的裁判一般是始于对行为的形式理性规范判断，而终于实质理性规范判断。只不过，对个案所作的实质理性规范判断，只在少数案件中才更为明显；而在大部分案件中，由于控、辩方不存在太多实质分歧，而实质理性规范判断不太明显。③

司法实践中，也不乏一些成功兼顾形式主义与实质主义的案例。一些判决之所以得到公众的认同，不是因为它在法教义分析上详细、正确，而往往是因为它符合公众的伦理观念。泸州"二奶"案④就是一例。有些判

---

① 参见苏力：《法条主义、民意与难办案件》，载《中外法学》，2009（1）。

② 转引自张骐：《形式规则与价值判断的双重变奏——法律推理方法的初步研究》，载《比较法研究》，2000（3）。

③ 参见刘远：《刑法理论与方法的辨思》，载《甘肃政法学院学报》，2010（5）。

④ 黄某和蒋某都是泸天化集团公司职工，1963年结婚。婚后，蒋某一直没有生育，他们抱养了一个儿子。1996年，黄某认识了张某，张某离婚后带着儿子做烧烤生意。1997年，黄某和张某同居。1998年，张某生育一女黄小某。2001年4月18日，黄某立下遗嘱并经公证，愿将其所得住房补贴金、公积金、抚恤金和卖房所获款的一半及自己所用手机等共计6万元财产赠给张某。4天后，黄某因肝癌晚期医治无效去世。张某向蒋某索要黄某的遗产时遭拒绝，遂将蒋某告上了法庭。纳溪区人民法院一审宣判：驳回原告张某的诉讼请求，案件受理费由原告张某负担。张某上诉到泸州市中级人民法院，泸州市中级人民法院以"公民的民事行为不得违反公共秩序和社会道德，黄某与张某在非法同居关系下所立遗嘱是一种违反公序良俗、破坏社会风气的违法行为，且该遗嘱虽是黄某的真实意思表示，虽形式上合法但实质上赠与财物的内容上存在违法"为由，终审判决驳回了张某的诉讼请求。

决结果不被公众认同，并不是因为它不符合法律规则，没有作出正确的教义分析，而是因为它与人们对结果的预期差得太远，如“许霆案”的一审判决。在疑难案件中，可能会有多个规范选择，也可能难以找到合适的规范，法官不容易从现有的法律规则中找到案件的确定答案，从而免不了有一些法律外的因素影响法官作出判决。① 这也就意味着，判决中的价值判断、实质权衡等是不可避免的。不管人们是否愿意接受这种观点，案件判决中的实质权衡是客观存在的，或者以明显的方式，或者以隐含的方式。可以说，在法的适用中，实质法律推理无处不在。下面以两个案件的判决为例：

在某医学博士擅自摘除死者眼睛案［本案发生在《刑法修正案（八）》之前］中②，当时关于本案的争议是：该医生的行为是否应认定为犯罪？我国《刑法》第 302 条规定的盗窃、侮辱尸体罪能否作为本案裁判的大前提？或者说，出于公益目的，未征得死者本人或其家属的同意，秘密取走死者器官（器官能否被认定为尸体也曾经是一个争议焦点，本书不讨论这个争议，直接采用肯定观点），是否构成盗窃、侮辱尸体罪？根据犯罪构成分析，行为人主观方面有故意，客观方面实施了秘密从尸体上取走眼睛的行为，主体和客体也符合该罪的构成要件。从形式上看，这种行为显然符合该罪犯罪构成。但如果认定犯罪，会与法律的精神或目的相矛盾，不一定得到人们的认同，同时也不利于医学研究的开展和社会公益事业的推进。经过权衡，检察机关认为，该医生的行为虽有不妥，但情节显著轻微，危害不大，不认为是犯罪，决定不予起诉。这里需要提的是，《刑法修正案（八）》在《刑法》第 234 条增加了一条③，作为第 234 条之一，按照该规定，之后出现类似的案件时，要想作出实质解释，找到出罪机制已为难事。

---

① 参见陈坤：《疑难案件、司法判决与实质权衡》，载《法律科学（西北政法大学学报）》，2012（1）。

② 北京某医院一个医学博士、眼科医生未征得死者生前同意，也未征得死者家属许可，私自将死者的眼睛取下装上假眼，将眼睛角膜取下并分别移植给在本院就诊的一位普通女工患者和一位普通农村妇女患者。死者家属发现后控告该医生涉嫌盗窃、侮辱尸体罪。参见李秀群：《司法中的价值衡量》，载《法律方法》，第 4 卷，济南，山东人民出版社，2005，第 474 页。

③ 《刑法修正案（八）》第 37 条第 3 款规定：“违背本人生前意愿摘取其尸体器官，或者本人生前未表示同意，违反国家规定，违背其近亲属意愿摘取其尸体器官的，依照本法第三百零二条（侮辱、盗窃尸体罪）的规定定罪处罚。”

在朱某盗卖陆某夫妇股票案[①]中，要认定朱某的行为构成故意毁坏财物罪，就需要考虑此种“采取高进低出的方法给他人造成巨额经济损失”的行为是否能够被评价为“毁坏”，“毁坏”的真正含义究竟是“价值的降低”还是“物理或功能的破坏”[②]。按照传统解释，“毁坏”是指“破坏”“损坏”，从字面意思看，应该是“物理或功能的破坏”。但是，“采取高进低出的方法给他人造成巨额经济损失”的行为，给他人造成的损失或者社会危害性不一定小于甚至还要大于传统的物理损坏。再者，什么特征对于一个概念来说是必不可少的，并不是一成不变的，它应该随着社会的发展而发展变化。因此，传统的概念解释不能是一成不变的，在这种具有严重社会危害性的新型行为出现以后，根据它的本质特征进行归类，是非常必要也非常科学的。“采取高进低出的方法给他人造成巨额经济损失”与物理损坏的本质是一样的，都会造成“价值（包括经济价值和使用价值）的降低”。因此，运用类型思维（实质解释）将该行为解释为“毁坏”并定性为故意毁坏财物罪，是非常恰当的。

以上两个案件，如果采取法律形式主义的做法，机械地适用刑法，不进行实质利益的衡量，不作价值判断，必然出现形式上合法但实际上判决结果不合理的情况。正是通过德沃金所提出的“发现”法律原则的方法——“建构性解释”（也就是实质性解释——笔者注），才能使第一个案例中的行为人出罪，使第二个案例中的行为人入罪。这种实质主义的“建构性解释”成为避免单纯形式主义的局限，达成案件形式正义和实质正义统一的一种必要方法。在刑事案件审判中，是侧重形式推理还是侧重实质推理不能一概而论，要看案件的具体情况，有些案件如果出于对正义或人

---

① 2002年4月29日至5月10日，朱某利用事先获悉的账号和密码，侵入被害人陆某、赵某夫妇在证券营业部开设的股票交易账户，篡改了密码，并使用陆某、赵某夫妇的资金和股票，采取高进低出的方法进行股票交易。5月16日，朱某再次作案时被当场发现。按照股票成交平均价计算，用首次作案时该账户内的股票与资金余额，减去案发时留有的股票与资金余额，朱某共给陆某、赵某夫妇的账户造成资金损失19.7万余元。朱某被发现后，如实供认了全部事实，并赔偿了被害人的经济损失。上海市静安区人民法院判决朱某犯故意毁坏财物罪，判处有期徒刑1年6个月，宣告缓刑2年。判决主要理由为：（1）被告人朱某的行为可以用刑法进行评价；（2）股票所代表的财产权利能够作为故意毁坏财物罪的犯罪对象；（3）应参照最高人民法院《关于审理盗窃案件具体应用法律若干问题的解释》来计算本案的犯罪数额；（4）依照《刑法》第72条第1款的规定，对其适用缓刑也确实不致再危害社会。参见陈坤：《疑难案件、司法判决与实质权衡》，载《法律科学（西北政法大学学报）》，2012（1）。

② 陈坤：《疑难案件、司法判决与实质权衡》，载《法律科学（西北政法大学学报）》，2012（1）。

权等因素的考虑，该注重形式推理还是要坚持形式推理。以李怀亮案件[①]为例：在这个案件中确实有一些疑点，既有证据链不能完全衔接的问题，也有李怀亮值得怀疑的地方。再者，这个案件本身在证据方面就存在先天的不足：被害人是被掐死的，没有作案工具，尸体又在水中浸泡了几十个小时，已经无法做各项指标的检测，现场也已经被破坏。为了对遗体提取物做检测，当年的办案人员也曾经跑到外地，但终由于技术水平的限制，无法找到相关的证据。从现在的眼光看（律师提出），为什么没有提取精斑？当时都已经不具备提取的条件，十几年后，更没有办法解决这个问题。另外，李怀亮的律师称：当时现场留下的血型经鉴定是 O 型。然而被害人郭某的血型经鉴定是 A 型，李怀亮的血型是 AB 型。这说明现场的血型应该是第三人的。这个情节没有得到进一步的查证。这确实算是一个疑点，但是，被害人是被掐死的，没有作案工具，不一定有血迹，也无法留下能够证明犯罪人的证据。而且李怀亮和被害人之间性别、年龄等差异能不能使二者之间有搏斗的可能？或者说是否一定会出现流血？现场的血一定和作案有关？这不也是存在两种以上解释可能性的疑点吗？律师对这个问题的质问一定能够作为证明李怀亮无罪的证据吗？另外，除了这个疑点外，当时从现场提取了一个 38 码的鞋印，而李怀亮的鞋是 44 码的。这一重要证据在开庭时曾经提出，但也没有被深究。[②] 在办案过程中，讯问李怀亮在事发当晚上河堤后往哪个方向走了时，他说去了西边，但是有村民见他往东边去了（案件现场在东边），还和他打了招呼。后来法官问他为什么说谎，他说他害怕（这也有两个以上可能的解释——不是他干的，确实害怕；或者是他干的，掩饰、转移视线。所以，这种回答既不能作为有罪的证据，也不能排除他犯罪的可能）。还有，办案人员每问到一个问题，李怀亮都是思考一会儿才回答。这是不是也算是一个疑问？上述

---

① 2001 年 8 月的一个夜晚，平顶山市叶县湾李村 13 岁女孩郭某遇害，同村的李怀亮被认为是嫌疑对象，很快被刑事拘留并逮捕。由于该案既有证明李怀亮有罪的证据，也有证据上的瑕疵，以至于 12 年来，该案被多次公诉、多次发回重审，先后产生有期徒刑 15 年、死刑、死刑缓期 2 年执行 3 次判决，最终在 2013 年因“证据不足、事实不清”李怀亮被平顶山市中级人民法院宣判无罪，当庭释放。法院认为，检察机关指控李怀亮犯故意杀人罪的证据存在以下不足：一是提交的现场勘查笔录、尸检鉴定及物证鉴定，不足以证实犯罪人是李怀亮。二是李怀亮的有罪供述前后矛盾，在关押审讯李怀亮的措施中也存在一定的不符刑事诉讼法规定的情况，故此李怀亮的有罪供述不能作为定案依据。三是与李怀亮同监室 3 人的证言，也存在矛盾，不能作为定案依据。四是侦查机关提供的人身检查照片只能证实李怀亮身上有血痕，但不能证明这是其作案后抛尸所留。由此，法院依据 2012 年刑事诉讼法相关规定判处其无罪。

② 参见刘文化：《“疑罪从无”原则的艰难展开》，载《行政与法》，2014 (7)。

这些疑问说明：本案在证据方面也许就无法形成一个完整的证据链，也许就没有留下什么证据。这些所谓的证据既不能证明李怀亮有罪，也不能排除他是真正的犯罪人。那么，既然不能排除李怀亮无罪的合理怀疑，不管他是否真正实施了这个犯罪行为，也只能按照刑事诉讼法的规定裁决了。2012 年修订的《刑事诉讼法》更加强调人权的保护，而且在具体的程序设计上贯彻了这一规定，包括不得自证其罪、非法证据排除、无罪推定等；此外，由于我国在努力推进司法改革，学术界也一直在注意或者说质疑无罪判决为什么少。在这种背景下，李怀亮就理所当然成为新刑事诉讼法疑罪从无原则的受益者。在没有发现真凶、“亡者没有归来”的情况下，以证据不足为由宣告李怀亮无罪，是司法机关顶着被害人家属上访的压力贯彻无罪推定原则，按照疑罪从无来判决的。这是形式推理的一个典型，尽管不一定达到实质正义，但依然是法治的进步。

五、结语

可以说，法律形式主义是法律方法中的元方法，因为法律方法运用的主旨就是为裁决案件寻找法规范方面的理由（而不是非法律理由）。因此，一般情况下我们还是要坚持适度的形式主义，遵照法律规则和形式逻辑来推出结论。这是确保法律的可预期性，确保同样情况同样处理的形式正义的必要手段。然而，对于那些非常规的案件——严格执行法律规则和形式逻辑不能得出合理答案的案件，更多地需要运用实质主义的方法，如利益衡量等。因此，形式主义与实质主义在刑事审判中的并举是刑事司法中应该提倡的方法。

第二章　刑事疑难案件的特点与缘由

所谓的刑事疑难案件，是相对于一般案件而言的。在一般案件中，案件事实较为典型，与刑法规范容易对应，法官能够通过逻辑推理得出判决结论，一般不需要运用较多的自由裁量权。而刑事疑难案件主要是指那些非典型案件，即从已有的法规范中不容易找到答案或者说案件事实与法规范不容易对接，难以通过一般的逻辑推理方法解决的特殊案件，主要表现为新类型或非典型的案件。这样的案件需要法官发挥主观能动性，探求法的精神，用合适的法律解释方法来处理。① 司法实践中，一般案件和疑难案件没有截然分明的分界线。由疑难案件所引起的"建构性解释"是促使法律不断发展的契机。

一、何为疑难案件

刑事疑难案件包括两种类型：一是案件事实认定上的疑难案件，二是法律适用上的疑难案件。事实认定上的疑难案件是指证据方面存在不足而导致不能形成完整的证据链以证明案件的主要事实，使得对事实的认定存在困难的案件。法律适用上的疑难案件主要是指，由于案件事实难以准确对应既有的法律规范，或者与多个规范的对应都似是而非，导致如何解释和选择法律规范出现困难或异议的案件。刑法理论界对疑难案件的讨论一般是指第二种情况，本书也只讨论法律适用上的疑难案件。

作为一种行为规范，法律规则具有一般性、抽象性，有一般就有特殊，有原则就有例外；同时，由于语言的局限性、人类行为的复杂性等原因，疑难案件就在所难免。法律具有一般性、普遍性，但有些特殊的个案不能靠一般性解决问题。这不是法律本身或者立法者的原因所致，而源于人的行为的多样性和复杂性。所以，法律制定出原则和规则，就必然存在

---

① 参见严存生：《"法在事中"——从疑难案件的法律解释想起的》，载《法律方法》，第2卷，济南，山东人民出版社，2003，第386页。

例外。当法律规范滞后或有缺陷时，由例外来纠正这种缺陷和滞后，是站在立法者的立场说出其若身处其境也会说出的东西，这符合立法者的意旨。实际上，法律之所以没有事无巨细地作出规定，是因为有很多意料不到的事情和不能归纳完全的事情，这些不可能都反映在法律中，还要靠判决来决定。① 英国法哲学家哈特认为，所有一般性的规则总包含一个意义确定的核心区域和一个意义模糊的边缘区域。意义确定的核心区域在大量的日常个案上，运作一般是顺利的。某些个案会碰到意义模糊的边缘区域，此时，法的适用会显出不确定性，即法律规范有着所谓的开放结构。② 疑难案件就是在司法归类中应归属于意义模糊的边缘区域的情况。哈特认为，法规范的开放结构说明，存在着某些行为领域，其如何规范须由法院或法官去解释，即让法官依据案件的具体背景和情节，在相互冲突的多种利益（其重要性随着不同的个案有所不同）之间作出平衡。③

苏力教授将这类案件称为"难办案件"，难办案件就是指事实较为清楚，但可适用的法律规范不易寻找或适用规范的结果不合情理的情况。④ 有学者认为，疑难案件是在法律适用过程中人们没有形成较为一致意见的案件，或者说，法律规则与案件事实间不是明确的或单一的逻辑关系，有可能推出若干结论，需要"选择"合适的结论。⑤

从上述关于疑难案件的观点可以看出，法律适用上的疑难案件的特点在于：首先，案件事实的认定不难；其次，由于案件形态不典型，使得现有的法律规范无法与事实完全对接；再次，根据现有的法律规定不能得出唯一的结论。这样的疑难案件凸显了法律的抽象性、稳定性与案件的具体性、多样性之间的矛盾。⑥

法律适用上存在疑难的案件主要包括以下类型：

1. 由于规范语言模糊而形成的疑难案件。语言的局限性造成了法律规范的模糊性。在这类案件中，能够与案件事实对接的法律规范是存在

① 参见〔古希腊〕亚里士多德：《尼各马可伦理学》，廖申白译，北京，商务印书馆，2003，第161页。

② 参见〔英〕哈特：《法律的概念》，许家馨、李冠宜译，台北，商周出版社，2000，第168页。

③ 参见〔英〕哈特：《法律的概念》，许家馨、李冠宜译，台北，商周出版社，2000，第178页。

④ 参见苏力：《法条主义、民意与难办案件》，载《中外法学》，2009（1）。

⑤ 参见刘星：《疑难案件中法律适用的理论与实践》，载《比较法研究》，1994（4）。

⑥ 参见王宏选：《疑难案件及其法律发现》，载《法律方法》，第5卷，济南，山东人民出版社，2006，第318页。

的，但规范中的某些概念或词语含义较为模糊或不确定，解释上存有争议，尤其是对法律概念或词语的文义解释可能会出现多种解释结果。①

2. 处理结果引起争议的疑难案件。在这类案件中，事实认定和归类都不难，但由于法律滞后、社会发展等原因，使得严格或机械适用法律得出的结论可能出现“合法”与“合理”冲突的情况，即具备形式正义，不具备实质正义。

3. 规则有漏洞而导致的疑难案件。在这类案件中，存在法律规范的不完整性，应予规范的对象没有相应的法律规定，应该排除的规制对象却没有被排除。另外，刑法用语的局限性导致存在大量的隐性规定，即假漏洞，这时需要通过目的性扩张、目的性限缩、合类型性解释等方法来发现和适用法律。

4. 有多个法律规范可以适用的疑难案件。在这类案件中，案件事实有可能对应两个或两个以上的刑法规范，似是而非，以至于适用哪一个规范更合适，需要解释者作出选择。

5. 归类困难的疑难案件。这类案件是指法官所面临的具体案件事实与某个刑法规范中的典型事实不完全相同，是否能够认定为同一情形存在疑难，需要一定的方法才能决定是否可以适用该规范的情况。其难点在于如何将认定的案件事实在法律上进行归类，从而能够适用某一刑法规范对案件作出裁决。

二、刑事疑难案件产生的原因

疑难案件产生于“形式合理性”和“实质合理性”的十字路口。② 具体分析，刑事疑难案件产生的原因在于：(1) 法律规范是以语言文字为媒介的规则体系，而语言的抽象性决定了其具有“开放结构”③，即在含义的核心区域边缘还存在意义模糊的地带，而对其模糊的地带的含义可能会有不同的理解。④ (2) 立法的有限能力决定了法律规则不可避免地存在矛盾、冲突、重复与漏洞，这无疑会给法律人适用刑法处理案件带来一定的

① 参见沈仲衡：《疑难案件的法律解释》，载《河北师范大学学报（哲学社会科学版）》，2004 (5)。

② 参见高翼飞、高爽：《立场选择与方法运用：刑法解释的“道”和“器”》，载《中国刑事法杂志》，2012 (10)。

③ 语言的外延具有不确定的边缘区域，针对边缘地带，人们会争论语言的意思、内容或范围。法律语言同样具有“开放结构”，因此法律亦有不确定的模糊区域。

④ 参见沈仲衡：《疑难案件的法律解释》，载《河北师范大学学报（哲学社会科学版）》，2004 (5)。

障碍。（3）由于知识、经验与背景的差异，不同的法律解释主体的价值观念和解释立场是不同的，对于同一事实，不同主体可能会作出不同的结论。（4）社会生活的复杂性和多变性是疑难案件的产生原因之一。从社会学的眼光来看，社会的变迁引起利益格局的调整，不同阶层、不同群体之间会产生利益的冲突，文化的丰富多彩引发多元价值观的共存和碰撞。在这种背景下，案件类型千姿百态，在使得既有的法律规范显得滞后、单一的同时，也造就了所谓的疑难案件。疑难案件是法律制度与社会生活持续性摩擦的产物。① 法律具有稳定性特征，它不能过于频繁地修改。法律规范具有一般性、抽象性特征，而社会生活却是多样的、发展的。这对矛盾导致疑难案件的出现。② （5）现实中的犯罪行为样态具有复杂性和多样性，刑法为了避免出现漏洞，不得不从不同侧面、不同角度规制各种形态的犯罪行为，以至于形成诸多复杂情形，如法条竞合、不同罪名犯罪构成的重叠交叉等，以致经常出现某个犯罪行为既符合此罪的犯罪构成又符合彼罪的犯罪构成的情况。另外，随着法治建设的推进，公民的法律参与意识逐步增强，公众意见在司法中的地位也愈来愈重要，无论是“许霆案”还是“天价过路费”等，公众意见对案件的裁判形成了一定的制约，从而使得司法不得不考量裁判的社会效果。这也是刑事司法中定罪与量刑之间存在矛盾的原因之一。③

三、“疑难案件”是否有唯一正解

德沃金认为，在案件（包括疑难案件）中，都只能有一个“唯一正确的答案”。这种观点不符合法律解释结果多样性的现状，因此成为其理论受质疑的缘由之一。④ 不过，德沃金是在其完整的理论体系中使用“唯一正解”这一观点的，这表明德沃金所推崇的这种理想状态，或者说所谓的“唯一正解”应该被理解为法律适用的一种理想状态，即法的适用应该努力追求的并且在完整、封闭的法规范内实际上能够获得的结果。⑤ 德沃金的“唯一正解”这个命题是以法律是个封闭、完整的体系为前提的，实际

① 参见徐继强：《法哲学视野中的疑难案件》，载《华东政法大学学报》，2008（1）。

② 参见沈仲衡：《疑难案件的法律解释》，载《河北师范大学学报（哲学社会科学版）》，2004（5）。

③ 参见姜涛：《量刑公正与刑法目的解释》，载《法学家》，2012（4）。

④ 参见孙光宁：《法律解释的评价标准：从合法性、合理性到可接受性》，载《内蒙古社会科学（汉文版）》，2009（5）。

⑤ 参见孙光宁：《法律解释的评价标准：从合法性、合理性到可接受性》，载《内蒙古社会科学（汉文版）》，2009（5）。

上这已经被司法实践证明是不可能的；从人的认识能力和社会的复杂性来看，这只是法律的“乌托邦”。另外，即使假定存在这个“唯一正确的答案”，由于受认识能力和案件审理时间的双重挤压，在特定的时空条件下人们不可能通过无限回归的方式发现那个“唯一正确的答案”。司法实践中的疑难案件尤其能够说明这个问题。疑难案件属于非典型案件，即案件事实不属于规范的核心类型，模棱两可、似是而非，当没有完全对应的法律规范或规范有多种解释可能时，采用哪一种解释结论会受到法官的“前见”、公共政策及其价值观的影响，因此法律规范不具有那种本体论意义上的客观性和科学意义上的客观性，而只能是一种协商与合意意义上的客观性。[①] 那么，“唯一正解”只能是法官的一种预设性姿态、一种理想。另外，在案件审理中，还存在一些影响裁判结果的不确定因素：对案件材料的不同加工、对法律规范的不同理解、法律群体不同的知识结构和职业技能，以及对公正的不同感知等。[②] 另外，由语言构成的法律规则所具有的“开放性”特点，导致刑法规范适用的不确定性，法官在适用规范时不得不行使自由裁量和创新规范的权力，这涉及法官的理解问题，只要有理解，理解就会不同，即法官个人的道德观、对公共政策的理解、对不同利益的权衡等都会影响判断结论。因此，疑难案件不可能得到“唯一正确的答案”[③]。只能是在多种可能的解释和可供选用的推理之中作出一个较为合理的选择。

① 参见梁迎修：《迈向司法能动主义》，载《法律适用》，2003（11）。

② 参见孙光宁：《法律解释结果的多样性及其选择》，载《甘肃政法学院学报》，2009（4）。

③ 尹建国：《不确定法律概念具体化的模式构建——从“唯一正确答案”标准到“商谈理性”诠释模式》，载《法学评论》，2010（5）。

第三章　疑难案件的刑法解释方法

第一节　刑法解释的立场

“刑法解释问题的关键就只在于如何认识解释以及怎样解释。”[①] 更进一步地说，刑法解释的关键问题，就是遇到多种解释理论和解释方法能够适用于同一解释对象而存在意见分歧时，我们应该按照什么价值标准来决定取舍、作出选择的问题。[②] 这是刑法解释的立场问题，刑法解释的立场不但决定刑法解释的总方向，也关乎刑法解释所应遵循的原则和方法。在刑法解释的问题上，解释的立场与解释方法之间是“道”和“器”、“体”和“用”的关系，刑法解释的立场决定着解释方法的选择和解释的角度，而解释方法不过是具体的刑法解释技术和手段而已。[③] 如果说解释方法是一种操作性较强的工具的话，那么解释的立场决定着解释方法运用的方向，是解释方法运用的指导思想。在遇到具体的刑法个案时，什么情况下运用什么刑法解释方法，是刑法解释的立场选择问题。

刑法解释立场可以从不同角度分类。以解释的目标为标准，可分为主观解释论与客观解释论；以解释的依据和限度为标准，可分为形式解释论与实质解释论。[④]

一、刑法解释立场的理清

在刑法解释的基本立场之争中，我国学界有几种观点：(1) 把主观解

① 梁根林：《罪刑法定视域内的刑法适用解释》，载《中国法学》，2004 (3)。

② 参见张武举：《刑法伦理解释论》，载《现代法学》，2006 (1)。

③ 参见高翼飞、高爽：《立场选择与方法运用：刑法解释的“道”和“器”》，载《中国刑事法杂志》，2012 (10)。

④ 参见高翼飞、高爽：《立场选择与方法运用：刑法解释的“道”和“器”》，载《中国刑事法杂志》，2012 (10)。

释与客观解释之争作为刑法解释的立场。[①]（2）把主观解释与客观解释之争和形式解释论、实质解释论之争混为一谈，认为主观解释论就是形式解释论，客观解释论即为实质解释论。[②]（3）把形式解释论和实质解释论之争作为刑法解释的立场。[③]（4）把主观解释、形式解释论并列，与客观解释、实质解释论对应，作出选择。[④]

主观解释与客观解释的对立和形式解释论与实质解释论的对立是两个不同的问题，不能混为一谈。主观解释论与客观解释论争议的焦点在于刑法解释的目标问题，主要是在解释刑法规范的含义时，是找寻立法原意还是与时俱进的问题；而形式解释论与实质解释论争议的焦点在于刑法解释的依据和限度问题[⑤]，在解释依据上，即在是否符合犯罪构成外，还是否加入价值判断的问题，或者说是否兼顾形式正义和实质正义的问题。它们从不同的角度阐释刑法解释的立场：形式解释与实质解释的分野是相对于刑法文本解释而言的，而主观解释与客观解释的差异在于刑法解释追求的宗旨不同。这两种观点的对立是不一样的。[⑥] 笔者认为，关于刑法解释的目标，客观解释论应该是刑法解释的立场选择；在刑法解释的依据和限度方面，应采用"以形式解释为主、以实质解释为检验"的解释路径，即遵循以形式解释为基础，兼作实质判断的路径。[⑦]

（一）刑法解释的目标选择

刑法解释是找寻立法原意还是与时俱进？主观解释论者主张：刑法解释的目标应是阐明立法时立法者的意图，即以立法意图作为刑法解释的指南针，来确保刑法的安定性，防止法官作出任意的解释。[⑧] 在解释方法上，强调文义解释，注重规范用语的历史含义和字面含义，强调忠于制定

① 参见王军明、夏威：《刑法解释立场论》，载《当代法学》，2011（1）。

② 如有学者认为"法律解释论关于法律解释的目标向来有主观解释论与客观解释论、形式的解释论与实质的解释论的学说之争。主观解释论……因而亦称形式解释论。客观解释论……因而又称为实质的解释论"［梁根林：《罪刑法定视域中的刑法适用解释》，载《中国法学》，2004（3）］。

③ 参见周详：《刑法形式解释论与实质解释论之争》，载《法学研究》，2010（3）。

④ 参见王政勋：《从图式理论看刑法解释立场》，载《中外法学》，2009（3）。

⑤ 参见许浩：《刑法解释的基本立场——对实用主义法律解释观的论证》，载《东方法学》，2008（6）。

⑥ 参见陈兴良：《形式与实质的关系：刑法学的反思性检讨》，载《法学研究》，2008（6）。

⑦ 参见高翼飞、高爽：《立场选择与方法运用：刑法解释的"道"和"器"》，载《中国刑事法杂志》，2012（10）。

⑧ 参见赵运锋：《刑法解释立场：在形式主义与现实主义之间》，载《东方法学》，2011（4）。

法。这是一种向后看的思维方式。客观解释论者认为，法律制定以后，便与立法者分离而成为一种独立的客观的东西。法律解释的目标在于探寻刑法规范本身的合理意思，而不是制定刑法规范时的立法原意。法律规范的独立性决定了刑法解释不应拘泥于立法原意，应该根据不断变化的具体社会情势解释法律，赋予规范新的时代内涵。① 这是刑法保持生命力的需要，是一种向前看的思维方式。笔者认为，主观解释论与客观解释论有各自的理论优势和缺陷：主观解释论的优势在于能够限制法官的自由裁量权和任意解释法律，利于防止司法权被滥用，利于保护人权；缺陷在于，在社会不断发展的情况下，固守立法原意必然会使法律规范与社会现实脱节，依此作出判决可能产生不公正，以致违背刑法的目的。客观解释论的理论优势在于能够克服刑法规范的不周延性、滞后等弊端，使刑法随着社会的发展而发展，从而保持其适应性和生命力，能够及时弥补刑法的漏洞或冲突②；缺陷在于，客观解释把刑法文本看成一种独立的存在，认为其不受制于立法意图，这样有可能会脱离刑法文本而恣意解释和适用刑法，可能降低刑法文本的确定性，破坏刑法的安全价值。在社会日益复杂的背景下，笔者认为客观解释论应该是刑法解释的立场选择，理由在于：（1）客观解释论能够兼顾法的安定性与法的发展。在常规案件中主、客观解释的结论经常是一致的，二者的对立主要在遇到疑难案件或者特殊情况时表现得比较突出，两者间的矛盾其实就是法律的稳定性与灵活性的矛盾在司法实践中的体现。刑法的稳定性特征并不意味着刑法可以故步自封，它必须适应社会发展的需要，才能保持其生命力。客观解释可以在不轻易更改法条的前提下，通过各种解释方法使法律涵盖新型案件，使没有变化的法律能够妥当处理新案。而立法原意是刑法制定当时立法者的意思，它不可能与时俱进。在社会形势不断变化的前提下，新情况、新问题不断出现，只有对静态的文本作出动态的解释，才能使刑法文本不断适应纷繁复杂的、流动的社会现实。西方刑法学者一般认为，成文刑法一旦制定，就进入了社会领域，从制定之日起刑法就必须随着社会生活的发展变化进行内容方面的不断完善。③ 要探寻某个法令的真正意义，不能再回到该法令的制定之时——有时需要回溯几十年，正确的做法应是，将其置于现时的

---

① 参见赵运锋：《刑法解释立场：在形式主义与现实主义之间》，载《东方法学》，2011（4）。

② 参见高翼飞、高爽：《立场选择与方法运用：刑法解释的“道”和“器”》，载《中国刑事法杂志》，2012（10）。

③ 参见周光权：《刑法学的西方经验和中国现实》，载《政法论坛》，2006（2）。

环境中。① 既存法律规范永远不可能完整无缺，而法律的修订有着严格和漫长的程序，与其不断修改法律或进行立法，不如承认解释主体可以在解释过程中创造性地、合目的性地解释法律。这是面对纷繁复杂的社会现实，法律要获得发展的有效途径，更是使尽可能多的个案正义在法律解释中得以彰显的有效方法。② 所以，采用客观解释论才能在刑法用语隐含的含义内得出妥当的结论。③（2）客观解释论能够妥当处理因社会发展而凸显的刑法漏洞以及规范冲突或重叠的情况。立法能力和预见能力的有限性，决定了犯罪行为类型化的准确性和全面性都只是一个理想，漏洞或冲突是不可避免的；再者，刑法语言的多义性、模糊性（边缘区域），使得刑法法条之间经常出现交叉现象，导致刑法规范涵盖范围的重叠。不管法规范是存在漏洞还是重叠，都会出现刑法适用上的障碍，所以，为了处理非真正的刑法漏洞或规范的重叠，只有将刑法规范的客观目的作为解释的目标，在刑法用语可能的文义内对其作出恰当处理并作出具有实质正义的解释结论，才能达到刑法的目的和功能。④

要想使客观解释的结论能够得到认同，这种“客观解释”就必须运用恰当的方法，必须经得起理性的反思与追问。⑤ 如果解释主体对客观解释方法的运用过了头，有可能发展成为极端的解释主观主义。因此，在客观解释论中，解释主体的创造性解释必须以现有的法律为规范背景，遵守刑法的基本原则与法的价值等，解释结论必须与既有法律和谐一致。另外，解释结论需要以法律为依据进行形式化的推理论证，以提高解释结果的说服力。

（二）刑法解释的依据

刑法解释的依据是什么？形式解释论与实质解释论各自作出了不同的回答。这两种立场的争论起源于德日刑法学中形式的犯罪论与实质的犯罪论的对立，这种对立引发了对构成要件的解释存在“形式解释”与“实质解释”两种对立的观点。德日刑法中，犯罪构成包括构成要件符合性、违

---

① 参见〔法〕亨利·莱维·布律尔：《法律社会学》，许均译，上海，上海人民出版社，1987，第72页。

② 参见舒洪水、贾宇：《刑法解释论纲》，载《法律科学（西北政法大学学报）》，2009（5）。

③ 参见王军仁：《刑法应当客观解释》，载《人民检察》，2007（2）。

④ 参见任彦君：《遗弃罪中扶养义务的诠释》，载《华北水利水电学院学报（社科版）》，2007（5）。

⑤ 参见舒洪水、贾宇：《刑法解释论纲》，载《法律科学（西北政法大学学报）》，2009（5）。

法性和有责性，形式解释是指对“构成要件的形式解释”，实质解释是指对“构成要件的实质解释”①，特指对作为犯罪成立条件之一的构成要件的实质解释。在中国刑法学语境下，实质解释指的是对整个犯罪构成或者说犯罪成立的所有条件的实质解释②，也就是说，在中国刑法理论中，形式解释与实质解释的对立已经发展成为对刑法用语的形式解释与实质解释的对立③，即我国刑法学中形式解释论与实质解释论的争议不局限于犯罪构成的解释立场，已经扩大到对刑法用语的解释立场。④（本书所述实质解释是指在实质的正义观念指导下解释刑法用语，指导刑法的适用，不限于以实质违法性为指导解释刑法所规定的犯罪构成要件。）随着刑法解释学的发展，在我国刑法解释论的进路上，形式解释与实质解释已发展成两种对立的学派。

形式解释论坚持形式的罪刑法定原则，强调形式理性和解释结论的明确性，认为形式判断优先于实质判断，拘泥于刑法条文的字面含义，严格限制法官的自由裁量权。实质解释论认为，法律解释的过程中存在着对各种基本法律价值的分析和判断。法律解释立场上的观点纷争，实际上反映了人们在价值评价或利益权衡等问题上的分野。⑤强调实质正义和解释结论的妥当性，并不是否定形式合理性，它还是在形式合理性的前提下追求形式合理与实质合理的统一。实质刑法解释论主张，当运用形式解释得出的结论可能是非正义时，法官应考量刑罚处罚的合理性与必要性，根据罪刑均衡原则来解释和适用法律。这其实是罪刑法定原则的实质侧面要求法官能动司法的体现。⑥当然，实质解释论不是不讲形式，也不是反对形式解释，而是不赞同在任何情况下都只由形式解释起决定作用。⑦就狭义的解释方法而言，形式解释论注重文义解释，实质解释论更强调运用论理解释方法；形式解释论侧重于形式正义和一般正义，实质解释论侧重于实质合理性、一般正义与个案正义

① 高仕银：《形式与实质：刑法解释论的进路考察及选择》，载《当代法学》，2011（6）。

② 我国在犯罪成立体系上不像德日刑法学那样区分构成要件符合性、违法性、有责性三大独立范畴，而是一种主、客观要件相统一的平面耦合式结构，因此，我国学者所说的实质解释指的是对犯罪成立的所有条件的实质解释。

③ 参见周详：《刑法形式解释论与实质解释论之争》，载《法学研究》，2010（3）。

④ 参见欧阳本祺：《走出刑法形式解释与实质解释的迷思》，载《环球法律评论》，2010（5）。

⑤ 参见张志铭：《法律解释操作分析》，北京，中国政法大学出版社，1998，第193页。

⑥ 参见苏彩霞：《实质刑法解释论的确立与展开》，载《法学研究》，2007（2）。

⑦ 参见张明楷：《刑法格言的展开》，北京，法律出版社，1999，第115页。

的兼顾。[①] 形式解释论的理论优势在于：解释结论的预测性较强，能够避免法官个人的喜怒好恶左右定罪量刑；能够充分发挥罪刑法定的人权保障理念。其缺陷在于：忽视法律规范用语的实质内涵，不考虑规范适用的价值判断，有走向法律教条主义的倾向，削弱刑法保护法益的重要作用，不利于刑法机能的发挥。实质解释论的理论优势在于，能够弥补刑法规范的缺陷，保持刑法规范的适应性。具体说，它能将刑法虽有明文规定但隐藏或不尽合理的构成要件，通过实质解释合理适用，从而实现刑法处罚范围的合理化，将疑难案件合理归类，或将不该处罚的行为排除出刑法圈。另外，对于那些非典型的个案，能够通过实质解释使其处理结论相对合理。其缺陷在于，如果将实质解释论推向极致可能会走向法律虚无主义，从而隐含着侵犯人权的危险。[②]

在刑法解释的立场选择方面，形式解释与实质解释应该是什么关系？有人认为，形式解释论与实质解释论是补位关系，一般情况下采用形式解释，但在形式解释所得结论不合理时，才需要采用实质解释的结论。[③] 换句话说，一般情况下，对于常规案件，采用形式解释既可以保证形式合法性，也可以保证实质合理性，但在采用形式解释不能保证实质合理性时，应采用实质解释。这是一个“先形式后实质、由表及里”的解释路径，即以形式解释为基础，兼顾实质解释的路径。[④] 笔者赞同这种观点，理由是：(1) 对案件事实的司法归类既要作形式判断也要作实质判断，这是罪刑法定的两个侧面（形式侧面与实质侧面）的体现。在大陆法系刑法中，犯罪构成是一个递进式的、层层收缩的判断结构，对案件事实的形式判断是其犯罪构成的第一阶段——构成要件符合性的初步判断，之后再进行违法性和有责性的判断，经过这些实质判断，使最后的结论符合形式合法性和实质合法性。[⑤] 在中国，犯罪构成符合性判断不分层次，形式判断与实质判断的界分不是特别清楚，将案件事实分成四个方面要件进行综合判断，对犯罪构成的符合性判断是一次完成的。但是，犯罪构成本身包含了形式判断与实质判断，如果仅仅从形式上解释犯罪构成，不作实质解释，

---

① 参见欧阳本祺：《走出刑法形式解释与实质解释的迷思》，载《环球法律评论》，2010 (5)。

② 参见高翼飞、高爽：《立场选择与方法运用：刑法解释的“道”和“器”》，载《中国刑事法杂志》，2012 (10)。

③ 参见吴林生：《罪刑法定视野下实质解释论之倡导》，载《中国刑事法杂志》，2009 (9)。

④ 参见高翼飞、高爽：《立场选择与方法运用：刑法解释的“道”和“器”》，载《中国刑事法杂志》，2012 (10)。

⑤ 参见吴林生：《罪刑法定视野下实质解释论之倡导》，载《中国刑事法杂志》，2009 (7)。

一定会出现形式合法性与实质合法性不吻合的情况。另外，司法运作在立法不周全时采用教条主义做法或机械司法而导致结果不公，必然使公众对法制失望，最终会损害法治。① (2) 法治首先是一种形式理性，刑法解释首选形式解释。但在一些法律适用的疑难案件②中，如果形式解释的结论违背了实质正义，就需要采用实质解释，以实现实质正义。在我国刑法中，犯罪构成应是判断犯罪的唯一标准，但由于案件的复杂性或多样性、刑法规范的模糊性与滞后性及立法技术等原因，有时在犯罪构成的判断上存在一些难题，有可能出现判决结果仅契合形式正义而忽视实质正义的情况，“许霆案”的量刑就是一个例子：案件的裁量没有从实质解释角度考察应处的刑罚量，没有合理解决刑法规范的滞后问题。③ 就是说，实质解释论在犯罪构成的符合性判断上能够弥补形式解释论的不足。(3) 形式解释论是形式法治的要求，实质解释论是实质法治的需要，两者共同满足法治所要求的正义。因此，对犯罪构成要件的解释不能仅从形式上进行，还要从刑罚法规的妥当性等实质层面进行。④ 单纯作形式解释，会使法的适用变得机械化、教条化；过分强调实质解释，有可能违反罪刑法定原则，侵犯人权。因此，二者应该兼顾。正确的解释，必须兼顾法律的文言与法律的目的，仅满足其中一个标准是不够的。⑤

二、刑法合理性解释的制度性制约

根据伽达默尔的观点，理解不仅仅是一种复制和单纯的说明，而是一种创造性的行为。⑥ 既然解释是一种创造，那么解释结论就是多样的和无限的。解释者通过解释赋予文本以新的意义，使社会变迁事实反馈到刑事立法中，进一步促进刑事立法完善，因而解释是一种创造性的活动。为了保障人权，体现刑法的谦抑性，刑法解释需要一定的制度制约，这种制约直接作用于刑罚权的边界。刑法的合理性解释，包括处罚范围的合理性和处罚程度的合理性。处罚范围的合理性，就是定罪的合理性，它受制于罪刑法定原则。在法律解释上，刑法和其他法律最大的

① 参见吴林生：《罪刑法定视野下实质解释论之倡导》，载《中国刑事法杂志》，2009 (7)。
② 疑难案件是指因刑法条文之间具有某种交叉关系、条文规定模糊而导致的条文适用困难，或者是因为刑法条文过于滞后而产生适用分歧等的案件。
③ 参见赵运锋：《刑法实质解释的作用、适用及规制》，载《法学论坛》，2011 (5)。
④ 参见张明楷：《罪刑法定与刑法解释》，北京，北京大学出版社，2009，第 72～73 页。
⑤ 参见张明楷：《罪刑法定与刑法解释》，上海，北京大学出版社，2009，第 154 页。
⑥ 参见〔德〕伽达默尔：《真理与方法》(上)，洪汉鼎译，上海，上海译文出版社，1999，第 389 页。

不同也许就在于罪刑法定原则对其的制约，解释法律不能突破罪刑法定原则的限制。① 而处罚程度的合理性，是指量刑的合理性，它受制于罪刑均衡原则。

罪刑法定②是我国刑法的基本原则，它的宗旨在于限制刑罚权的滥用，使刑法的适用或解释在它的框架内实现刑法正义。这是保障人权的内在要求。在某些案件中，刑法的解释需要一定的扩张性，对此，需要注意罪刑法定原则与刑法解释之间的关系。怎样将二者间的张力控制在一个合理的限度内，使其达成调和与良性互动是一个关键问题。如何理解“罪刑法定”？所谓罪刑法定原则中的规定，是指刑法规范的明文规定，而不是指孤立的某个词语词组的明文规定，这样，扩大解释就获得了可能，因为它只是将刑法规范隐藏的含义揭示出来，没有突破刑法的界限，所以，它并不违反罪刑法定原则。③ 罪刑法定原则对刑法解释的制约表现在：刑法文本的基本语义划定了解释结论的大致范围。刑法用语的“可能含义”包括两种情况，即核心部分和边缘部分。刑法用语的核心部分特征是明确的，容易判断其构成要件符合性；在刑法用语的边缘部分，由于其模糊性，需要根据一定的解释规则考察其是否属于某刑法用语的范畴。客观解释论、实质解释论坚持在制定法与实质的正义观念发生冲突的时候，优先考虑实质的正义观念。从效果上看，实质解释论既坚持了罪刑法定原则所要求的形式正义，也实现了罪刑法定原则所要求的实质正义。④

罪刑均衡原则是指犯罪的严重程度与刑罚的严厉程度保持相当，这种相当不是直接从单个罪名与刑罚之间的关系得出结论，而是从罪名体系与刑罚体系之间的比例来得出结论。因此，罪刑均衡原则要求的罪名与刑罚之间的均衡比例关系，必须从整个刑罚体系来判断。在对某些刑法条文的语词含义出现不同理解的时候，或者有多个罪名可以适用的时候，以罪刑均衡原则作为解释或选择的依据是可行的。⑤ 即某些案件有被多种规范类型涵盖的可能性，需要根据罪刑均衡原则（处罚必要性和合理性）找出合

---

① 参见薛静丽：《刑罚权的边界与刑法解释》，载《法律方法》，第 11 卷，济南，山东人民出版社，2011，第 351 页。

② 《刑法》第 3 条规定：法律明文规定为犯罪行为的，依照法律定罪处刑；法律没有明文规定为犯罪行为的，不得定罪处刑。罪刑法定原则自确立至今，经历了从绝对罪刑法定原则向相对罪刑法定原则的演进。

③ 参见刘志远：《刑法解释的限度》，载《国家检察官学院学报》，2002（5）。

④ 参见周详：《刑法形式解释论与实质解释论之争》，载《法学研究》，2010（3）。

⑤ 参见廖斌、何显兵：《论罪刑相当原则的刑法解释机能》，载《人民司法》，2008（11）。

适的刑法规范。罪刑均衡原则的刑法解释机能，不仅仅涉及个案定罪问题，还能够据此考察某个罪名的罪状准确含义，特别是罪名之间用语有相似之处时，根据罪刑均衡原则来进行解释，能够对相关罪名进行界定或区分。

三、刑法解释的边界

不管是客观解释还是实质解释都有一定的开放性和灵活性，它们既有限制入罪的功能，也有扩张刑法规范适用的倾向，使用得当可以发挥积极作用，反之，则会产生相应的负面影响（违反罪刑法定、侵犯人权等）。在追求实质正义和规范目的的过程中，人们可能会有意无意地超越法条的字面含义对其进行限制解释或扩张解释，根据实质正义将一些具有处罚必要性和合理性的行为解释为犯罪，将那些没有处罚必要性和合理性的行为出罪。这是一般人都认可的情况。[①] 因此，如何制约客观解释和实质解释的随意性，或者说如何为实质合理性的追求设定边界，制约法官解释的权限，是至关重要的问题。在普通的刑事案件中，一般根据形式解释的路径诠释犯罪构成即可兼顾形式正义和实质正义，达到人权保障和社会保护的目的。但在有些案件中，形式解释只能保障形式正义，而不能保障实质正义，这就需要采用实质解释；有些案件中，主观解释不能适应社会的变化，借助于客观解释能够在维持法的安定性的条件下，得出合理的判决结论。鉴于客观解释和实质解释的特点，为了保障人权，必须为其确定合理的限度。人们对于限制解释的正当性几乎是没有争议的，争议主要集中在扩大解释是否正当，扩大解释与类推解释是否存在明确的界限。关于解释的限度，学术界大体有以下几种观点：（1）文义射程说。该说认为，扩张解释应以文义的最远“射程”为限[②]，即可以超出刑法用语的应当含义，但不能超出其可能的含义。[③]（2）解释对象核心属性说。该说认为，如果被解释的对象（案件事实）具有与被解释的概念（刑法规范）相同的核心属性，那么，可以将该解释对象归类于该刑法规范中的概念，这是合理的扩大解释；如果二者没有共同的核心属性或意义，就超出了解释的限

---

① 参见吴林生：《罪刑法定视野下实质解释论之倡导》，载《中国刑事法杂志》，2009（7）。

② 参见杨仁寿：《法学方法论》，北京，中国政法大学出版社，1999，第111～112页。

③ 参见高翼飞、高爽：《立场选择与方法运用：刑法解释的“道”和“器”——以刑法修正案相关罪名为例展开》，载《中国刑事法杂志》，2012（10）。

度，可能走向类推解释。[①]（3）公民预测可能性说。该说认为，扩张解释与类推适用的区别在于，通过扩张解释获得的结论符合公众的预测可能性，是一般公民理性思考后能够理解的；而类推适用得出的结论超出了公众的预测可能性，是一般公民无法理解的。[②] 预测可能性是指公众事后对某一行为是否构成犯罪的预测，或者说解释结果能被人们看成是合理的和可以接受的。公民的预测可能性取决于社会情势、社会大众心理、语境、道德等因素。法官考虑公众的预测可能性的过程，就是对社会情势、大众心理、适用刑法的特殊语境、习俗等因素的分析、把握过程。（4）解释主体间的共识说。该说认为，在达到裁决结论可接受性前提下，刑法解释应该是持多元价值观的诸多解释主体在自己的特定的处境与社会背景下对刑法规范的解读，刑法解释的标准是达成解释共同体的共识或妥协，即不同解释主体充分讨论而寻求大家所接受的解释结论。[③]

笔者认为，虽然文义射程说是刑法学界广泛接受的观点，但是何为“可能的含义”，或者说，刑法条文用语的边缘意义的界限在哪里，是一个很难判断的模糊问题，一定会导致仁者见仁、智者见智的效果。公民预测可能性说中的“公民”，由于各种主、客观条件的制约，在知识、能力、素质等方面存在很大差异。即使有学者认为是“一般公民”，它仍然是一个难以统一归类的群体。另外，“预测可能性”同样是一个没有明确标准的问题，在司法实践中缺乏可操作性，这从一些热点案例的诸多争议中即可看出。解释主体间的共识说有一定道理，尤其在一些热点案件或者疑难案件中确实能够解决一些问题。根据伽达默尔的视域融合理论，在理解同一个文本时，不同的主体由于其知识、经历、处境等因素的不同，会产生不同的理解，要想达成相互的理解就必须各自调整自己的视角，或者说是换位思考，并进行主体间的相互沟通，达成一种共识。[④] 对规则的含义和适用性进行协商是重要的。特殊案例所蕴含的问题不得不成为对话的主题，无论是在国会上，还是在法庭上，或者在更大范围的政治讨论中，都是这样。[⑤] 案件裁判过程中有两个基本的价值性因素：主体、合意。主体

① 参见刘志远：《刑法解释的限度——合理的扩大解释与类推解释的区分》，载《国家检察官学院学报》，2002（5）。

② 参见冯军：《论刑法解释的边界和路径》，载《法学家》，2012（1）。

③ 参见袁林：《超越主客观解释论：刑法解释标准研究》，载《现代法学》，2011（1）。

④ 参见袁林：《超越主客观解释论：刑法解释标准研究》，载《现代法学》，2011（1）。

⑤ 参见〔澳〕约翰·德雷泽克：《协商民主及其超越：自由与批判的视角》，丁开杰等译，北京，中央编译出版社，2006，第6页。

是指“相互主体”，或者“解释的共同体”①。“解释的共同体”包括法官、辩护人、公诉人等，这些主体之间通过相互对话、论辩，形成“暂时性共识”或妥协。在这个共同体中，有一些公认的、约定俗成的标准（虽然这些标准可能随时间和社会变迁而变化），这些标准是解释共同体的成员在对话时，据以认定哪些法律论据是有证明力的，哪些证据处理方式是合法的、可以接受的，什么样的思维方法能够得到同行的认同。② 合意，是求大同、存小异的有原则的自愿。③ 根据哈贝马斯的对话协商理论，真理及正确性的标准，就是达到合意。司法裁决的正确性与自洽性的获得必须将法律论证过程理解为一个协商（对话思维）的过程。法官应关注法律主体间的论辩与商谈，追求共识的达成。尤其在面对各种复杂的疑难案件时，仅仅从形式上对规则作出解释，难以作出恰当的法律判决。那么，在价值多元化的时代，在承认“解释的共同体”前提下，刑法实质解释或客观解释的标准应当是多元解释主体间的共识，这是民主司法的体现。

但是，司法实践中不能忽视的是，很多时候不能达成共识或者妥协（如果是妥协，也可以说是“共识”），辩论到最后还得由法官作出独断性的解释，那岂不是又要回到主、客观解释或形式与实质解释的选择中？还得考虑解释的限度问题，还得回到起点？

笔者赞同解释对象核心属性说。所谓“核心属性”实际上是概念的核心意义，只要牢牢把握概念的核心意义与被解释对象的本质特征，即使疑难案件的一些细枝末节与典型事实的不同，也不妨碍将疑难案件归入恰当的犯罪类型。如果案件类型与刑法规范描述的类型在价值评价上呈现相同的意义或者说立法目的一致，即可将此案件归类于该刑法规范

---

① 司法活动是一种通过多元主体之间的交往而寻求共识或妥协的过程。司法判决的作出，需要进行适当的论证，并且司法裁决无法回避利益立场、政治态度、意识形态或其他外在因素的影响。为了使各参与主体达成共识，就有必要让各方充分表达意见、陈述理由，互相论辩，说服并使对方接受自己的意见。经过这样一个论证过程，参与者才可能把判决结果作为合理的东西而加以接受。只有通过规范的应用性商谈，我们才能就一项法律判决达成共识：哪种规范解释对该判决是有效的，哪种规范解释对该判决是不适用的。另外，传统刑法解释理论认为，刑法条文中存在一个客观自在的意义，刑法解释的任务就是探寻刑法条文中蕴含的客观意义，并且，传统刑法解释理论仅从客体出发，注重解释方法的研究，将刑法解释主体抽象化，没有把主体放在现实社会中去理解，即“解释主体的失踪”。刑法解释是一个主体认识客体的过程，在这个过程中，重视解释的客体，也不能忽视解释的主体。刑法解释是主观与客观、理性与非理性的统一。

② 参见陈弘毅：《当代西方法律解释学初探》，载梁治平主编：《法律解释问题》，北京，法律出版社，1998，第25～26页。

③ 参见焦宝乾：《从独白到对话——迈向法律论证理论》，载《求是学刊》，2006（4）。

所规定的类型。[①] 客观解释、实质解释是在刑法文本的字面含义已经大致限定了解释范围的情况下，根据解释时的语境以及概念的核心意义与被解释对象的本质对比解读出法律的隐形规定。

有一点要说明的是，本书不赞成有些学者的观点，即禁止不利于被告人的实质解释。实质解释的功能在于兼顾人权保障和社会保护，这是刑法须具备的两个方面，不能偏颇。因此，实质性解释不仅可以得出有利于被告人的结果，也可以出于实质正义的要求，在把握事物本质的基础上，实事求是地作出对被告人不利的解释。理由在于：罪刑法定原则虽然强调对被告人权利的优先保障，但不是单纯地强调保护被告人，也同时兼顾了社会保护功能，因为社会保护是人权保护的另一面，体现的是对被害人或一般人人权的保护，这是个人自由和社会秩序之间的平衡。另外，罪刑法定原则既强调形式侧面，又强调实质侧面，既然从两个层面追求刑法公正，妥当的解释就不一定是有利于被告人的解释结论。另外，基于罪刑均衡原则和刑法适用平等原则的要求，实质解释即使出现对被告人不利的后果，也是实质正义的要求。

第二节　疑难案件的刑法解释方法

刑法适用的过程就是刑法解释的过程。法律只有在被人们理解、诠释和应用中，才能与时俱进，保持其生命力。[②] 在制定法国家，法律的稳定性与社会生活事实的复杂多变，是法官永远面临的难题。[③] 由于案件事实与法律规范不能完全对应的情况是司法过程中的常态，法的解释就成为法律适用中解决这种难题的一种有效途径。在一个国家的刑事法律体系相对完备后，法的解释就成为刑法的生命。[④] 从法典层面说，没有完美的可以毫无争议地适用于一切案件事实的刑法规范，刑法规范的不确定性、刑法典的不完美性注定无可避免，只有结合具体语境对刑法规范进行解释才能判断事实与刑法规范是否能够对接；只有在处理具体案件之时，对刑法规

① 参见齐文远、苏彩霞：《刑法中的类型思维之提倡》，载《法律科学（西北政法大学学报）》，2010（1）。

② 参见谢晖、陈金钊：《法律：诠释与应用》，上海，上海译文出版社，2002，第49～50页。

③ 参见郝方昉：《刑法司法解释的类型化及其意义》，载《甘肃政法学院学报》，2012（2）。

④ 参见冯军：《论刑法解释的边界和路径》，载《法学家》，2012（1）。

范进行解释，将隐含在规范中的正义思想、立法目的付诸裁判，才能实现实质正义和形式正义的统一。①

法律解释方法是指在法律适用过程中，解释主体根据案件事实对法律规范用语的含义所作的理解和诠释，以确定规范的“真实含义”的方法。

关于法律解释的概念有多种表述，本书不一一陈述。本书主要探讨刑事疑难案件审判过程中的刑法解释问题，因此本书所谓的法律解释是刑法适用过程中针对个案的解释，是指法官在对具体刑事疑难案件的裁判过程中寻找或发现法律推理大前提的活动。②

一、法律解释方法的种类

法律解释包括文义解释和论理解释两大类。刑法文义解释是指从刑法规范的文义、语法结构和句式上对刑法用语的含义予以分析和解释的方法。这是适用范围最广泛的一种法律解释方法。语言是法律规范的媒介，但语言具有一定的模糊性和不确定性，而且现实世界具有无限丰富和多样性，这两个因素决定了法律文本不如人们想象中那么准确、可靠，而是需要解释。刑法的文义解释是刑法解释的起点。

论理解释又包括体系解释、历史解释、比较解释、目的解释等。当然，从其他角度还可以将法律解释进行其他分类，如从法律解释的效果与法律文本一般文义的关系的角度还可以将法律解释分为扩大解释、限缩解释，当然解释和反对解释等。

体系解释是指不孤立地分析刑法法条的含义，而是把要解释的法条放在整个刑法规范体系中，或在与其他法律规范的关系中，系统地考察这一法条的含义的解释方法。法律体系是一个有机联系的整体，内部之间是彼此相关的，只有以联系的视角对法条作解释，才能得出合适的结论。③

历史解释，又称沿革解释，是指探寻立法者在制定法律时想要实现的目的，以推知法条的含义。主要通过立法资料、立法背景等推测法条的含义。

比较解释是指在解释刑法用语时，将刑法的某一规定与其他相关条文

---

① 参见刘艳红：《走向实质解释的刑法学》，载《中国法学》，2006（5）。

② 中国的法律解释体制为了限制司法者在个案中法律解释的任意性，并未赋予司法者法律解释的权力，但是在审判实践中，司法者其实一直在进行着法律解释活动，在疑难案件中，司法者实际上拥有很大的自由裁量权。

③ 参见单忠献：《关于司法裁判中适用法律的解释问题》，载《兰州学刊》，2004（4）。

或者国外立法中的相关情况作比较，以阐明某项刑法规定的含义的解释方法。① 比较解释不局限于比较具体条文的字面文意和规定内容，而是要对国内外刑法传统、体系、体例和社会背景进行实质性的意旨考察和比较。

目的解释是指根据立法的目的来阐明法律条文的含义。目的解释与法意解释不同，法意解释的目的是探寻立法时的目的，而目的解释主要是探求某法律在当前背景下的意义，目的解释中的"目的"是一种"客观"的法律目的，是法律条文背后的精神所在。相对于法意解释，目的解释对刑法规范含义的阐释具有较大的开放性和灵活性，更适应时代的发展，能够推动刑法规范的发展和重构。刑法目的解释是最重要的论理解释方法，它在实质意义上统摄了整个论理解释方法体系，是论理解释的核心。

扩张解释是指在刑法用语的字面含义较为狭窄而不能真正表达立法的真实意图时，扩大其文义，以揭示刑法用语中隐含含义的一种解释方法。

限缩解释是指在刑法用语的字面含义比立法真实意图大而不完全符合立法意图时，将其含义限缩在文字含义的核心部分的一种解释方法。

当然解释是指在法律没有明文规定，但依法的精神、目的，某种情况本应包含在某条文规定之中时，直接按照该法律规定适用的解释方法。②

还有人提出社会学解释方法。社会学解释是指将社会学方法运用于刑法解释，基于对社会效果的预测和考量，在文义可能的范围内解释法律条文的含义。主要是在文义解释有多种结果存在的可能时，才运用社会学解释。司法裁判具有社会导向作用，在法的解释过程中，社会效果的考量是不可缺少的。当一个法律条文有多种解释，而每种结论从法律上看都没有错误时，采用社会学解释方法——预测每一种判决在社会上可能产生的社会后果，对其进行评价比较，最后采纳预测结果较好的那种解释。

二、法律解释方法的选择

上述解释方法在运用时是否存在位阶关系呢？很多学者认为存在位阶关系，即先文理解释后论理解释，而论理解释方法的位阶是体系解释/法意解释—扩张解释/限制解释/当然解释—目的解释。经论理解释后还不能得出合适的结论，需要进一步作比较解释或社会学解释。也有观点认为这

① 参见王政勋：《论客观解释立场与罪刑法定原则》，载《法律科学（西北政法大学学报）》，2011（1）。

② 参见单忠献：《关于司法裁判中适用法律的解释问题》，载《兰州学刊》，2004（4）。

些解释方法之间并不存在适用上的位阶关系："到目前为止，人们尚不能在各种法律解释方法之间确立一个如化学元素表一样的固定的位阶关系。"① 理由在于，每个解释主体由于知识、背景等的不同，在具体案件的裁判中，都会基于其不同的前见和直觉产生一个初步的判断，然后通过案件事实与刑法规范之间的交互性阐释，明确某一相关刑法规范的内涵和外延，一些因素如案件事实、法律文本、公共政策、社会形势、法官的前见和公众心理等，都会对事实和规范的对接产生影响，经过在案件事实和刑法规范之间的多次穿梭，法官会选择出自认为合适的规范。这种过程中不会有什么先文理解释再论理解释的先后顺序。案件的最终结论应该是法官认为的最恰当、最公平的结论，至于得出最终的结论运用了什么解释方法，只是事后人们根据判决的结果和理由作出的评价，在解释过程中，并没有一个固定不变的选择方法和顺序。② 法官在作出裁判结论时，不会只顺着一条单一的思维模式作出判断。在法条的选择、解释及应用上，法官很可能会反复思考比对、衡量各种利弊、预测可能的裁判后果等，最终得出一个自认为合理合法的结论来。③ 美国学者卡尔·卢埃林就认为，各种法律解释规则只是提供了一个大的框架，对法律的解释需要根据具体的、特定的情景对这些规则进行选择。④ 笔者赞同这种观点，理由在于：（1）给各种法律解释方法排序的难题是：怎么判断对规范的某一解释方法对某一案件是适当的？在所谓的位阶中，解释到哪种地步可以停下来？根据多数人的观点，如果文义解释能够得出合适的结论，法律解释就到此为止。但如何判断文义解释后是否需要进一步运用其他解释方法呢？同样的问题也存在于历史解释、体系解释等方法中。这说明必须有某种标准来评价或决定各种解释方法的选择，而不是这几种方法一定有一个固定的运用排序。（2）单纯的脱离案件事实和语境的文理解释只能对文本进行语义分析，而不能恰当处理案件。法律解释的正确性均是特定场景下的正确性，并不具有绝对性。⑤ 在法的适用中，案件事实的确认和法律规范的解释是交互进行的，即以事实为依据确定规范的意义，以规范为依据认定和筛选

① 梁慧星：《民法解释学》，北京，中国政法大学出版社，1995，第214页。

② 参见王政勋：《论客观解释立场与罪刑法定原则》，载《法律科学（西北政法大学学报）》，2011（1）。

③ 参见於兴中：《人工智能、话语理论与可辩驳推理》，载葛洪义主编：《法律方法与法律思维》，第3辑，北京，中国政法大学出版社，2005，第125页。

④ 参见〔美〕卡尔·卢埃林：《普通法传统》，陈绪刚、史大晓、仝宗锦译，北京，中国政法大学出版社，2002，第618～632页。

⑤ 参见尹建国：《不确定法律概念具体化的模式构建》，载《法学评论》，2010（5）。

案件事实。这个过程是解释主体、刑法文本、解释者的前见、解释对象、相关语境的融合，是语义和语用的融合，而不是一个固定的解释方法位阶能够解决的问题。（3）根据案件审理中实际的思维过程，可以说，所谓的解释只是一种工具："解释结果"在"解释"之前就已经大致确定下来了。① 因此，"结果"不是"解释"出来的，是预定的"结果"决定了"解释"方法的选择。② 正如有学者所言，所谓的"解释"，其实是一个判断的问题。司法的真正目的并不是准确解释规范的含义，而是判断什么结论是较好的、是公众能够接受的。③ 对于同一个问题，各种解释方法得出的结论不一定一致，最终运用什么解释方法主要取决于哪种解释结果会带来好的社会效果。由此，我们可以说，法律解释的最终目的，既不是谋求法律文本的正确理解，也不是追求对法律目的或精神的准确把握，而是为某种判决结果提出有根据且有说服力的论证理由。它不过是以"解释"为装饰的一种言说技术，通过"解释"这种方法，已经得出来的判决结论在法律上被正当化了。从这种意义上看，法律解释其实不是一种解释，而是一种策略。④ 因此，在各种解释方法之中，需要采取哪种解释方法，取决于哪一种解释更符合刑法的目的、哪种解释结论更具合理性。各种解释方法都有其价值和功能，但也有其局限性，有时可能需要同时运用多种方法，也可能在不同语境下使用不同的解释方法，目的都是追求解释结论的合理性和可接受性。⑤ 什么情况下采取形式主义的解释、什么情况下采取实质性的解释，取决于法官的判断。法律解释的任务是以某种手段使解释的结果与法规范这一权威性文本联系起来，为判决提供合法性……各种法律解释方法，只不过是为法官的判断提供事后正当化的手段、一种论证技巧。⑥ 进而，法律解释的问题主要在于为某种具体的司法裁决提出有根据

---

① 法官在审理刑事案件时，首先会根据自己的直觉对案件作出大致判断——该判断可能和一般人的判断一致，也可能因为法律人特有的训练而与一般人的不同，继而以该初步判断为导向，法官到刑法文本中去寻找法律依据。经过在事实和规范之间的多次穿梭，法官在文本的某一条文中解读出可以适用于当下案件的意义，并认真考察自己的解释是否合理、判决是否妥当，如果他确信该判决能够为民众所接受，他就需要进一步给出合法、合理的判决理由。

② 参见〔德〕魏德士：《法理学》，丁晓春、吴越译，北京，中国政法大学出版社，2005，第306页。

③ 参见苏力：《解释的难题：对几种法律文本解释方法的追问》，载《中国社会科学》，1997（4）。

④ 参见桑本谦、纪建文：《司法中法律解释的思维过程探析》，载《法学论坛》，2002（3）。

⑤ 参见张兆松：《刑事疑案赔偿问题之检察解释质疑》，载《法治论丛》，2004（6）。

⑥ 参见劳东燕：《公共政策与风险社会的刑法》，载《中国社会科学》，2007（3）。

的且有说服力的法律理由①，即“通常是在结果早已确定之后，才选择解释的方法。所谓的解释方法只不过是对文本的补充的事后的注脚而已”②。

三、疑难案件的刑法解释方法

研究刑法解释的立场和各种解释方法，目的是在刑事司法中作出合理的解释和运用，特别是对疑难、新型刑事案件的处理，更要寻找合适的解释方法，以得出合法、合理的解释结论，作出两个效果统一的、获得大众普遍认同的刑事判决。

（一）刑事疑难案件解释结论的评价目标

本书所说刑事疑难案件是指法律适用上的疑难案件，不包括事实认定的疑难案件。一般有几种情况：事实归类（类型化）困难的案件；形式理性和实质理性发生冲突的案件；有多个规范可能适用的案件，等等。③

对于疑难案件，难以固定地运用某一解释方法或顺着某一固定顺序选择解释方法去解释刑法规范。由于各种解释方法都有自身的局限性，不一定能够据以得出满意的合理的法律结论，或者解释具备“多解”结果，不同的法律解释方法在适用次序上的不确定性以及法律解释对案件具体语境的依赖等因素，决定了疑难案件不能通过法律解释得到“唯一正确的答案”④。事实上，法官一般会根据其前见和专业思维模式作出是否有罪、何罪的初步判断，然后再去寻找合适的法律依据，作出形式化的论证推理，使其判决兼顾形式理性和实质理性的要求，使其法律适用结果既符合自己对社会正义的一般确信，也符合普通人对正义、对法律的心理预期。⑤ 从法官的真实思维过程和公众对于判决结果的感受看，审理刑事疑难案件时对于刑法解释最为关键的是结论的合理性，而不是其正确性。在刑事疑难案件中，刑法适用解释不能算是一个真理性的判断，而应该说是一种价值判断、利益衡量，更应该从妥当性的角度来解释适用刑法，来恰当地定罪量刑。⑥ 而语言和规则均存在一种“开放性”结构，导致刑法适用中的不确定性，这就给法官留下了自由裁量和创新规范的机会。那么，

① 参见苏力：《解释的难题：对几种法律文本解释方法的追问》，载梁治平编：《法律解释问题》，北京，法律出版社，1998，第 58、59 页。

② 〔德〕魏德士：《法理学》，丁小春、吴越译，北京，法律出版社，2003，第 315 页。

③ 参见任彦君：《论利益衡量方法在我国刑事裁判中的运用》，载《法学评论》，2013（5）。

④ 尹建国：《不确定法律概念具体化的模式构建》，载《法学评论》，2010（5）。

⑤ 参见王政勋：《从图式理论看刑法解释立场》，载《中外法学》，2009（3）。

⑥ 参见梁根林：《现代法治语境中的刑事政策》，载《国家检察官学院学报》，2008（4）。

在疑难案件中，也就不存在什么唯一正确的答案，只是裁判结论需要法官在多种可能的解释和推理之中进行选择。在这种权衡取舍的过程中，法官的价值观、对公共政策的理解等都会影响判断结论。① 另外，公众并不熟知法律，他们看似要求法官“依法”裁判，但实际上他们要的是“实质公正”、“正义”的过程和结果，而不是“法律”本身。原因在于，在他们心目中，法律就代表着公平、正义。② 所谓的法律解释，不过是基于对法律规范用语含义的重新界定，一种权力实践而已，需要考虑的是后果，而不是语词本身的含义。③

总之，刑事疑难案件解释结论的评价目标不是正确性，而是合理性和可接受性。就是说，在刑法适用过程中，法解释的最直接目的是寻找案件裁判的正当性依据，论证获得结论的过程和理由的合乎情理，而不是找出规范解释是否有唯一正确的答案。

（二）疑难案件刑法解释的正当性

在疑难案件中如何达到刑法解释的正当性？西方学者有以下几种观点：

（1）哈特的“社会目标和社会效果”标准和程序保障的观点。哈特认为，在疑难案件中，法官不能机械地适用法律进行案件的裁决，要根据具体情况运用自由裁量权来裁判案件。所谓裁量权的行使主要是考量社会目标或社会效果以作出合法又合理的结论，并且要对判决结论进行形式上（法律）的论证。④ 如何判断所选择的“社会目标或社会效果”正确呢？哈特认为，由于价值的多元性、主体的“前见”等因素的不同，要想使裁判结论具有客观性并不容易，因而必须从形式或程序上对判决进行充分的论证和说明，以保障结论的正当性。⑤

（2）麦考密克的“功利主义”标准。麦考密克认为，在法律规范不完整、不确定的情况下，或者说有多种可能的结果时，应预测或考量各种可能的结果所具有的利弊。最终选择什么方案须考虑以下情况：1）符合形

---

① 参见〔英〕哈特：《法律的概念》，许家馨、李冠宜译，北京，法律出版社，2006，第119页以下。

② 参见舒国滢等：《法学方法论问题研究》，北京，中国政法大学出版社，2007，第358页。

③ 参见苏力：《解释的难题——对几种法律文本解释方法的追究》，载《中国社会科学》，1997（3）。

④ See Jules L. Coleman (ed.), *Reading in the Philosophy of Law*, Garland Publishing Inc., 1999, 37-41.

⑤ 参见郭雍：《疑难案件规范解释研究》，郑州大学2010年硕士学位论文，第14页。

式正义的要求（合法）；2）在规范目标和价值取向等方面与其他相关规则不矛盾；3）存在法律依据，能够以现存的法律原则或通过与现有的法律规范的类比予以论证。[①]

（3）利益法学派的代表人物赫克认为，利益冲突与纷争是法律产生之源，法官不可能只是机械地适用法律的机器，法官应根据案件所涉各种利益运用自由裁量权，以平衡利益冲突[②]；重视利益保护在法律中的目的性地位，兼顾法律的稳定性与个案裁判的妥当性。在疑难案件裁判中，要分析案件所具体涉及的各种利益，在推测立法者在此情况下可能的利益取舍，以及在现实语境情况下，对各种利益进行衡量、比较和取舍，才能作出合理的判决（正当的刑法解释）。[③]

（4）哈贝马斯认为，对话方法通过程序正义（程序的设计和适用）来达成法律的实质正义（结论的妥当性和可接受性）。具体地说，一个正当的法律结论必须通过民主的理性的协商、交流与对话才能形成，把法律意义上的真理与通过理性协商达成的共识（妥协）联系起来。[④] 哈贝马斯认为：司法裁决的正确性与自洽性的获得必须将法律论证过程理解为一个协商（对话思维）的过程。法官应关注法律主体间的论辩与商谈，追求共识的达成。在疑难案件的审理中，尤其应该注意通过各相关诉讼参与人的对话或论辩来达到判决的正当性。

以上学者所言观点对于疑难案件的解决有异曲同工之处，即疑难案件判决结果的获得需要考量其他因素，如价值判断、社会效果、利益等，并且判决结果的合理性是相对的，需要借助于程序来实现结果的正当性。

在疑难案件审理中，适用哪些解释方法可以达到解释结论的正当性？上述观点对我们的启发是：结论的正当性或妥当性对于解释方法的选择也有决定作用。解释方法与解释结论互相影响，解释方法决定了一定的解释结论，而解释结论是否正当（合法又合理）又决定了解释方法是否能够适用，通过不断的试验，才能得出合适的解释结论。这是一个诠释学循环。在疑难案件中，文义解释的局限性是明显的，为准确理解法律规范的“真

① 参见陈弘毅：《当代西方法律解释学初探》，载梁治平主编：《法律解释问题》，北京，法律出版社，1998，第13页。

② 参见丁小萍：《论司法能动主义的利益衡量》，载《杭州电子科技大学学报（社科版）》，2009（6）。

③ 参见任彦君：《论利益衡量方法在我国刑事裁判中的运用》，载《法学评论》，2013（5）。

④ 参见葛洪义：《试论法律论证的源流与旨趣》，载《法律科学》，2004（5）。

实含义”，必须借助于社会学解释、利益衡量等方法。具体运用何种方法，要由具体案情、语境等因素决定。

由于刑法用语含义的开放性、多义性以及司法实践中个案的复杂性，解释法律可能会出现多个不同的结果，这决定了仅靠法官的独断解释不一定能保证获得“正确”的、令人毫无疑义接受的司法判决。① 所以，哈贝马斯的对话方法无疑具有程序正当的价值，但是，“共识”不一定在所有案件中都能达成，最终的权威解释还得由法官的作出。根据我国现行的刑事政策，判决结果应达到两个效果的统一，其中的“社会效果”与哈特的“社会目标和社会效果”的观点是一致的，这其实就是社会学解释方法的运用。

利益衡量也是法官裁决疑难案件、实现实质正义的重要思维方法。利益衡量，也可称法益衡量，是指在疑难案件所涉及的各种利益相互冲突或矛盾时，由法官对冲突的各种利益进行比较、权衡与取舍的活动。② 利益衡量是裁判过程中必不可少的环节，裁判过程在一定程度上就是通过司法进行利益衡量和选择的过程。③ 在法律判断或者说法的解释中，避免不了利益衡量问题。不仅民法的解释，而且宪法的解释、刑法的解释，都存在论理与利益衡量的关系问题。只是法域不同，利益衡量的方法会存在差异。④ 利益衡量方法的运用，是先通过利益的分析与选择得出结论，然后寻找法律规范根据，以使结论正当化。这种思考方法与重视社会效果的社会学解释方法是一致的。⑤ 利益衡量的过程是规范与事实互相诠释并对接的过程，即依据事实解释法律，同时依据法律诠释案件事实。⑥ 利益衡量的思维步骤是：第一，分析案件所涉及的各种利益关系，包括当事人的利益和社会公共利益等。第二，运用法律知识、司法经验、常识、经济分析方法以及价值判断等诸多方法，确定利益衡量的初步结论——这是一个需要检验的结论、假说。⑦ 利益衡量的考虑因素包括社会主流价值观、公众意见、公共政策、社会基本道德、社会效果等。⑧ 第三，论证与修正利益

① 参见王祎男：《论疑难案件的法律解释》，西南政法大学2006年硕士学位论文，第9页。
② 参见胡玉鸿：《关于“利益衡量”的几个法理问题》，载《现代法学》，2001（8）。
③ 参见胡玉鸿：《利益衡量与社会需求》，载《法商研究》，2001（3）。
④ 参见郑金虎：《司法过程中的利益衡量研究》，山东大学2010年博士学位论文，第15页。
⑤ 参见梁上上：《利益的层次结构与利益衡量的展开》，载《法学研究》，2002（1）。
⑥ 参见朱良好：《试论诠释学视域中利益衡量的法律方法》，载《兰州学刊》，2008（8）。
⑦ 参见任彦君：《论利益衡量方法在我国刑事裁判中的运用》，载《法学评论》，2013（5）。
⑧ 参见丁巧仁：《民商事案件裁判方法》，北京，人民法院出版社，2006，第402页。

衡量的初步结论，判断裁判结论是否违背法律的体系化解释，预测判决可能产生的效果。只有产生好的社会效果，利益衡量才是成功的，否则就需要改正。第四，赋予结论形式理由。“利益衡量论不是自己任意的解释，要具有合法性、合理性和说服力”，要注意与法律条文的结合。[①] 也即法律理由只能从现有法律规则中去寻找。

① 参见〔日〕加藤一郎：《民法的解释与利益衡量》，载梁慧星主编：《民商法论丛》，第2卷，北京，法律出版社，1994，第90～92页。

第四章　刑事疑难案件裁判思维模式解读及其应用

第一节　刑事疑难案件裁判思维模式解读

一、概述

法律的运用是为了解决问题（使案件得以裁决），而解决问题需要在现有手段和目标之间进行分析，选出合适的相关策略以达到一定的目标。关于案件裁判推理，尽管三段论推理模式在理论上占据主导地位，但是它不能解决所有案件的裁判问题，尤其是疑难案件。在刑事疑难案件中，法官并不总是运用顺向思维找出案件的合适结论。司法实践中实然存在的思维模式值得我们关注和进一步分析，以揭示疑难案件裁判的真实思维过程，并有原则、有意识地运用这种裁判思维模式。法官裁判案件的思维过程是一种高级心理活动；不了解和研究裁判的思维过程就不能真正理解和把握法官如何裁决案件。[①] 那么，在刑事疑难案件裁判中，法官运用了什么样的思维模式？这种思维模式的合理性是什么？它应该受到什么限制？这些问题的理清对于疑难案件的裁判具有重要的理论和实践意义。

二、刑事疑难案件裁判思维过程分析

裁判思维是法官解决具体案件的思考过程，它是一个信息加工的过程，是一种高级心理活动；它是运用法律知识、逻辑、直觉以及价值观等因素对案件进行综合判断得出结论的心理过程。在大多数典型案件（案件事实与法条规定的类型一致）中，裁判结论容易依据法律规定演绎推导出

---

① 参见胡宇清、李蓉、张遂：《裁判思维过程的认知心理学解读》，载《西南民族大学学报（人文社科版）》，2011（2）。

来，而且结论一般是唯一正确的。但是，司法实践中的案件是千奇百怪、复杂多变的，它不会比照法律规定的模式去发生，这决定了法官裁判案件的思维过程也是复杂的，不可能遵循单一固定的套路。在刑事案件裁判中，案件事实和刑法规范的对接一般有两种方式：一是从事实（案情较为简单或者典型）出发，根据既有刑法规范逻辑地推出结论。这是二者的常态结合方式。二是从目的出发，根据案件的具体情况或背景、法官的直觉等得出合适的结论，再寻找合适的法条，即进行事实和法律规范的对接并论证结论。这是适用于疑难案件的非常态结合方式①，算是一种结果导向的思维模式。

（一）裁判思维模式的认识和发展过程

曾经盛行的西方形式主义法学（概念法学）强调“成文法至上”，信奉法律的逻辑理性，认为法官的裁判只需依法律规范或纯粹的逻辑推理即可，不应当进行目的或利益的衡量，不掺杂价值判断问题。这是一种价值无涉的客观理性，是树立司法权威的根据。② 随着资本主义经济社会的发展，各种新问题不断出现，形式主义法学的僵化与各种弊端日益凸显：社会生活的多样性、复杂性，法律用语的多义性和法律规范的不断滞后等因素，使得案件事实与法律规范并不能完全对应。另外，在司法实践中，具体的案件都有一个特定的背景或者说语境，法官对于案件的裁判不能无视这种特定的背景，不可能是一个纯粹的逻辑推理。那么，法官的思维本质上是一种语境化的思维。③ 而且，国内外学术界逐渐形成一种共识：现代方法论基本上已将法官的价值判断视为不可避免的前提，法官需要就在个案中所作的价值判断进行合理化的法律证立。④ 在司法实践中，如果案件事实比较典型或简单，与法律规范规定的类型容易对接或匹配，形式主义法学提倡的逻辑推理是能够解决问题的。但实际上，现实中总是出现不少的复杂案件（主要指事实与规范不易对接，而不是指案件事实不清），对这些案件的处理不是仅仅逻辑推理就能解决的，逻辑推理只是最后一步形式上的论证，在事实认定、法律发现、判决理由论证等方面存在一个复杂

---

① 参见胡宇清、李蓉、张遂：《裁判思维过程的认知心理学解读》，载《西南民族大学学报（人文社科版）》，2011（2）。

② 参见娄正前、吴静艳：《法官审判思维之透析》，载《常熟理工学院学报（哲学社会科学）》，2009（5）。

③ 参见王申：《法官思维的理性依托于司法审判之既有理念》，载《法学》，2009（12）。

④ 参见褚国建：《批复上所见的疑难案件裁判方法》，载《南京大学法律评论》，2010年春季卷。

的思维过程。实用主义法学的创始人霍姆斯认为，法律的生命不在于逻辑，而在于经验。① 社会法学派大法官卡多佐也认为，在多种不同的裁决结果之间作出选择并不是靠逻辑方法能决定的，而是依据社会利益。②

在英美法学界的实用主义司法哲学思想影响下，在复杂疑难案件层出不穷的背景下，人们开始对概念法学进行反思：是否法律的适用过程是一个机械的、纯客观反映的过程，不需要价值判断？是否每个法律问题都有“唯一正确的答案”？成文的法律规则能否涵盖法官遇到的一切问题（法律的逻辑自足性问题）……通过对这些问题的反思以及司法实践的证明，概念法学的理论在解决疑难案件时显得捉襟见肘。很多时候，由于社会的发展、案件的复杂背景、利益的冲突等因素的影响，案件的裁判不得不在目的性或政策导向性指引下，在各种不同或冲突的价值观之间进行抉择，以追求既合法又合理的结论。由此，人们开始注意在疑难案件中由直觉、“法感”以及法律知识的综合运用所构成的结果导向思维的运用（这种思维方式其实在司法操作中早就存在，只是没有系统地分析而已）。

（二）疑难案件裁判的思维过程分析

刑事案件的裁判须依据法律规则，通过事实与规范中的概念、类型的比对、判断、推理，逻辑地得出一个恰当的案件结论。在此过程中，要运用一定的思考方法、操作技巧以及结论的论证模式。可以说，心理学的发展和研究对于人们认知法律适用中的思维过程具有至关重要的作用。根据心理学研究成果，案件裁判的思维过程绝非三段论所表现的那样是一个直线式的单向推理过程，而要经过一个较为复杂的思维加工。就是说，大部分情况下，案件的结论并不是通过正式而精确的逻辑推理而得出的，而是通过“法感”或直觉跳跃性地得出的，并对可能的结论进行展开、想象和验证的心理过程，甚至数次重复这种过程，直到认为某个可能的结论合适为止，形式主义法律推理只是裁判思维的最后过程。③ 根据对许多案件判决的细致分析以及法官找到案件结论的实际过程，可以发现，整个案件裁决的思维过程包括“问题解决”与“法律论证”两大阶段，其中“问题解决”部分包括“发现”（裁判结论的发现，需验证）与“检测”。也即一个

① 参见苏力：《司法解释、公共解释和最高法院》，载《法学》，2003（8）。
② 参见张文臻：《结果导向的司法裁决思维之研究》，载《法律方法》，2010（2）。
③ 参见李安：《裁判形成的思维过程》，载《法制与社会发展》，2007（4）。

完整的裁判思维过程包括“发现”—“检测”—“结论的论证”①。“发现”是指法官在了解案情后的“顿悟”，即初步得出案件结论或尝试性搜索案件结论的心理过程。在制定法国家，既有的法律规范是案件裁决的大前提，而成文法并不是完整自足的，不可能详细规定解决案件的各种规则，也不会和现实中的案件一一对应，适合于个案的具体规范必须经过“发现”才能获得。可以说，能够适用于个案的具体规范在很多情形下是依“法感”“发现”的。在案件裁判时，法官有时实际上是通过感觉而不是判断来判决的，是通过预感或直觉而不是逻辑推理来判决的，形式上的推理只存在于判决理由或论证过程中。② 法官对案件结论的“发现”不是盲目的，是以案件事实为出发点，结合自身的法律知识、办案经验等“前见”（这些因素综合形成法官的“法感”）寻求相应的法律规范。法官通过对案情的充分了解和研究，基于其“前见”对案件有一个初步的判断，这算是一个待验证的假设。如果存在多种可供选择的法律规范，法官要根据事实和规范的内涵，运用价值判断、利益衡量、推理等法律手段对事实和规范进行双向互动的解释，对多种可选规范的适用正当性及其后果予以审慎考量，从中选择出一个最合适的规范。“检测”是对“发现”的初步结论进行理性审视与形式逻辑的检验，以选出合法合理的最佳结论。对初步结论的“检测”有利于“发现”的完成，因为“发现”经常不是一次就能完成的，有时可能需要几次重复。“结论的论证”是一种形式合法的论证，主要是但不限于逻辑推理，目的是论证案件处理结论的正当性，使裁决结论具有合法性、合理性与可接受性。在刑法适用中，不仅定罪的思维过程是这样，量刑的思维过程也一样：在量刑时，法官会依据直觉思维先“捕获”一个大致的刑量，再根据案件的具体情节进行一定的调整，并对最终决定的宣告刑进行论证，说明这一刑罚结果对罪犯而言是罪刑相当的。这一思维过程也是经过了发现、检测与论证三个环节的。③

第二节　刑事疑难案件中结果导向思维运用的实然与应然

在司法实践中，如果案件事实和刑法规范容易对接，结论就容易通过

① 李安：《刑事裁判思维模式研究》，中国政法大学 2006 年博士学位论文，第 34 页。

② 参见张保生：《法律推理的理论和方法》，北京，中国政法大学出版社，2000，第 291 页。

③ 参见任彦君：《刑事疑难案件中结果导向思维的运用》，载《法学评论》，2012（2）。

逻辑推理得出来。只是，法律规则既不是完备的、自足的，也不是非常清楚明确的（尽管立法者极力想达到这种目标）；且案件事实的识别也非简单的纯事实判断，而是要结合法的规范性目的进行建构。所以，案件事实和刑法规范的对接也不是那么容易。① 因此，虽然传统的顺向思维模式比逆向思考加检测的模式更加符合“依法”的要求，但社会生活的复杂性、案件事实的特殊性等原因所导致的疑难案件的存在，使得刑事裁判中结果导向思维模式的运用还是必要的。

一、刑事裁判中结果导向思维运用的必要性

（一）刑法适应社会发展的需要

一定时期的刑法规范是立法者受特定社会政治、经济条件制约的产物。法律一经制定，就具有相对稳定性，而社会政治、经济等是不断变迁的，受人类理性有限的制约，即使立法者极力使刑法规范富有原则性或灵活性，也不可能制定出一劳永逸的始终适应社会发展的规范，刑法规范中的漏洞、模糊、滞后等情况是不可避免的现象。法律不断落后于现实社会的发展必然会造成二者之间的裂缝。由于罪刑法定原则的限制，既有法律规则应该得到严格的遵守，以保障法律的确定性，保障人权。但是，制定法的统一性、普遍性较强，有时无法顾及个案的特殊性，而稳定性强于适应性和灵活性、抽象性强于具体性，这些特征决定了机械遵守罪刑法定原则必然产生不足。②“立法者不能对抗时势的推移和不知不觉之间带来变化的习俗的倾向。无论多么完美的法典，也免不了多多少少的欠缺，并且这种欠缺随着岁月的流逝将不断加深。”③ 立法实践不断表明，在社会发展变迁的过程中，法律不管怎么制定，总是会出现某种程度的滞后性。曾经备受公众关注的那些热点案件如“许霆案”的量刑就充分证明了这一点：一审严格依法适用三段论推理模式得出的量刑结论并不被公众接受，舆论压力之下，重审根据特殊减轻刑罚制度改判，其实就是量刑时运用了结果导向思维，并找出适当理由论证结论的正当性。④ 当法律规范的普遍性与案件的特殊性发生矛盾，或者规范滞后，致使严格依法裁判引起公众的不满时，我们就应该反思原因何在、如何避免，而不能继续让当事人承

---

① 参见王志远：《如何应对传统定罪思维的困境》，载《法律科学（西北政法学院学报）》，2006（6）。

② 参见吴铭泽：《量刑合理化及其实现》，载《中国审判》，2009（3）。

③ 何勤华：《西方法学史》，北京，中国政法大学出版社，1996，第141页。

④ 参见任彦君：《刑事疑难案件中结果导向思维的运用》，载《法学评论》，2012（2）。

担这种不利的后果。

（二）逻辑推理中大小前提对接的需要

逻辑推理彰显规则治理的法治意义，体现了形式合法性，但是它需要大、小前提的匹配，即案件事实与法律规范的类型一致，结论才能通过逻辑推理得出。但是，社会生活具有发展性或流变性，而法律规定的不法类型是相对稳定的；人类行为具有多样性和丰富性，而立法者对行为类型的总结能力和预见能力是有限的；法律规范类型的普遍性与具体案件的个性之间也存在矛盾等，这些矛盾决定了成文法存在局限性、滞后性，甚至于在许多案件中，事实难以为刑法规范所归摄，即事实难以进行司法归类。这就是司法实践中出现的所谓疑难案件（规范与案件事实之间没有明确而简单的逻辑关系），主要体现在法律适用的“疑难”（如法律用语模糊、法条冲突与竞合、出现法律漏洞、“合法”与“合理”的冲突等）而不是事实认定的疑难，换句话说，有时难以发现“有效法律规则”，有时发现多个可供选择的规范，有时是规范与案件事实的匹配显得模棱两可、似是而非，不具备形式推理的条件，或者推理结论显然不合适，在这种情况下，仅靠形式推理根本不能解决裁判结论的合理性与可接受性问题，只有渗入价值判断等综合考量的结果导向思维才能成为合适的思维方法。

（三）刑事裁判可接受性的要求

刑法的施行不仅仅靠法律的强制力，还需要得到公众的认同。刑事裁判的认同是达到刑法公众认同的关键。基于公正感、同情感以及角色替代等因素的影响，刑事裁判不仅影响当事人的自由、财产乃至生命，它还有很强的社会性，对社会上的一般人也产生一定的影响，因此，定罪量刑不能不考虑社会公众的评价与期待，这种期待具体表现为对定罪量刑结果合理性的评价。① 按照传统刑法理论，定罪量刑的思维模式是：先确定案件的性质，找到能够匹配的规范（罪名），然后在该罪名的相对应法定刑幅度内，决定与案件的情节相适用的刑罚。但是，有些案件中，这种思维模式因缺乏公正观的思考、缺乏对案件特殊背景的综合考量而导致机械适用刑法，造成了社会公正观念与刑事司法判断的对立。② 从近年来的热点案件，如深圳“梁丽案”“天价过路费案”等来看，如果社会调控体系过于强调法律的形式，而不把握法律所调整社会关系的实质，那么社会调控体

---

① 参见张天虹：《宽严相济刑事政策与量刑公正》，载《山西高等学校社会科学学报》，2008（10）。

② 参见刘邦明：《论入刑思维在刑事司法中的影响和运用》，载《政治与法律》，2010（7）。

系就会失衡，社会公正就难以实现。① 如果刑事裁判完全不考虑社会发展大局和政治、经济发展情况，忽视公众的价值观在司法中的体现，完全推崇逻辑推理模式，不一定达到刑法的公众认同。就是说，刑法的适用不能局限于合法性，合理性是公众更加重视的，它决定了判决的可接受性，即刑法的适用应体现合法性与合理性的统一。“现代法治，归根结底应该是人性之治、良心之治，而不是机械的规则之治。我们的法律是人民的法律，绝不应该对其做出背离老百姓所共同认可的常识、常理、常情的解释。”② 为了兼顾刑法适用的合法性和合理性，既要尊重规则和逻辑论证，又要注重技巧的运用和价值判断，准确体现法的价值和精神，不因一般公正而牺牲个案公正、实质公正。也即法官在裁判时，除了刑法规范，人之常情和事物的一般道理等法条背后所蕴含的合理性因素也在考虑之列，以体现社会普遍认可的价值观。

二、刑事疑难案件中裁判思维的实然与应然

（一）司法实践中疑难案件裁判的实然图景

形式主义法学认为：法律是一个完整无缺的规则体系，案件的裁决只需运用逻辑演绎法，便能得出唯一正确的结论。适用法律的过程是一个机械的、纯客观反映的过程，不应该掺杂主观因素和个人经验。③ 随着法学理论的进一步研究以及司法实践的总结，演绎推理的功能只能表明推理过程的正确性，而不能确定结论的真理性；结论是否正确并非逻辑推论所决定的，而是需要经过有充足论据的论证。这一点逐渐为法学家们所承认，从而法官不再被要求机械地适用法律，同时，法官的主动性和自由裁量权得到了不同程度的认可。各种法学派别如利益法学、社会法学、目的法学等都不主张单纯的逻辑推理，而承认对其他要素如利益、目的、价值等的考量。

根据疑难案件裁判的心理学分析，法官一般是初步形成一个模糊的结果判断④，当然这算是一种猜测，不过，这种猜测并不是主观臆断的，而是基于法官的知识和经验所形成的“法感”。初步的结论判断（这种判断

① 参见刘邦明：《论入刑思维在刑事司法中的影响和运用》，载《政治与法律》，2010（7）。

② 陈忠林：《刑法散得集》，北京，法律出版社，2003，第37页。

③ 参见〔英〕哈特：《法律的概念》，张文显等译，北京，中国大百科全书出版社，1996，第128页。

④ 模糊的结果判断是法律推理的“指南”，不是最终结论或产物，它主要是靠“预感”（其实就是“法感”）。“预感”来源于各种外部因素（法律条文、判例、成见等）对法官个性（性格、习惯等的总和）的刺激。

过程是一个“捕获”过程，类似于“直觉”）是法律发现和推理的“指南”，具体的分析论证是在作出判断之后。依赖于直觉的“猜测”为案件定性提供了发现和分析的前提，但它须经一定的检验和论证才能被公所认可。从这个初步结论出发，去寻找能够论证结论的资料，也就是刑法中的具体法条。由于案件的“疑难性”，也许这种过程会反复几次，最终找到合适的结论。此即“发现”—“检测”—论证结论的思维过程。具体说，法官了解案件后，会根据“法感”对案件作出大致的判断，然后选择适当的法条和解释方法，对预先的判断进行详细检验，在认为结论正确并确信能够给出充足理由的情况下，才将该法条作为推理大前提，否则就予以排除。在疑难或非典型案件中，法官经常运用这种经验方法的思维模式。这其中既存在顺向裁判思维也存在结果导向思维，或许结果导向思维还占据了主导地位，是解决疑难案件的核心思维。对于那些刑事疑难案件，要区分罪与非罪、此罪与彼罪，如果先从犯罪的构成要件分析，有可能得出多个结论，也有可能无法得出结论。法官经常会先从危害行为应否适用刑罚以及适用何种刑罚开始判断。如果是不应适用刑罚的案件，直接得出非罪的结论；如果是应适用刑罚的案件，初步得出有罪结论，再根据应处刑罚的轻重，寻找合适的刑法规范。这种逆向思维能够解决一些疑难案件，因而顽强地存在于现代刑法的适用中。[①] “梁丽案”的定罪和“天价过路费案”的量刑就运用了这种思维模式，以“天价过路费案”为例：河南农民时建锋、时军锋跑运输业务，他们在自己的两辆大货车上安装假军牌，在几个月内一共免费通行高速公路两千多次，合计逃费金额为 368 万余元（原一审计算）。平顶山市中级人民法院（一审）认定为诈骗罪，判处时建锋无期徒刑。判决作出后，引起舆论的广泛关注，对此案的质疑集中在罪名是否恰当以及量刑过重等方面，司法机关面临很大的压力。后来该案在鲁山县人民法院重审[②]，查明时军锋、时建锋骗免过路费 49 万余元（超载部分没有认定），认定构成诈骗罪，判决时军锋有期徒刑 7 年、时建锋有期徒刑 2 年半。在本案原一审中，对罪名的认定和量刑，单从刑法规定看，没有错误：被告人冒充军车偷逃高速公路过路费，不管他们的军车牌照是真是假，性质都是一样的“骗”，因为他们既不是军人身份，车辆也

① 参见欧阳本祺：《论我国定罪思维的传统及其演化》，载《法律科学（西北政法大学学报）》，2010（3）。

② 重审的原因也不仅仅是案件定罪量刑的问题，还有事实问题：一审时时建锋替时军锋“顶包”，一直坚持是自己所为，以至于在一审中漏掉了共犯人时军锋。在原一审判决后时建锋才吐露真实情况，后案件经补充侦查，重新起诉，重新审理。

不是军车，行为符合诈骗罪的构成。量刑方面：原一审认定被告人骗免368万元，已经远远超过“数额特别巨大”的标准（司法解释规定的“数额特别巨大”起点是个人诈骗公私财物20万元），严格依据法条来判，判处无期徒刑没有错误。[①] 但是公众感觉量刑过重。这种矛盾产生的原因何在？如何解决？本案中一个关键点是骗免过路费的计算问题，这是量刑轻重的一个决定因素。原一审的计算依据是交通部规定的高速公路收费标准，其中超载部分收费标准更高，有惩罚性质，故此，算出来一个“天价”数字。这也就是当初引起人们质疑的原因：几个月内骗免过路费就达368万元，一共能赚多少钱呢？感觉这数字不可思议。如果从法律角度看收费标准，这种标准本身是不是合适？高速公路收费标准能不能用在法院定罪量刑的计算中？另外，放下数字想一想人们的质疑，想想被告人的行为危害程度与无期徒刑是否均衡或匹配？对于这种数额犯，是不是也要考虑一下通货膨胀所引起的法律滞后因素？这些问题都应该在法官的脑海里闪一闪。原一审判决结论不能让公众甚至法学学者接受的原因既在于法律滞后（定罪量刑数额起点多年不变），更在于机械适用刑法，虽然是依法办案，但社会效果不佳。重审在改判过程中，没有将超载部分计算在内，只按照核准装载量计算。这是在考虑了原来量刑过重的基础上，结合案件的背景[②]并运用了利益衡量方法，得出妥当的（罪刑均衡）结论后，再在刑法规范的框架内论证的结果。

（二）疑难案件中逆向裁判思维的运用及其限制

司法实践中，某些个案不仅考虑规则而且考量后果，是因为立法所预定的后果与个案所考量的后果不一致。当面临结论可能多种、结论合法不合理等情况时，法官要作出最佳判决，除了依靠规则和逻辑推理，还要诉诸非规则性的标准如法的价值、目的、政策等因素（从不同角度进行权衡比较，衡量各种利益和价值对案件的影响力，通过类比、设证、权衡，在规范与事实之间流连，最终选择一个恰当的裁判方案），考虑判决的可接受性，这需要兼顾情、理、法三个方面，既要探求法的整体精神，还要顾

---

① 参见任彦君：《定罪量刑数额起点的反思》，载《郑州大学学报（社科版）》，2014（1）。

② 本案中一个特殊的背景不能不说：长期以来我国高速公路收费较高，一直受到公众的质疑，为人们所诟病。在本案原一审公布之后，量刑过重与人们对高速收费的不满成了案件被推到风口浪尖的导火索，人们似乎觉得司法机关成了高速公路公司的帮凶。由于角色替代等因素的影响，人们纷纷发表意见，甚至发泄心中的不满，各大网站都开始关注这个案件，使其迅速成为热点案件，司法机关尤其是法官压力很大。应该说，案件的审理根本无法脱离这种特殊的社会背景。原一审判决不考虑这些因素，机械司法，引起公众质疑的概率是非常大的。

及案件的具体语境，预测要作出的判决的社会效果和法律效果。“从某种程度上讲，生活关系本身就含有它们自身的标准和它们自身的内在秩序。隐于这种关系中的内在秩序被称为‘事物的性质’。善于思考的法学家在没有实在规范或在规范不完善或模糊不清时肯定会诉诸这一观念。”① 在疑难案件裁判思维中，判决的论证是最后一环，也是核心的一环。判决不仅要具备法律所要求的内容，还要形式上符合要求，毕竟，法官内心的思维过程不能完全呈现出来（衡量、考量等心理活动有时无法描述，有时不能描述）。这就需要形式上的理由和论证，以便让公众确信和接受。就如麦考密克主张的，疑难案件的裁决包括两个方面：一是后果主义论辩。它是一种综合价值判断，关注的是判决的后果怎样，结果的可接受性。二是一致性和融贯性论辩。这要求判决必须有法律上的依据，并且不能与有拘束力的制度规则和基本原则相抵触。②

在刑事裁判中，法官应当为案件提供正当的答案，包括罪名和刑量。裁判的最终目的是量刑，量刑既要依法，又要公正合理，符合罪刑均衡原则。从量刑的思维模式看，也是包括顺向思维与逆向（结果导向）思维模式。顺向思维模式是指先定罪后量刑，先思考“罪量”再确定“刑量”。这种思维方向是一种理想模式，它需要立法的均衡和完美，包括各罪严重程度的排序以及各罪法定刑轻重的排序，也包括罪名之间纵向与横向的均衡。目前看，我国刑事立法还没有达到这一点。就立法能力而言，也许这就是一种理想。量刑中的逆向思维是指法官在某一量刑幅度内选择某一刑种和刑量。对刑量的判断可以说是一个“捕获”过程，是法官脑子里先“冒出”的适用于本案的刑种与刑量。这是量刑的前提，在这种前提下，回过头来衡量“捕获”的刑量是否合适，如果综合考虑不合适，再进行一定的调整。在这种裁判思维过程中，量刑公正成为核心，犯罪的轻重情节、法官的“前见”、案件的具体背景等因素都会对刑量的选择产生影响。这不是从方法到结果，而是从结果到方法的思维模式，是目的—策略的解决问题方式，类似于卡尔·拉伦茨所说的“借结论导出法效果”的模式。③ 这种思维模式对于疑难案件固然很实用，但结论必须经过法律和逻

① 〔美〕博登海默：《法理学：法律哲学与法律方法》，北京，中国政法大学出版社，1999，第458～459页。

② 参见〔英〕麦考密克：《法律推理与法律理论》，姜峰译，北京，法律出版社，2005，第99～101页。

③ 参见〔德〕卡尔·拉伦茨：《法学方法论》，陈爱娥译，北京，商务印书馆，2003，第149～152页。

辑的检验以及详细的论证，方能证明其合法合理，才能被公众接受。在刑量的调整和检测中需要运用顺向思维。所以，司法实践中的量刑思维的完整图景也是结果导向思维与顺向思维的整合。

从司法实践运用结果导向思维模式处理疑难案件看，这种做法使得司法更加具有亲民性，更有利于和谐司法。需要注意的是，这种裁判思维在运用中依然要受到罪刑法定原则和罪刑均衡原则的限制，不管是“直觉”“法感”还是“捕获”，都得用刑法的两个基本原则进行检验，只有符合基本原则的裁判结论才是正当的结论。

第五章　类型思维在刑事疑难案件中的运用

第一节　类型思维概述

“思维”是人脑按照逻辑等方法观察、分析、判断客观事物的过程。随着依法治国进程的加快，对法律人专业性思维的要求越来越高。然而，目前我国刑法学界关于刑法适用的思维方法的研究成果并不多，司法实践中裁判者在法律适用中对思维方法的运用也是处于不自觉、任意性状态。特别是在一些新类型案件或者非典型案件的处理中，由于方法不当引发案件处理的法律效果和社会效果不佳的状况更凸显了自觉运用科学思维方法的重要性。因此，研究刑法适用中的思维方法，使裁判思维遵循正确的路径，具有重要的理论意义和实践意义。类型思维①是与概念思维互补的一种思维方法，迄今为止，它没有引起人们太多的注意。就刑法“类型化”方法而言，刑法立法的“类型化”以及刑法适用中的类型化思维方法研究都不多。下文拟对刑事疑难案件裁判中类型化思维方法的运用作一分析。

一、类型化思维的肇始——刑法类型化的发展过程

刑法中的“类型”范畴是由于构成要件理论的发展而产生的。一般认为，国家从各种危害社会的行为中归纳出一部分危害较为严重的，规定为犯罪类型，此种刑法上的类型就是构成要件。与“类型”观念相联系的构成要件理论经历了以下发展阶段：（1）作为“行为类型”的构成要件。最

① 把类型作为一种重要的思维形式，在类型的基础上建构刑法体系，进行判断、推理，这样的思维活动即为类型思维，其中所涉及的建构类型、运用类型进行推理判断的方法，称为类型思维方法或类型化方法。类型思维属于从“事物本质”产生的思维，它追寻案件事实和刑法条文的价值指向与实质内涵的一致，是一种实质主义法律思维模式。

早“构成要件”一词只有刑事诉讼法上的意义。后来经过费尔巴哈等人的改造，犯罪构成开始有了实体法上的意义。贝林格等学者又进一步推动了构成要件理论的发展并认为“犯罪是符合构成要件、违法、有责并应受到刑罚处罚的行为”。第一个层次的构成要件是客观的行为类型。(2) 构成要件既是“行为类型”，又是“违法类型”。德国学者麦耶认为，构成要件不全是客观的、没有价值评价的，有些构成要件含有规范性的要素，需要进行规范评价。同时，麦耶还认为构成要件包含违法性评价，即构成要件也是“违法类型”①。(3)“违法有责类型”的构成要件。麦兹格认为，构成要件对于罪责的事实认定而言，具有定型化作用，因此，构成要件不仅仅是“违法类型”，还是“责任类型”②。总之，构成要件就是把犯罪事实类型化。行为类型、违法类型、责任类型等，都是类型化思维的体现和结果。可以说，在大陆法系刑法学中，构成要件理论的成熟促使“类型化”思维逐步成型。

二、类型化思维的体现——刑法体系的建构

大陆法系刑法学中，构成要件理论的发展，是刑法上“类型”观念的先启，并推动了整个刑法体系的类型化。有学者认为，类型化的思考是刑事立法的主导性思维，类型的描述技巧构成整个刑事立法的关键性技术。③（不管这种观点是否有使刑法中类型化思考一般化的倾向，是否过分提高了类型思维的作用，但毕竟类型思维结构可以有效缓解传统法律概念体系以及形式的司法三段论所带来的僵化弊端。）从刑法体系看，犯罪行为的类型化、犯罪人的类型化是类型化思考提供给刑法学的最大贡献。④ 立法过程是一个由经验类型上升为规范类型的过程，立法就其实质而言，是“类型”的抽象和建构。各国刑法学都是“类型刑法学”。以我国刑法为例，整体看是犯罪类型与责任类型的结合，其中，犯罪类型又包括基本类型与修正类型，责任类型可分为刑罚类型与非刑罚类型，下面可以再进一步细分类型。⑤ 在罪刑各论中，不管是章节的划分（危害国家安全罪、

---

① 苏俊雄：《刑法总论》，台北，大地印刷出版公司，1998，第71页。

② 苏俊雄：《刑法总论》，台北，大地印刷出版公司，1998，第72页。

③ 参见杜宇：《再论刑法上之“类型化”思维》，载《法制与社会发展》，2005（6）。

④ 参见杜宇：《类型作为刑法上之独立思维形式》，载《刑事法评论》，第26卷，北京，北京大学出版社，2015，第207页。

⑤ 参见张文、杜宇：《刑法视域中“类型化”方法的初步考察》，载《中外法学》，2004（4）。

危害公共安全罪、侵犯财产罪等）还是罪状的描述（诈骗类犯罪、贿赂类犯罪、挪用型犯罪、盗窃类犯罪等），都体现了“类型”的建构。

同样，以判例法为基础发展起来的英美刑法学尽管与大陆法系刑法学差异较大，但在刑法学的类型化和体系化方面是殊途同归的。如英美刑法在法律思维模式、刑法适用方式等方面根据经验主义哲学的遵循先例原则①，采用的是从案例到案例、从法官到法官的思维路径，在先例的比对和识别中，运用的即为类比和归纳等思维方法，比较先例与待决案件是否相似或者相同，如果二者相似，则意味着先例中的一系列事实和相关法律问题，与目前的待决案件大体相同，那就运用先例的原则分析待决案件的事实，作出相应的决定。以遵循先例为基石的英美刑法在经历了普通法、衡平法以及制定法的发展过程后，依然形成了与大陆法系异曲同工的刑法体系。如包含犯罪本体要件和排除合法辩护的双层次犯罪构成体系、不完整罪、共同犯罪等犯罪总论体系，包含缓刑、假释等制度的刑罚理论，以及具体犯罪的分类（如侵犯人身罪、侵犯财产罪），等等，无不表现出英美刑法体系的类型性和系统化。可以说，世界各法系刑法体系的建构都是类型化思维的结果。

刑法类型化的功能。通过对各种犯罪样态的类型化，使整个刑法体系分门别类、结构合理。类型的层级分类使刑法体系的构成错落有致、层次分明。第一，刑法类型化，避免了对每一具体情形的单独立法，避免刑法繁杂、累赘。第二，类型化为司法适用提供了明确的归类标准，使大、小前提的确定都变得相对容易。第三，经过类型化的法律向公众展示了清晰明确的行为标准，有利于行为规范作用的发挥。第四，类型化立法模式有利于建构开放的法律体系，易于实现法的安定性。立法不可能完美无缺，“法有限、情无穷”，类型化立法技术，可以使类型的特征要素随着社会发展而不断变化或调整，使规范体系的适应性更强，从而增进刑法体系的张力与弹性，有利于实现法的安定性。

第二节　类型思维在刑事疑难案件裁判中的运用

在常规案件中，概念思维是常用的法律适用思维模式。在法律体系具

① 法官审理案件时，不仅要考虑到先例，即其他法官在已决案件中对与此相同或密切相关的问题作出的判决中所运用的原则，而且在一定条件下，他要受到已有判决的约束，接受并遵循特定先例所确立的原则，不管他个人是否赞同该原则。

有逻辑严密性的前提下，运用三段论演绎推理能够应对刑事常规案件的审理。但是，概念思维的封闭性、规范意义的固定性特点不太适应社会生活的易变性，在价值多元背景下的一些新型或疑难案件裁判中，概念思维因其本身所具有的局限性而无法在刑法条文的不变性与犯罪事实的可变性之间找到一个合适的平衡点。[①] 在一些刑事疑难案件或者非典型案件中，案件事实的定性和法条的选择都不容易，运用概念思维难以准确定性。作为一种模糊的、开放的思维方法类型思维注重对事物本质的思考，即注重案件事实的法律意义与刑法类型的意义和目的的一致性，从而成为解决问题的有效方式。

一、一则案例引发的问题

2000 年，上海发生了伪造东方明珠塔观光券并使用一案。[②] 对于案件的定性产生了不同的观点。本案中对于董某、岑某是否构成职务侵占罪或者说如何理解职务侵占罪的犯罪手段，有两种不同观点。一种观点认为，职务侵占罪的犯罪手段只有侵占（侵吞）一种行为方式。另一种观点认为，职务侵占罪的犯罪手段包括侵吞、盗窃、诈骗及其他非法方法。[③]

法院认为：被告人董某、岑某身为东方明珠公司工作人员，经与被告人胡某预谋，利用职务上的便利，将本单位的财物占为已有，数额巨大，其行为均已构成职务侵占罪。被告人陈某、田某、童某、贺某伪造有价票证，票面数额巨大，其行为均已构成伪造有价票证罪。

本案定性之所以引起不同观点，原因在于：（1）职务侵占罪的法律规定和概念[④]都没有详细的行为方式，人们就从职务侵占罪的立法过程（职

---

① 参见吴学斌：《刑法思维之变革：从概念思维到类型思维》，载《法商研究》，2007（6）。

② 2000 年八九月间，被告人董某、岑某、胡某经预谋后商定，利用董、岑两人在东方明珠广播电视塔有限公司（以下简称东方明珠公司）工作的便利，伪造东方明珠塔观光券出售。随后胡某经由任某（另行处理）寻找印刷厂。被告人田某得知要伪造东方明珠塔观光券后，称可以帮助联系印刷厂。田某通过张某的介绍找到被告人陈某，陈某明知要伪造东方明珠观光券，仍通过合肥市××彩印厂印刷工童某、该单位负责人贺某，伪造了东方明珠塔观光券 400 本。事后，董某将伪造的东方明珠塔观光券在东方明珠售票处出售，负责检票的岑某让那些购买伪造观光券的游客进入东方明珠塔进行观光。至案发时，已扣押伪造并使用的观光券存根 4 313 张，董某、胡某、岑某因此侵占东方明珠公司的门票收入 236 530 元。岑某先后从董某、胡某处获取好处费 25 000 元。参见最高人民法院刑一庭、刑二庭编：《刑事审判参考》，第 4 卷下，北京，法律出版社，2004，第 61～64 页。

③ 参见赵秉志主编：《中国刑法案例与学理研究》，第 4 卷，北京，法律出版社，2004，第 573～574 页。

④ 侵占罪是指公司、企业或者其他单位的人员，利用职务上的便利，将本单位财物非法占为已有，数额较大的行为。

务侵占罪从贪污罪中分离出来）来分析、争论本罪是否和贪污罪一样，包括侵吞、盗窃、诈骗及其他非法方法。（2）本案中，董某等人利用职务上的便利伪造观光券并向游客出售的行为与职务侵占罪的常规行为方式不同。一般来说，职务侵占罪是一种不转移占有的犯罪，行为人一般是将自己合法持有的本单位财物非法占为己有。而本案中，行为人没有在持有本单位财物的基础上实施将财物非法据为己有的行为，而是将本应由单位所有的门票收入通过非法手段归自己所有。正是由于董某等人的行为方式不典型以及概念思维方式的特点，本案中对于职务侵占罪的构成要件没有一致的理解，以至于纠结于职务侵占罪是否包括盗窃、诈骗及其他非法方法。本案促使我们进一步思考：常用的概念思维方法有什么局限性？对于这种不典型的行为方式或者说疑难案件的定性，我们是否要换一种思维方式——类型思维进行归类？如何运用类型思维？

二、类型思维与概念思维在刑法适用中的互补

（一）概念与类型的分殊

概念是对事物的一般性本质特征的总结，它是从事物的共同特点中概括、抽象出来的。概念是法律建构所需的主要要素，它具有相对封闭的特征，能够保障法律的安定性。类型也是法律的主要要素，它是以事物的根本特征为标准对研究对象的类属划分，它是具有一些共同特征的构成要素的集合体，是对概念的演绎和具体化。① 相对于具体的个体而言，类型和概念都是对事物的本质的总体把握，都具有一般性、普遍性。但是，类型和概念是还有区别的。首先，概念的抽象化程度高于类型。概念外延上的周延性及安定性，导致概念的“抽象性”，甚至可以说“意义空洞”，如“犯罪客体”“行为理论”等。与概念相比，类型是相对具体化的思维，是对概念的进一步演绎，又是对具体个案的归纳；它的抽象程度处于一般概念和具体个案之间。“类型几乎处于个别直观及具体的掌握与抽象概念两者之间。”② 因此，类型能使刑法规范避免过度抽象化，从而使案件的把握相对容易，可操作性更强。其次，概念的精确性程度高于类型。概念是较为封闭的，如刑法中的“国家工作人员”“犯罪中止”等，它们的外延是较为固定和清晰的，同时，这种相对精确的思维也决定了它的僵化。相

---

① 参见李勰：《再论诚实信用原则的类型化——以传统抽象概念思维为参照》，载《西南政法大学学报》，2013（5）。

② 〔德〕卡尔·拉伦茨：《法学方法论》，陈爱娥译，北京，商务印书馆，2004，第338页。

对于概念，类型的核心部分（事物的本质）虽然是意义清晰的，但它毕竟由一些并非都不可或缺的要素构成，其内涵特征是不确定的、流动的，因此类型既有具体性、直观性，又具有开放性。这些特点使类型更加接近社会生活，更能够适应社会的发展，如刑法中开放的犯罪构成、规范的构成要件要素等。再次，概念是定义的，类型是描述的。概念包含了固定的特征，具有封闭性，能够被定义。类型是开放的、流动的，它只能描绘出核心意义。尽管概念和类型有着这些区别，但二者的界限并非泾渭分明，只是抽象程度或精确程度等方面不同，“在许多情况下，法律看上去是给某个概念下了定义，但实际上只是对某种类型进行了限定”①。

上文的区分主要意义在于由此区分概念思维和类型思维的运用模式的不同。

（二）概念思维与类型思维的分野

在案件事实的司法归类中，概念思维与类型思维的运作方式不同。概念思维的运用是借助概念以及概念之间的演绎去理解和把握案例的司法归类，它是一种非此即彼的思维方式，属于“择一式的思考”，强调规范与事实之间形式上的符合性。在概念的涵摄模式中，只有两种可能性：如果评价对象充分满足概念的所有特征，即可涵摄于此概念之下；如果评价对象无法满足概念的任意一个特征，就被排除在该概念之外。也即概念思维强调“同一性”，强调所有特征的吻合。类型的归属判断中，要求“相似”而不是“同一”，主要强调核心特征的吻合，不一定要具备类型的全部要素，只要符合某类型的本质，就能归属于该类型。“生活现象的认识只是一种流动的过渡……在生活现象仅仅显得‘或多或少’的模糊地带，概念却要求必须做出‘非此即彼’的判断。”② 而类型承认事物之间有时是相互交融的，其界限是混沌的，难以划分出固定的、清晰的界限，正如黎明和黄昏不容易被界定为白天和黑夜。对于那些似是而非、似此亦彼的刑事疑难案件，概念涵摄的思维模式难以解决其归类问题，而类型思维承认“或多或少”“或强或弱”，能够解决疑难案件的归类问题。

类型思维是具有价值导向的思维方法。由于类型思维的开放性以及注重事实与规范的核心意义的比对而不是全部特征的吻合，使得它更多地借

---

① 〔德〕卡尔·拉伦茨：《德国民法通论》，王晓晔等译，北京，法律出版社，2003，第102页。

② 杜宇：《类型作为刑法上之独立思维形式》，载《刑事法评论》，第26卷，北京，北京大学出版社，2015，第213页。

助于价值判断，对案件事实进行恰当的归类。

（三）概念思维在刑事疑难案件裁判中的局限性

在我国刑法学界以及司法实践中，概念思维可以说是主要的思维模式。[①] 作为刑法理论和刑事司法演绎的逻辑前提，概念思维存在一定的局限性。概念思维模式的运作过程是将案件事实归摄到法律规范中的核心概念下，根据三段论逻辑推理得出判决结果。其前提为法律是一个无漏洞的完美封闭体系，任何案件事实都能够在制定法中找到对应的法律规范。但实际上，现实中形形色色的犯罪行为是难以详细而准确地描述的，法律概念与其所反映的客观世界的关系并非严格一一对应。因为社会不断地发展变化，生活事实复杂丰富，而且法律的载体——语言既是多义的，又是流变的，并且其丰富程度和精妙程度本身也不足以反映社会现象在种类上的无限性以及一个事物向另一个事物的逐渐演变过程。[②] 另外，在将各种事实类型抽象为法律概念时只保留了最一般的特征，而不得不舍弃个性化特征，因此，法律概念对于生活事实的描述只能是粗线条的、过于简化的，存在规范的空白或模糊地带，导致单纯的概念思维不足以概括现实中不典型案件或者新类型的案件事实。在大多数常规案件或者说典型案件中，运用概念思维能够将案件事实进行恰当归类，使事实与刑法规范准确对应，从而正确定罪量刑。但是，概念思维具有规范意义的封闭性和固定性特点，与社会生活的复杂性、价值多元性之间存在着冲突[③]，使得其不断面临刑法的相对稳定与犯罪的复杂多样之间的矛盾，如果固守概念思维会造成处罚的间隙或者事实与规范无法准确对接。[④] 这主要体现在一些疑难案件中，一旦案件事实不典型或者行为方式与刑法规定不完全一样，事实与刑法规范的对接就比较困难，利用概念思维就难以有效解决问题。以丢失枪支不报告罪中的“丢失”为例：按照《现代汉语词典》，“丢失”一词是指遗失，即由于疏忽而失掉某物。如果是因为依法配备公务用枪的人员疏忽而失掉枪支，造成严重后果的，就符合了本罪的典型特征。而如果枪支是被盗、被抢、被骗，并造成严重后果的，如何处理？根据概念的涵摄方法，“丢失”一词的含义难以包括“被盗、被抢、被骗”所造成的丢失枪支行为，但是，由于“被盗、被抢、被骗”所造成的丢失枪支行为，往往会

---

① 参见吴学斌：《刑法思维之变革：从概念思维到类型思维》，载《法商研究》，2007（6）。

② 参见刘艳红：《开放的犯罪构成要件理论研究》，北京，中国政法大学出版社，2002，第153页。

③ 参见吴学斌：《刑法思维之变革：从概念思维到类型思维》，载《法商研究》，2007（6）。

④ 参见佟齐、关振海：《刑法解释与错案预防》，载《中国检察官》，2011（8）。

引起比单纯疏忽而丢失枪支更为严重的后果，这样的结论显然是不合适的。

（四）类型思维——一种补位的归类方法

类型思维是解决刑事疑难案件中事实归类的有效方法之一。相对于概念，类型的开放性和模糊性特点以及从本质上把握事物的性质和规范意义的思维方式使得类型思维更适应社会生活的复杂性和流变性。当抽象概念及逻辑体系不足以涵摄某生活现象的多样表现形态时，补充的思考形态是类型思维。① 类型思维是一种把握事物本质的思维，它的运作模式是比较某个案件事实是否与刑法规范中的犯罪类型的实质意义相同，即通过运用类比的方式将疑难案件的本质特征或价值取向与某一犯罪的本质特征或价值取向进行比对，如果二者相同就可归属于此类型之下，为案件事实找到可适用的规范，在形式上以三段论推理得出判决结果。根据考夫曼的观点，法的适用是一个将事实与规范类比的过程，在此过程中，法律规范和案件事实相互诠释，通过对案件事实的分析，得出一个具体化了的“犯罪构成”，通过对法律规范的解释，案件事实接近类型事实；比较的对象是“意义”（法的意义），在此意义中，犯罪构成与案件事实相互“适应”，法律规范才能被适用。② 以定罪过程中对刑法“兜底条款”的适用问题为例，如《刑法》第 114 条③规定了 5 个罪名，其中放火罪、决水罪、爆炸罪、投放危险物质罪的罪状都很清楚，但是，“以危险方法危害公共安全罪”的罪状模糊，某种行为是否能被认定为以危险方法危害公共安全罪，需要将案件事实的根本特征同前述几个罪名的共同特征进行类比判断，如果案件中的行为与放火、决水、爆炸、投放危险物质行为具有相同或者相当的危险性，社会危害程度也相当，就可以将此案件事实归入以危险方法危害公共安全罪。对于一些概念的解释也是一样道理，如最高人民法院、最高人民检察院颁布的《关于办理利用信息网络实施诽谤等刑事案件适用法律若干问题的解释》第 5 条规定④，在网络上散布虚假信息的，属于

① 参见〔德〕卡尔·拉伦茨：《法学方法论》，陈爱娥译，北京，商务印书馆，2004，第 17 页。

② 参见〔德〕考夫曼：《法哲学的问题史》，载〔德〕考夫曼、哈斯默尔主编：《当代法哲学和法律理论导论》，郑永流译，北京，法律出版社，2002，第 186 页。

③ 《刑法》第 114 条规定：放火、决水、爆炸以及投放毒害性、放射性、传染病病原体等物质或者以其他危险方法危害公共安全，尚未造成严重后果的，处 3 年以上 10 年以下有期徒刑。

④ 《关于办理利用信息网络实施诽谤等刑事案件适用法律若干问题的解释》第 5 条规定：编造虚假信息，或者明知是编造的虚假信息，在信息网络上散布，或者组织、指使人员在信息网络上散布，起哄闹事，造成公共秩序严重混乱的，依照《刑法》第 293 条第 1 款第 4 项的规定（在公共场所起哄闹事，造成公共秩序严重混乱的），以寻衅滋事罪定罪处罚。

“在公共场所”起哄闹事，造成公共秩序严重混乱的，如果符合寻衅滋事罪的犯罪构成，就以寻衅滋事罪定罪处罚。这一解释公布后，对于网络是否属于“公共场所”，有人提出了异议，否定的理由主要是，传统上“公共场所”是现实中的具体地点，而网络是一个虚拟的场所。如果我们运用类型思维方法去思考，那些能够供公众从事社会交往的网络空间可以被界定为“公共场所”。理由在于，虽然传统上“公共场所”是指具体的地点，供人们从事一些交往活动，而网络是虚拟的空间，不是具体的地点，但是，“公共场所”的核心含义是指供公众从事社会交往生活的各种场所，而社会交往生活包括工作、学习、经济往来、文化娱乐、社交等，而如今在网络上，这些功能都能够得到满足。由此，网络就具备了“公共场所”的主要特征，可以解释为“公共场所”。因此，一方面可以说，语词的外延具有开放性，会随着社会的变化而变化，如电、天然气等无体物以及网络上的虚拟财产，因其具有价值而归入财物；另一方面可以说，类型思维是考察某个事物是否属于某一概念或者对疑难案件进行归类的一种有效的思考方法。

作为一种类比思维，它与类推是不是一回事？考夫曼认为一切类型，甚至概念，都是类推的。陈兴良教授认为这是对类推的一种误用，他将类推推理与类比推理作了区分：类比推理中的类似性是一种强类似，相同之处大于相异之处，根据事物的本质将其归入某一概念或者类型中。而类推推理的类似性是一种弱类似，不同之处大于相同之处，难以将其涵括在某概念或者类型中，这种情况属于法无明文规定的情况。①

三、类型思维方法的适用标准

在形式逻辑推理模式中，存在的难题是：刑法规范并非非常明确清晰、疏而不漏，需要法官根据知识、经验等对比案件事实对刑法规范进行适当的解释，以“发现”法律。另外，案件事实也不是比照刑法规定发生的，其认定也非易事，千奇百怪的案件事实不一定能够与规范类型恰当对应，须将找出的可能适用的刑法规范所描述的“类型”与待处理的案件事实进行更为细致的“类型”比较与分析，以使刑法规范类型与案件事实在价值和核心意义上对接，形成小前提。最后，由前提到结论的过程中，也不能仅仅进行形式逻辑推理，还要进行一些以价值评价为

① 参见陈兴良：《刑法教义学方法论》，载梁根林主编：《刑法方法论》，北京，北京大学出版社，2006，第18～19页。

基础的实质推理，因为逻辑推理并不能保证结论的合理性。尤其在刑事疑难案件中，案件事实不典型，不容易被刑法规范涵摄，裁判者就得以事物的本质为基础，去判断案件事实的本质与规范类型的意义是否相符或类似，可否将其归类到规范类型而予以同等处理。在此过程中，适用类型思维的方法或标准包括：

（一）案件事实的根本特征与刑法中某一罪名典型特征的一致性

类型是根据事物的根本特征对研究对象的类属划分。事物的根本特征，是其各组成要素间相对稳定的内在联系，是由事物内在的个性（特殊矛盾）构成的，是此事物区别于彼事物的特殊属性。从刑法规范的制定来说，立法在规定犯罪类型时，是在一定的评价标准的指导下把反复出现的危害行为的共同特征归纳出来，这个“共同特征”就是犯罪类型的意义核心，是典型的案件特征，是一罪名区别于他罪名的本质所在。刑法的适用是使案件事实与刑法规范相调适和匹配的过程，类型思维是二者互相匹配的媒介。作为一种类比的思维，在疑难案件中，主要通过将案件的根本特征与犯罪构成要件的核心意义进行比对，如果本质上相同或匹配，就可以将不典型的案情归类到某一犯罪构成要件。要考察刑法规范的典型类型与案件事实的根本特征是否一致，须把握两点：其一，准确把握案件事实所表现的根本特征；其二，准确理解刑法规范中犯罪类型的核心意义。对于案件事实所表现的根本特征与刑法规范意义的理解是一个诠释学循环——将案件事实进行司法归类离不开刑法规范的构成要件及对其类型意义的把握（在犯罪构成要件的指导下，找出案件事实中具有刑法意义的事实情节），而要理解犯罪类型的核心意义，仅仅依赖对刑法概念的纯粹技术分析或者犯罪构成要件的字面含义是不够的，还要考虑刑法规范的目的、刑法的体系、理念、基本立场等因素，又要结合案件事实，使构成要件的核心意义具体化、直观化。因此，将事实归类与寻找、解释法规范这两个步骤不是各自独立且严格二分的两个行为，而是一个互相关联、不断比对的互动过程。不管案件事实与刑法规范中的“典型”事实在外部表现形式上是否完全相同，只要案件事实的具备“刑法意义”的内涵与刑法规范的核心意义具有相同的本质，即可将此案件事实归入某一刑法规范类型；如果案件事实与规范类型只是形式上相同但实质上相异就不属于同一类型。不管是刑法用语的解释还是案件事实的定性，都是一样的道理。

（二）案件事实的价值评价与某一刑法规范价值评价的一致性

刑法规范承载着一个社会的价值追求，渗透着法律理念、价值评价与立法目的等价值层面的东西，就是说，刑法既是一个规则体系，也是一个价值体系，包含着对行为的价值评价。要想准确合理地理解和适用刑法规范，就应该深入考量刑法条文背后的立法精神，挖掘法律字面含义背后隐藏的价值。故而刑法适用的过程离不开价值判断。类型只具有指示性意义，实质性的判断标准在于价值观点。因此，在类型的适用中，必须不断回溯至类型背后的价值观点。[①] 另外，案件事实不仅具有客观属性，也存在主观认知和“筛选”的问题，这也是一种评价。针对具体的个案，重要的不是事实与规范特征的完全吻合，而是考量二者的价值内涵（同一性），即通过评价性的价值认同方式完成事实是否能够归属某一规范类型的判断，从而判断法效果的归属。[②] 在疑难案件中，事实与刑法规范的对接必须借助于价值评价，价值观是联结类型中所有可能事件的纽带。价值的评价性比较是类型思维的不可或缺的过程[③]，因为“只要我们从‘事物的本质’角度思考，就必然会同时触及案件事实及价值，由此，我们体会到实存（案件事实）与当为（刑法规范）之间不可分割的‘结构交织’”[④]。案件事实类型化的判断缺不了价值评价，在事实归类、法条选择和解释以及二者的归摄等环节都存在着主体的价值判断活动。在具体的案件中，法官必须依据各种事实关系及其表现出的价值取向与刑法规范的内容进行对照，并将价值判断融入这个过程[⑤]，如果案件事实体现的价值与某一刑法规范所体现的价值具有取向的一致性，即可将此案件归入这一刑法规范。不管是在司法解释中还是在司法实践中，都能够找到价值评价的应用。如最高人民法院 2000 年 11 月 22 日颁布的《关于审理抢劫案件具体应用法律若干问题的解释》第 3 条第 2 款规定，抢劫正在使用中的银行或者其他金融机构的运钞车的，视为“抢劫银行或其他金融机构”。银行或其他金融机构的运钞车在用途上与银行或其他金融机构一样，这就是价值的类比，“视为”一词反映了这个实质。[⑥] 又如江苏省首例组织

---

① 参见杜宇：《刑法体系构建的三种思路》，载《浙江社会科学》，2009（7）。

② 参见周占生：《法律思维路径之辨》，载《河南大学学报（社会科学版）》，2010（2）。

③ 参见李可：《类型思维及其法学方法论意义》，载《金陵法律评论》，2003 年秋季卷。

④ 〔德〕卡尔·拉伦茨：《法学方法论》，陈爱娥译，北京，商务印书馆，2004，第 15 页。

⑤ 参见〔日〕川岛武宜：《现代化与法》，申政武译，北京，中国政法大学出版社，2004，第 233 页。

⑥ 参见包健、蒋涛：《刑法解释是否可以适用“漏洞补充”方法》，载《政治与法律》，2008（4）。

同性卖淫案[①]中，争议焦点在于被告组织同性卖淫的行为到底是否属于《刑法》第358条的组织卖淫罪。有观点认为，针对李某组织同性卖淫的行为没有相关规定，刑法中的组织卖淫罪是指向异性卖淫，给李某定罪不符合罪刑法定原则[②]；也有观点认为，组织卖淫罪在现实中虽主要表现为组织异性卖淫，但组织同性卖淫也应包括在内，这属于合理的扩张解释。[③] 这个案件之所以引起争议，主要是因为它不典型，与现实中常见的异性之间的卖淫不同，对于男性同性之间的性交易是否属于卖淫没有强有力的理由来论证。本书换一个角度分析这个案件：首先，刑法将组织卖淫行为入罪是对性交易的一种否定评价，旨在惩治或遏制这种严重损害或威胁人们身心健康、败坏社会风气的行为。不管是异性之间的性交易还是同性之间的性交易，都是伤风败俗、损坏身心健康的行为，因此，这个案件体现的价值评价与刑法中组织卖淫罪的价值评价是一致的。另外，从刑法规定（“组织他人卖淫”）的字面含义看，没有限制性交易的双方主体，那就不能排除同性之间的卖淫，不能因为现实中常见的典型方式是异性之间卖淫，就否定同性之间的性交易是卖淫。“他人”是一个无标记词语，表明被组织卖淫者不仅指女性，也可以是男性。有学者认为，将组织同性卖淫的行为比照组织卖淫罪定罪量刑，是类推定罪，违反罪刑法定原则。[④] 这种观点没有注意到“他人”和“妇女”两词之间无标记和有标记的区别，同时，也错误地将现实中常见的“卖淫”原型范畴（“妇女”卖淫）当成规范类型的特征，这是对原型的不完全归纳。[⑤] 既然案件体现的价值评价与组织卖淫罪的价值评价一致，那么这个案件就可以归入组织卖淫罪。笔者认为，这种解释方法不是扩大解释，而是一种经过类型思维就可

---

① 2004年江苏省首例组织同性卖淫案：被告李某自2003年以来，多次伙同他人采取张贴广告、登报招聘的手段，招募和组织多名男青年在其经营的酒吧与男性消费者从事同性卖淫活动，已查明被告共组织7次卖淫活动，从中牟利12万多元。检察机关以李某组织卖淫罪起诉。法院认为，根据刑法规定，虽然李某组织的是同性之间的性交易，但以营利为目的，且性质上等同于卖淫行为，因此，李某的行为符合组织卖淫罪的犯罪构成要件。南京市秦淮区人民法院判决李某构成组织卖淫罪，判处有期徒刑8年，罚金6万元，并追缴违法所得1 500元。二审维持原判。参见《江苏首例组织男子同性卖淫案昨一审判决》，见 http://news.xinhuanet.com/newscenter/2004-02/18/content_1319070.htm，访问日期：2014-03-20。

② 参见周永坤：《对组织“男男卖淫案”的法理分析》，载《法学》，2005 (1)。

③ 参见梁根林：《刑法适用解释规则论》，载《法学》，2003 (12)。

④ 参见王北京：《“类推定罪”借同性卖淫案“复活”?》，载《南方周末》，2004-02-26，第6版。

⑤ 参见王政勋：《刑法解释的立场是客观解释》，载《法律科学（西北政法大学学报）》，2012 (3)。

以定性的，或者说它就是有学者所提倡的合类型性解释方法。[①]

再以《刑法》第 263 条规定的“在公共交通工具上抢劫的”为例：实践中出现了在出租车上抢劫出租车司机的情况，这是否属于“在‘公共交通工具’上抢劫”？或者说，出租车是不是“公共交通工具”？如果是，就要适用加重犯罪构成，这关系到刑罚是否升格的问题。单纯从概念或者交通工具的功能看，既可以说它是，也可以说它不是。如果作价值判断，就是看仅对出租车司机实施的犯罪是否和在其他公共交通工具上实施的犯罪侵害的法益是否相当。立法对在公共交通工具上抢劫的行为作单独规定的缘由在于，保护社会公共秩序的价值。如果受害人是司机一人，是不会构成对这一价值的损害的。因此，经过这样的价值判断和比较，可以认为这样的案件不能归属于这一加重犯罪构成，应属于一般抢劫罪。[②]

四、类型思维在刑事疑难案件裁判中的运用

（一）类型思维在案件事实归类中的运用

刑法规范中的构成要件规制的是典型事实，如果案件事实属于典型事实，可以直接涵摄到规则之下，即将案件事实置于一定的犯罪构成之下。这是法律适用的“理想状态”。但是，现实中，好多生活事实是复杂多样的或不典型的，而且立法者也没有为我们提供完全现成的、一切种类的规范事实模型（存在法律漏洞），因此，对于有些新类型或者非典型案件事实的归类，就必须把握案件事实的根本特征，抽出其核心的意义要素，舍弃其中的不关键因素，比较事实和规范的意义内涵与价值评价的一致性，将案件事实类型化并归入刑法规范类型。值得注意的是，在案件事实能否归属于规范类型的判断中，并不强调所有特征的逐一吻合，即使欠缺某一要素，只要关键要素符合某一刑法规范类型，就不影响其类型的归属。关键是强调对“事物本质”的把握，这是类型描述和判断的基础。例如，我国《刑法》第 263 条规定“入户抢劫”属于抢劫罪的加重情节，在遇到一些具体案件时，关于“户”的理解就会遇到难题：尽管对“入户抢劫”的规定属于描述性构成要件要素，而且相关司法解释还对“户”作了较为详细的界定[③]，但对它

---

① 参见杜宇：《刑法解释的另一种路径：以“合类型性”为中心》，载《中国法学》，2010（5）。

② 参见舒国滢等：《法学方法论问题研究》，北京，中国政法大学出版社，2007，第 310 页。

③ 最高人民法院《关于审理抢劫、抢夺刑事案件适用法律若干问题的意见》（2005 年 6 月 8 日）第 1 条规定：“入户抢劫”中的“户”是指住所，其特征为供他人家庭生活和与外界相对隔离两个方面，前者为功能特征，后者为场所特征。一般情况下，集体宿舍、旅店宾馆、临时搭建工棚等不应认定为“户”，但在特定情况下，如果确实具有上述两个特征的，也可以认定为“户”。

的解释并非能够完全脱离价值判断，仍然需要借助一定的思维方法或者运用价值判断才能对于是否成立入户抢劫得出合理的界定。如：（1）被告人进入父母居室之内抢劫；（2）被告人进入与被害人合租（即各居住者之间并无亲属关系）的房屋进行抢劫。这两种情况是否属于“入户抢劫”？如果只作形式上判断无法得出合适的结论。在第一种情况下，尽管被告人实施抢劫的场所在形式上符合刑法教义中“户”的特征，但司法实务中一般不认为其构成入户抢劫，因为从“户”的本质上看，父母的居室对于被告人来说，不具有隐私性和排他性，即不符合立法中“户”的本质和立法对“入户抢劫”加重处罚的意图。在第二种情况下，从表面看来，被告人与被害人合租，不符合司法解释中“户”的规定——供他人家庭生活的功能特征与相对隔离的场所特征，但仍然会被认定为“入户抢劫”①，因为，“户”作为生活空间应具备的本质特征是私密性与排他性，虽然合租的人不具备家庭成员的身份，但二人合租的房屋是供生活所用，从相对于他人和外界具有隐私性和排他性方面看，应认定为刑法意义上的“户”，成立入户抢劫。②

（二）类型思维在刑法规范发现中的运用

由于案件事实的复杂以及刑法规则的冲突、竞合等原因，导致案件应适用什么规则，有时理论上可能存在多种选择——这一生活事实有被多种刑法规范类型涵盖的可能性，有时又感觉没有合适的刑法规范能够适用。不管是存在多种规范类型还是刑法规范缺失、模糊和冲突，在适用三段论之前，都需要寻找合适的刑法规范。在司法适用过程中，法律条文尽管是静态的、固定的，但其内容和含义，只要在合理妥当的范围内，可以由法官来解释或设定。③ 法官根据其对案件事实的类型轮廓的把握，去探寻与事实的类型轮廓相匹配的、具有相同刑法意义的规范类型。以最高人民法院、最高人民检察院《关于办理利用信息网络实施诽谤等刑事案件适用法律若干问题的解释》中的“公共场所”的界定为例，对将网络认定为“公共场所”持有异议的观点认为，传统上“公共场所”是现实中的具体地点，而网络不具有这个特征。如果我们考虑网络的本质功能，网络上同样能够工作、学习、经济、文化、社交、娱乐、医疗等，这些功能与“公共场所”的主要功能一样。所以，网络可

---

① 劳东燕：《刑事政策与刑法解释中的价值判断》，载《政法论坛》，2012（4）。

② 参见最高人民法院：《刑事审判参考》，第59辑，北京，法律出版社，2001，第19～25页。

③ 参见黎宏：《“禁止类推解释”之质疑》，载《法学评论》，2008（5）。

以被解释为“公共场所”。

刑法规范的发现与案件事实的归类不是界限分明的单向度进行过程，而是一种同时进行的交互阐明，通过相互的加工筛选过程，逐步使刑法规范变得具体，接近案件事实，使事实归入适当的类型。

第六章　利益衡量方法在刑事疑难案件中的运用

利益既是法律创制的初始点，又是法律的调整对象。法律作为一种重要的社会控制机制，其基本出发点在于对利益关系的合理界定与调整。法律关系实质上是一种权威化的利益关系。法律主要是通过对利益的确认、维护和限制来完成其社会控制的使命。任何法学研究和法律实践都不能忽视利益的衡平和取舍。① 公正与科学地平衡不同的利益需求，是法律与生俱来的功能要求。法律正是在公正与科学地平衡不同利益需求的过程中彰显着生命力。②

在刑事疑难案件尤其是“公案”不断涌现的情况下，如何得出两个效果统一的裁决结果是一个关键问题。利益衡量方法也是法官处理难办的刑事案件、实现个案正义的裁判方法之一。利益衡量方法的优势在于克服形式逻辑的局限性，避免机械适用刑法，为法律解释方法的正确运用提供基础，为选择适合于具体案件的刑法规范提供一种更全面的思考方法，算是法律适用方法中的“黄金方法”③。利益衡量方法在我国法理学、民商法、行政法学理论界和实务界得到了较为广泛的认可和适用，但在刑法学界没有引起太多关注，刑法实务方面倒是有一定的运用。刑法理论界没有深入研究利益衡量方法的原因在于对罪刑法定的片面理解，或者是不敢轻易越雷池一步（即使用了也不能承认），恐有违背罪刑法定之嫌。随着社会的变迁和经济的发展，以及伴随而至的价值观多元化、利益复杂化、法律滞后等因素的影响，一些热点案件的裁判结论凸显了利益衡量方法的实然运用④

① 参见任彦君：《基于利益增进思想的环境刑罚构想》，载《郑州大学学报（社科版）》，2010（5）。

② 参见钭晓东：《生态文明、风险社会与环境法的功能进化》，载《学术月刊》，2008（1）。

③ 王婷：《析司法界域中的利益衡量》，载《人民检察》，2011（7）。

④ 在大多数案件中，利益衡量的结论（实质判断）与运用法律的形式逻辑结论基本一致，在裁判文书上看到的只有逻辑推理的过程，利益衡量被掩盖起来了，甚至法官也没有意识到自己作过利益衡量。在适用法律规定得出的形式结论与实质判断不符合时，法官才会感觉到实质判断的存在。

以及应然存在。从刑法规定来看，存在利益衡量的空间。从刑事司法实践来看，疑难案件的裁判其实也在不自觉地运用着利益衡量方法。既然如此，就有必要深入探讨刑事疑难案件中利益衡量方法的运用及其限制，这对于法官自觉地、理性地进行利益衡量，实现个案正义和司法公正，具有重要的理论意义和实践意义。利益衡量方法在刑事裁判中的关键问题在于：（1）刑事疑难案件裁判中利益衡量方法运用的必要性与存在基础是什么？（2）运用利益衡量方法是否违背或如何遵守罪刑法定原则？（3）利益衡量中应坚持什么原则？（4）利益衡量方法在疑难案件中应该如何具体运用？这一系列相关问题关系到这种方法如何切入刑事司法并发挥积极的作用。

第一节　利益衡量论概述

一、利益衡量理论的缘起与发展

利益衡量理论缘起于 20 世纪初在大陆法系国家兴起的“自由法运动”[①]，是以德国赫克为代表的利益法学派最先提出的，其间经历了英美法系国家实用主义法学思潮的发展和演化，终成为一种颇有影响力的法学思想或方法。利益衡量方法，不管是在大陆法系国家还是在英美法系国家，都是在对概念法学的局限性进行反思和批判的基础上发展起来的。概念法学强调法律体系具有逻辑自足性、完整性，不承认法律存在漏洞；认为所有案件都会在法律中找到“唯一正确的答案”，法官应该严格执行法律，即通过逻辑推理得出结论，不能够对案件进行价值判断或利益衡量；否定法官在法律适用中的主观能动性，主张机械适用法律，崇尚形式推理。“概念主义法理学是从这样一个假设出发，即实在法律制度是‘无缺陷’的，因此只要通过适当的逻辑分析，便能从现存的实在法制度中得出正确的结论。”[②] 随着社会的不断发展，各种问题与矛盾不断出现，概念法学逐渐无法适应变化的现实，弊端日益显现。人们逐渐认识到，售货机

① “自由法运动”揭开了法律形式主义的外衣，将视线投向真实的司法过程，承认司法的过程需要衡量、需要为价值判断，揭示了在法的解释适用中利益衡量的存在，并认为衡量应忠于法律条文。

② 〔美〕博登海默：《法理学：法律哲学与法律方法》，邓正来译，北京，中国政法大学出版社，1999，第 144 页。

式的三段论推理，根本适应不了司法实践的复杂性和多变性，法律的机械适用无法解决各式各样的具有个性的疑难案件。在这种背景下，自由法运动兴起，自由法学派的观点是，成文法并不是唯一的法源，也不是完美无缺、逻辑自足的，不仅在制定法律时会留下漏洞，既定的法律也会随着社会的发展产生新的漏洞，还会存在冲突，这是人类立法能力的有限性所不可避免的；反对概念法学以“概念数学”的方法将法律的适用仅限于形式逻辑的演绎推理；主张法官在法律适用中发挥主观能动性，允许法官在案件中根据案件的具体情况作价值判断或利益衡量；既追求法的安定性价值又强调妥当性价值。① 利益法学认为：利益关系的调整既是法律制定的初始点，又在法律中具有目的性地位；在法律适用过程中，既要坚持法律的稳定性，也要兼顾个案裁判的妥当性，兼顾个案正义；法官不应成为适用法律的机器，应承认并主张扩大法官在裁判中的自由裁量权。在裁决案件时，如果案件事实较为典型，符合法律规定的构成要件，可直接根据法律规定作出判决；如果案件事实不典型或者疑难，不完全符合相关法律规范，或者其中存在各种利益冲突，就要分析案件所包含的各种相关利益及其矛盾，推测立法者在此种情况下可能的利益取舍，并结合现实情况对各种利益进行分析与衡量，最终作出适当的处理。利益衡量方法的优势在于能够在法律的普遍性之下考虑到案件的特殊性，追踪法的目的和初衷，以弥补形式逻辑和文本分析的形式主义法学方法的不足。在美国，实用主义的哲学思想与法社会学的兴起对于利益衡量理论的发展起了很大的影响和推动作用，他们注重从社会生活中寻求衡量的方案，注重对案件所涉及的各种利益进行观察、分析和权衡。在日本，利益衡量理论移植于德国法学理论，又受到美国现实主义法学的影响，成为民法解释学的主要方法论之一。后来，日本学者根据当时的社情对利益衡量理论进行了丰富和改造，使其成为适合于本国的民法解释学方法之一，从而由寻求弥补法律漏洞的方法扩展到了对法、法与社会间的协调等问题进行全面思考。②

二、利益衡量方法的运用场域

在疑难案件的裁判中，演绎推理的作用是有限的，法官需要借助于一定的法律方法并结合社会现实、案件背景来解释、选择和适用法律，以免

---

① 参见杨仁寿：《法学方法论》，北京，中国政法大学出版社，1999，第68～72页。

② 参见余净植：《利益衡量理论发展源流及其对中国法律适用的启示》，载《河北法学》，2011（6）。

作出不恰当的裁决结论，即法官应发挥主观能动性并使用法律技巧处理案件，而非消极机械地适用法律。庞德认为，在现代法律科学中，最重要的推进也许是对待法律从分析性态度转向功能性态度。① 利益衡量方法的运用，即为这种功能性态度的表现方式。利益衡量方法，追求个案的更优结果，而非抽象的形式正义。其运作过程是先对案件中所涉及的利益进行分析、分类、权衡和选择，得出合适的结论后，再寻找合适的法律规范并加以分析论证，以使结论形式上正当化。它与概念法学的思考方法正好相反，而与重视社会效果的法社会学思考方法是一致的。② 法的适用过程就是法的解释过程，由法的目的所决定，利益衡量在法的解释中是不可或缺的，它引导着法律解释方法的选择和运用。"凡涉及一切法律判断，亦即法的解释，就有利益衡量问题。不仅民法的解释，而且宪法的解释、刑法的解释，只要是法的解释，可以说都存在论理与利益衡量的关系问题。只是法域不同，则利益衡量的方法有相当的差异。"③ 利益衡量首先出现在宪法的司法审查领域，一开始主要是针对宪法解释的立场提出的，后来扩展运用于民事诉讼中的疑难案件，即在一些合法利益冲突、不易取舍的案件中，法官不完全拘泥于具体的法条，而根据民法的基本原则来调和双方当事人的利益。再后来，在行政诉讼中，也出现法官运用利益衡量方法对案件事实是否属于"国家利益或者公共利益"以及"重大损失"等规定进行价值判断和司法衡量。④ 对于刑事诉讼中是否适用利益衡量，很少有人提到这个问题。尤其是对于罪刑法定原则的尊崇和片面理解，似乎使得人们认为利益衡量方法在刑事审判中不应该有适用的空间。有不少学者持这种观点："利益衡量只在民事、经济、行政等疑难案件中才可能存在，在刑事案件中不应有利益衡量存在的空间。"⑤ 但是，刑事裁判与其他类型的裁判一样，同样会遇到一些疑难、纠结，让人难以取舍的案件，即使刑事立法想要解决实践中的所有难题，也是无能为力的。有时候，不深入考虑法律背后的精神或目的，不对各方利益作深入剖析、比较，仅仅依靠演绎推理，既有可能找不出问题的答案，也有可能难以作出抉择，或者结论

① 转引自〔美〕卡多佐：《司法过程的性质》，苏力译，北京，商务印书馆，2000，第 44 页。

② 参见梁上上：《利益的层次结构与利益衡量的展开》，载《法学研究》，2002（1）。

③ 〔日〕加藤一郎：《民法的解释与利益衡量》，载梁慧星主编：《民商法论丛》，第 2 卷，北京，法律出版社，1994，第 78 页。

④ 参见丁小萍：《论司法能动主义的利益衡量》，载《杭州电子科技大学学报（社会科学版）》，2009（4）。

⑤ 张光宏：《实质法律推理中的利益衡量》，载《求索》，2005（12）。

很荒谬。“也许正是因为尊重立法权威的观念已经深入人们的骨髓，才使得承认利益衡量的普遍性要有足够的学术勇气。这也就不难理解何以利益衡量在法律方法体系中的边缘化地位了。”① 实际上，从我国刑法规定看，刑事案件的裁判应该存在利益衡量的空间，如刑法中的规范性构成要素、酌定量刑情节、兜底条款等都为法官运用自由裁量权进行利益衡量留下了余地。从刑事司法实践看，法官在疑难案件的审判中不自觉地运用着利益衡量方法进行定罪和量刑。可以说，利益衡量方法在以一种“看不见”的方式在法官裁判过程中发挥着重要的作用。

三、利益衡量是否成为一种独立的法律方法

对于这个问题，多数学者持肯定的观点。有的学者认为：利益衡量理论并不是一种独立的方法论，而是渗透于各种法律解释方法中，为法律解释方法和法律推理方法的正确运用提供基础和前提。利益衡量主要出现在法官对法律进行解释并以之为依据进行判决的过程中。② “我并没有把利益衡量论说成是一种特定的方法论的意思，利益衡量只是揭示了思考方法的途径。”③ 笔者认为，利益衡量方法既渗透于各种法律解释方法中，有时又是独立的方法：在存在复数解释而且每一种解释都有法律上的依据时，利益衡量方法决定着法官为何选择此种解释而舍弃彼种解释（如下文所举的“梁丽案”的刑法适用）。

第二节　刑事疑难案件中利益衡量方法的运用

一、刑事疑难案件中利益衡量的必要性与存在基础

利益衡量能够缓解法的稳定性与生活的多样性和复杂性之间的张力。首先，成文法是对既存社会关系的规范性调整，一方面，在总结现有社会关系时就不可避免地存在遗漏；另一方面，即使立法努力体现前瞻性，也会由于认识和预见能力的局限性而对现存和未来情况的把握、预测做不到

① 朱良好：《司法裁判视域中的利益衡量论略》，载《辽宁师范大学学报（社会科学版）》，2008（4）。

② 参见赵可：《浅谈利益衡量的若干基础问题》，载《湖北社会科学》，2009（2）。

③ 梁慧星：《民法解释学》，北京，中国政法大学出版社，2000，第311页。

准确、周全，因而难以制定出逻辑严密且囊括所有社会关系的法，难以保证制定法与社会经济的变化相适应或同步。其次，作为一种社会控制机制，法律具有相对稳定性，这就决定了它的僵化性、滞后性，因为社会经济文化的发展是不会停步的，那么，相对稳定的法律与社会发展之间就存在一定的矛盾。另外，法律的修改有着严格的程序，对已经过时的法律不一定能够及时修正，这也决定了法律不能随时对新出现的社会关系进行调整。尤其在疑难案件或新类型案件审判中，法官有时不得不运用利益衡量等法律技巧，以弥合现行法律与现实之间的鸿沟，实现个案正义。法的精神最终还是为了实现具体的正义，而不仅仅是抽象的普遍正义。法的安定性并没有绝对的价值，而只是在具体的裁判中需要考虑的一个因素而已。① 在不典型案件中，运用利益衡量方法处理案件，总结经验，从一定意义上讲，还能够指引法律的成长，加快法律的完善。

利益衡量方法的运用利于实现个案正义。合法性主要满足普遍的正义，在合法而不合理时，不能以普遍正义等理由牺牲个案正义，没有哪个当事人应该为普遍正义作出牺牲、付出代价，在合法性的前提下，兼顾合理性标准是个案正义的全面解读。法律的初衷和功能就在于对利益进行确认和分配，对利益关系进行合理排序，以建立公正有序的利益关系格局。由资源的稀缺性所决定，社会中的各种利益免不了存在冲突，而立法仅为利益资源的有限性与主体需求的复杂性和多样性矛盾规定了一个大致的分配或调整格局。“在具体的法律适用中，不可避免地要碰到各种各样的利益冲突而立法又对此保持沉默的情形。”② 具体利益冲突不易直接依据法律获得妥当解决的情况并不少见，有时不得不借助于利益衡量方法在法律框架内寻求解决方案。在多种法律适用方法中，大多是以形式合理性为宗旨，主要追求逻辑上的合法性，追求符合形式思维规律，但不一定保证判决的实质合理性，而个案中的利益衡量能够起到其他方法所不具备也不能替代的作用。如果说立法是为了利益的分配和调整的话，那么司法就是对失衡以后的利益重新整合。③

利益衡量是刑法规范存在多个解释结论时的选择标准。刑法适用中少不了刑法的解释，也有存在多种解释结论的可能性。原因在于，第一，法

① 参见张利春：《日本民法中的利益衡量论》，载《法律方法》，第7卷，济南，山东人民出版社，2008，第146页。

② 周佑勇：《行政裁量治理研究》，北京，法律出版社，2008，第87页。

③ 参见李秀群：《司法中的价值衡量》，载《法律方法》，第4卷，济南，山东人民出版社，2005，第416页。

律用语本身具有复数解释的可能。有时，法律词语和句子会出现多义、歧义、外延不确定等情况。如“白天”“夜晚”“黎明”“黄昏”的具体时间，在不同的季节使用，时间段或含义是不完全一样的。第二，法律语言的含义既有“意思中心”，也有“空缺结构”。“意思中心”指的是法律语言所具有的意义明确肯定的核心区域，“空缺结构”是指“意思中心”外部的意义模糊的边缘区域，越到边缘区域，法律语言的含义越不确定。如“机动车”一词，汽车属于机动车是无可争议的，电动摩托车是不是机动车？对此存在争议，有肯定的观点，也有否定的观点。存在争议的原因在于电动摩托车不像汽车那样属于典型的机动车，而且根据我国道路交通法也不能准确判断它是否属于机动车的范畴，需要根据相关法规以及电动摩托车的具体情况包括动力源、设计时速等进行综合判断。这说明，电动摩托车就处于“机动车”一词的概念边缘区域。第三，语言的含义不是一成不变的，其内涵随着社会、科技等因素的发展而不断变化着。因此，不同时期甚至同一时期从同一法律规则中解释出多种不同的意义是非常正常的，需要从中作出最合理的选择。“法律解释并不是客观唯一的，因此，我们必须承认复数解释的可能性。我们自认为是正确的解释，不过是从这可能的复数解释中选择出了其中的一个解释而已。”① 而选择“自认为是正确的解释”结果需要考量各种相关利益因素。有时，想要达到的目的支配着方法的选择。案件裁判中的法律解释，有时是在锁定解释结果后，通过运用各种解释方法进行论证和说明的逆向推理过程。② 第四，在现行刑法中，法规冲突、竞合等现象确实不少，如果适用“上位法优于下位法、特别法优于一般法”规则不能得出合适的或者说罪刑均衡的结论，就需运用利益衡量方法来选择要适用的法律规范。第五，即使我们运用那些常用的解释方法，其中目的解释方法还是包含了利益衡量的。第六，为了避免出现刑法漏洞，防止无法可依，立法者有时会留下具有一定弹性的模糊性表达方法。如刑法分则中经常出现的兜底条款——特殊形式的例示规定（一般是先列举几种明确具体的行为方式，再规定与前面行为类似的“其他”情形），它以前面的各项规定为典型情形，对剩余的事项（没有或无法列举的与前面几种事项相当情况），以命题的形式作总括式规定，常用的表达方式为“其他”“等”，作为相关罪名具体规定后的描述性语言，这些词语具有较高的概括性、抽象性和模糊性。兜底条款中的“其他”“等”语词

---

① 张利春：《日本民法中的利益衡量论研究》，山东大学 2008 年博士学位论文，第 56 页。

② 参见劳东燕：《公共政策与风险社会的刑法》，载《中国社会科学》，2007 (3)。

具有一定的开放性，对现实的复杂性和未来生活的多变性具有较强的适应性，它为法律不断地向社会生活开放提供了契机。[①] 立法中兜底条款的运用对于防止立法缺陷和司法被动具有重要作用，只是模糊性表达也可能会成为司法扩张的载体。如《刑法》第 115 条中“其他危险方法”的表述，除了该条列举的“放火、决水、爆炸以及投放毒害性、放射性、传染病病原体等物质”外，何种行为、达到何种程度才算危险方法，条文没有明确规定，也没有相关司法解释。在具体案件中，需要法官根据利益衡量方法去权衡某种行为与该条明确列举的其他危险方法所引起的社会危害程度是否相当、性质是否一致、是否会引起公共危险。

礼治传统是利益衡量的社会文化基础。中国传统社会是礼治社会，礼是封建社会以来普遍公认和遵守的行为规范，是一种民间习惯，具有相当的约束力。在中国广大的农村，乡土社会的特色较为浓厚，礼事实上调整着相当一部分社会关系。在礼法冲突时，法官一般会调解，或者对法律作出技术性处理并寻求礼的隐性适用，以避免群众不能接受甚至上访而使法官承受巨大的压力。由于这种传统文化背景，在利益冲突的案件中，分析和平衡各种利益并运用一定的法律方法论证算是法律向既存民间秩序的妥协，也是判决具备可接受性的保证。因此，礼治传统是利益衡量存在的社会文化基础。

政策与法律的不完全契合是利益衡量的现实基础。政策在我国社会中有着特殊的地位。有时司法需要寻求法律与政策间的沟通。司法实务中是否严格遵守刑法文本与立法意图的约束、选择什么解释方法，主要取决于法官对惩罚必要性或者刑罚轻重的实质性判断，而法官的这种判断免不了受公共政策的影响，某时期实行的“严打”就是明显的例子。所谓的“立法意图”是解释主体认定的立法者具有或应该具有的意图，是解释者的构造。[②] 在司法实践中，当政策与法律冲突时，法官首先是试图作出尽量一致的解释。当冲突无法调和时，法官会在政策与法律之间作出妥协（如“严打”）。因此，利益衡量在法律与政策的沟通中具有重要意义。

二、利益衡量的前提与基本原则

（一）罪刑法定是利益衡量的前提和制约

罪刑法定是刑法基本原则，利益衡量的结论不能违背罪刑法定原则。

---

① 参见刘风景：《例示规定的法理与创制》，载《中国社会科学》，2009（4）。

② 参见劳东燕：《公共政策与风险社会的刑法》，载《中国社会科学》，2007（3）。

罪刑法定体现了法律对法官自由裁量权的限制、对形式合理性的尊重、对人权的保障与尊重，是法律文明的标志。在刑事疑难案件的裁判中，利益衡量不能是“任意的”“主观的”衡量，它既要遵守刑事法的规定，又受制于各种社会背景因素，如经济社会发展形势、公共政策、社会主流价值观以及民情民意等，而罪刑法定原则是防止利益衡量“过度”的关键制约因素，否则，刑法的稳定性和谦抑性将会受到冲击，刑罚权可能会被滥用，“刑法是犯罪人的大宪章”更成为一句空话。因此，遵守刑法和刑事诉讼法的规定是刑事疑难案件裁判过程中利益衡量保持其合法性的必要条件。不过，对于罪刑法定的理解不能片面，有时，司法实践中，出于某种利益的考量变换罪名的做法，同样符合罪刑法定原则。以 2008 年的“孙伟铭案”① 为例，对此案的定性存在不同观点：第一种观点认为，孙伟铭醉酒驾车肇事后继续驾车冲撞，放任了危害结果的发生，主观上属于间接故意，应认定为以危险方法危害公共安全罪。第二种观点认为，孙伟铭醉酒驾车肇事，主观上属于过失，应以交通肇事罪定罪处罚。在 2008 年以前的司法实践中，对醉酒驾车犯罪一般是以交通肇事罪处理的，虽然其犯罪后果特别严重、社会影响极坏，但不能因此而改变对其罪名的适用。在法院的审理中，一审认定其为以危险方法危害公共安全罪，判处死刑，剥夺政治权利终身。判决后，孙伟铭上诉。四川省高级人民法院以危险方法危害公共安全罪定罪，改判为无期徒刑，剥夺政治权利终身。从理论上分析，本案争议的焦点涉及三个关键问题：（1）孙伟铭犯罪时主观上是故意还是过失？如果是故意，就应该以危险方法危害公共安全罪定罪；如果是过失的心理，就应该以交通肇事罪定罪。（2）孙伟铭醉酒驾车引致的危险和危害与法条中前几种行为——放火、决水、爆炸以及投放毒害性、放射性、传染病病原体等物质——造成的危害之间是否具有同质性？（3）孙伟铭醉酒驾车造成 4 人死亡的后果，对其是否必须判处死刑？从理论上看，以危险方法危害公共安全罪与交通肇事罪都属于危害公共安全的犯罪，二者的区分主要在于主观方面不同，但是具体到本案中孙伟铭主观心理的推定实际上难以达到“准确”“唯一”，存在两种可能性，即过于自信的过失与间接故意，这两种主观心理虽然在理论上能够区分，界限比较分明，但实际上二者在具体案件中经常是难以区分的。“间接故意和有认识的过失的分界问题，是刑法学上最困难也最有争议的问题之一，它主要难在意欲

① 2008 年年底成都孙伟铭酒后无证驾车与一辆轿车追尾，在逃逸过程中，孙伟铭违章越过中心双实线，与相对而行的另一辆轿车相撞，造成了 4 死 1 伤的严重后果。

是一种原始的、终极的心理现象，它无法从其他感性或者理性的心理流程中探索出来，人们只能尽量去描述它，而无法准确对其进行定义。”① 因此可以说，推定出来哪一种主观心理都不属于错误，那等于说主观心理的区分实际起不了太大作用。第二个问题：酒后超速驾车时，由于驾驶人的反应能力下降，不能及时发现和正确判断交通信号、标志和标线，对危险隐患不易发现，发生交通事故的概率非常大，这种行为在性质和危害程度等方面都可认定为与放火、决水、爆炸等危害公共安全行为相当的危险方法，可以归类为以危险方法危害公共安全。另外，随着经济的发展，车辆日益增多，在“醉驾”“入刑”之前醉酒驾车可以说是屡禁不止，公众对酒后驾车深恶痛绝，要求严惩的呼声持续不断。在这种社会背景下，法官经过各种利益（包括公众意见、刑罚轻重与罪刑大小的比较等）的权衡，选择了法定刑较重的罪名——以危险方法危害公共安全罪。如果以交通肇事罪定罪处罚，与造成的危害结果相比，其法定刑显得较轻，不能达到罪刑均衡，又因为无法证明行为人一定是过失心理，无法排除间接故意的可能性，而可能轻纵犯罪分子。只有以以危险方法危害公共安全罪定罪处罚，才能实现罪刑均衡，安抚被害人及其家属。在量刑上，本案具有酌定从轻的情节：行为人积极赔偿被害人损失，安抚了被害人及其家属，取得了被害人及其家属的谅解，对于修复被犯罪破坏的社会关系以及促进社会和谐具有一定的作用；另外，根据最高人民法院 2007 年《关于进一步加强刑事审判工作的决定》的精神，对于刑事附带民事诉讼被告人积极赔偿被害人物质损失的，可以作为量刑情节予以考虑。孙伟铭归案后悔罪态度较好，也成为量刑时酌情考量的因素之一。尽管孙伟铭的肇事行为造成的后果非常严重，社会影响比较坏，但其主观上系间接故意，与其他危害公共安全的犯罪或者以制造事端为目的而驾车撞人并造成严重后果的直接故意危害公共安全的犯罪行为相比，主观恶性不属于特别恶劣，量刑时应当有所区别。于是，二审改判为无期徒刑。本案最终的罪名认定是在模棱两可的两个罪名间选择一个更加合适的罪名，如此，既符合罪刑法定原则，又符合罪刑相适应原则。

（二）利益衡量的基本原则

节制适用原则。首先，利益衡量方法具有一定的主观性，在所涉各种利益中有取有舍、有权衡，为了防止这种方法运用的恣意性，罪刑法定的

① 转引自马寅翔：《醉酒驾车连续冲撞致多人伤亡行为之定性研究》，载《中国刑事法杂志》，2010（10）。

基本原则应该成为刑事疑难案件裁判中利益衡量的主要限制因素，即利益衡量必须在刑法的框架内运用。在法律有明确规定并且没有其他解释的情况下，应严格遵循法律的规定，而不能任意适用利益衡量方法。其次，法官在疑难案件裁判中运用利益衡量方法对法律规范进行解释，是为了实现个案公正而进行的实质判断，只具有个案针对性，没有普遍适用性，主要就不典型案件或者在与法律目的严重背离情形时运用这一方法。大多数案件，事实与规范类型能够对应，法官按照三段论的逻辑推理即可得出结论，事实的典型性与法律自身的逻辑性不需要法官进行利益衡量。利益衡量毕竟是一种创造性的裁判思维方法，有一定的灵活性，其运用超出必要的限度会扩大法官的自由裁量权，有可能越权造成司法立法现象。尤其是关系重大利益的刑法适用，必须要坚持节制适用的原则。

实质正义与形式正义统一的原则。形式正义是指利益衡量应当具有合法性，不突破刑事实体法和程序法的规定，以限制法官的自由裁量权和衡量的恣意。实质正义主要是指个案正义（合理）。在刑事案件裁判中，不能只考虑法律的稳定性和形式正义而不顾个案判决的妥当性，或者只注重个案判决结果的妥当性而忽视法的普遍性，不遵守法律原则和规范的制约：应该兼顾合理性与合法性。作为一种法律方法，利益衡量的操作应坚持法治宏观框架内的个案微观合法合理，即实质合理性与形式合法性的最佳契合。[①] 由于法律的抽象性、概括性和普遍性特点，有时在某些不典型案件中形式正义和实质正义不易兼顾，需要探寻法的精神或目的，对各种问题或利害冲突作价值判断，并在法律的框架内，探寻社会中普遍认同的具有时代性的主流观点而作出对个案的实质判断，避免疑难案件中法律适用的教条主义，弥合刑法与社会情势之间的鸿沟。

两个效果统一的原则。案件的裁决结论应该达到法律效果和社会效果的统一。法律效果是指程序法和实体法得到遵守。社会效果是指通过司法活动实现法的平等、正义、效率等基本价值，使裁判结论得到社会公众的认可，即判决能够产生较好的社会影响。法律效果体现的是形式合法性，这是大家都认同的评价标准。社会效果体现的是实质合理性，尽管社会效果这个评价标准不是人人都承认或认可的标准，但是笔者还是认可的，因为法律的执行不仅仅靠强制力，公众的认同和接受是法律实施和效力的保障，社会效果是刑法公众认同的基础。一般来说，对于案件的处理结果，

① 参见郑金虎：《司法过程中的利益衡量研究》，山东大学 2010 年博士学位论文，第 129 页。

司法机关会更加在意法的安定性的实现，而社会公众则更加倾向于法的妥当性安排。[①] 不同的身份具有不同的立场和意见，从司法的最终目的看，案件的处理结论应该使两种不同的侧重点兼顾。卡多佐认为，法律就像人一样，要活下去，就必须寻觅某些妥协的途径，而法律要具有生命力，就要将其稳定性与适应性两种特点融合，这需要依靠某种智慧，利益衡量方法就是这种智慧之一。出于对法的稳定性和个案妥当性兼顾的考虑，我国司法提倡两个效果的统一，以体现在法律框架内对公众意见的吸纳与尊重。司法的过程是对各种价值或利益进行取舍、分析和整合并进行最优选择的过程，其目的不在于搞清楚法律文字的含义，而在于判定什么样的处理结果是比较好的、是社会可以接受的。[②] 刑事案件裁判中法律效果的检验标准包括刑法和刑事诉讼法；社会效果的检验标准包括：利益衡量的结论是否符合公众的主流价值观，是否考虑了当下的公共政策；结论是否符合当时当地的风俗习惯、特定的人文社会环境及公众舆论等因素。

三、利益衡量方法在刑事疑难案件审判中的运用

（一）利益衡量方法在刑事案件中的适用范围

刑法是最严厉的法律，是最后的保障法，关系到公民的重大利益如人身自由甚至生命，因此，法官适用利益衡量方法一定要慎重。利益衡量方法在刑法领域的运用，应该包括：其一，某一案件有两个以上竞合的法律规范可以适用的情况。由于犯罪的多样性和复杂性，刑事立法为了严密法网，有时会对同一客体从多角度保护，从而形成规范的重叠或交叉，导致一个案件事实可以归类于两个以上的规范。由于存在理解和认识上的差异，不同的裁判主体面对这种情况可能会选择不同的解决方案，不过，在各种解决方案中尽管没有唯一正确的方案，但肯定有智慧的方案。[③] 如何选择恰当的刑法规范，作出合理的可接受的判决，就需借助于利益衡量方法。如在 2009 年江苏盐城“2·20”水污染案[④]中，法院以投放危险物质

① 参见蔡军：《刑法解释的价值基准及其形成路径分析》，载《河南社会科学》，2012（3）。

② 参见杨仁寿：《法学方法论》，北京，中国政法大学出版社，1999，第 179 页。

③ 参见范春莹：《价值衡量与法律智慧》，载《政法论丛》，2006（5）。

④ 2009 年 2 月 17 日和 18 日，江苏盐城市标新化工厂将 30 吨高浓度含酚的工业废水排入厂区外河沟，进而污染了盐城主要的水源地蟒蛇河，由此引发自来水污染事件，致 2009 年 2 月 20 日该市二十多万居民饮用水停水长达 66 小时 40 分，造成直接经济损失人民币 543.21 万元。

罪对盐城特大水污染案的犯罪人胡某判处有期徒刑10年，同时合并其他罪行，对其执行有期徒刑11年。这是我国首次以投放危险物质罪对造成重大环境污染事故的犯罪人定罪量刑。以前这种情况的案件，都是以重大环境污染事故罪［这是《刑法修正案（八）》以前的罪名，在2011年《修正案（八）》颁布之后，由于本罪构成要件的变化，罪名也改为污染环境罪］来认定的，如2005年的四川沱江特大水污染案。本案法官为何作出“偏离常规和先例”的判决呢？根据我国刑法理论，犯罪主观方面的认定是以对结果的心理态度而言的，本案中，行为人对于自己的排污行为应该是明知的，而对于排污行为所造成的危害后果的认知和意志，存在两种可能，是间接故意还是过于自信的过失难以准确推定，这就存在符合投放危险物质罪以及重大环境污染事故罪两个罪的可能性。投放危险物质罪的主观方面是故意，重大环境污染事故罪的主观方面一般认为是过失，两罪的法定刑相差较为悬殊，投放危险物质罪可处10年以上有期徒刑、无期徒刑或者死刑，而重大环境污染事故罪的最高刑是7年有期徒刑。从犯罪构成分析，两罪的区别是明显的：一个是故意犯罪，一个是过失犯罪。但是，在具体案件中要准确推定行为人的主观心理并非易事。本案中主观心理就有两种可能，两个罪名都是可以适用的，只是哪一个更合适的问题。作为一个社会人，处于案件特定的背景下的法官，不仅仅要考虑犯罪构成的问题。从社会背景和公众舆论看，我国经济在快速发展的同时，由于只顾GDP增长而不重视保护环境所引起的污染环境案件不断增多，环境恶化严重，水污染、空气污染、土地污染，等等，牵动着人们的神经，使得公众对于环境保护和惩治污染犯罪的呼声越来越高，严惩环境污染犯罪成了公众的诉求（本案被告人被判投放危险物质罪后，媒体、网民以及法律界纷纷发表意见，大部分赞成这种判决结论）。从我国的司法政策看，案件的裁决要注意法律效果和社会效果的统一：既要具备合法性，又要尊重社会需求，寻求各方利益的均衡，保障审判结果的可实现性和高认可度。出于以上各种因素的考虑，法官选择了投放危险物质罪。其二，刑法规范本身严重滞后或者过于超前社会的发展，与一般观念相悖，若严格依法律规则判决，排除法律适用社会效果的分析和预测，会出现社会效果不佳的结果，裁判难以被公众接受，司法机关须通过解释的方法来进行相关的利益衡量。如“许霆案”，原一审判决的刑罚（无期徒刑）是严格依据刑法规范和相关司法解释进行裁决的，不仅公众认为量刑过重，连一些法律人也感到罪与罚的失衡及适用法律上的困惑。再审时，法官在考虑司法解释的滞后、通货膨胀因素并作了相关利益衡量后，适用了特殊减轻刑罚制度，改判低一个量刑幅度。其三，虽有明确的法律规定，但严格依法判决可能出现合法不合情理的情况时，利益衡量方法就是妥当处理此类案件的有效途径。情理是民众情感的集中体现，是公众的主流意识和道德观的反映，是一种朴素的哲理，是法律制定和实施的基础，法律算是生活中情理的升华与体系化。一般来说，二者是一致的，但有时会因各种原因而出现不一致的情况，而根据法的精神要尽可能地体现情理的要求，将情理融于法的价值和运用之中，使法与理相融，使裁判结论更加合人情、顺民意，使判决在法律框架内对于人类深层而真切的情感作出回应，对人们实质合理性的追求予以满足。这是司法的职责所在。

(二) 利益衡量的思维步骤和操作方法

利益衡量的思维步骤是有规律可循的。第一步，分析案件各方所涉及的利益关系。案件中除了涉及当事人利益、当事人所属群体的利益，还可能涉及法律制度利益和社会公共利益等，但在刑事案件中，应该更加宏观地分析利益关系，提升到人权保护和社会秩序维护这二者的选择或者平衡。第二步，运用法律知识、经验常识、经济分析方法以及价值判断等对各种利益诉求进行归纳、分类和分析，在案件的特殊背景下确定各种利益的重要程度，分析不同利益间的冲突，通过取舍、权衡来确定案件的初步结论——这是一个待检验的结论，算是需要验证的假说。利益衡量的考虑因素包括主流价值观、相关风俗习惯、社会舆论、公共政策、社会效果，等。① 第三步，论证与修正利益衡量的初步结论，考虑实质判断得出的结论是否符合刑法规定、与现行刑法所追求的目标是否一致，预测这种初步结论可能产生的社会影响——如果能够产生积极的社会效果并对人们的行为产生积极的影响，这种利益衡量的结果就是成功的；如果利益平衡后得出的结论与立法目的不一致、违背法的内在精神，法官就得放弃这个结论，在刑法框架内重新寻找合适的结论。如果法官在运用各种解释方法之后在刑法框架内还是得不到合理的结论，那就必须承受法治所附随的代价。因为利益衡量的目的不是探求唯一正确的结论，而是在多个可能的结论中选择一种实质上最为妥当的结论。② 第四步，对结论进行形式上的论证。通过实质判断得出结论后，还必须找到刑法根据，并遵循逻辑推理的形式论证，结合经验分析进行综合论证，以保证法律推理的形式正当性与实质合理性的统一，也为利益衡量的结果具有合法性提供程序性的说明。

① 参见丁巧仁：《民商事案件裁判方法》，北京，人民法院出版社，2006，第402页。

② 参见李军：《利益衡量论》，载《山东大学学报（哲学社会科学版）》，2003（4）。

要注意“利益衡量论不是自己任意的解释，要具有合理性和说服力”，要注意与条文的结合。① 对于刑事案件来说，利益衡量结论的论证理由只能从现有刑法规范、立法意图中去寻找。利益衡量得出的结论不一定是唯一正确的结论，只是在多种可能的解释中选择的较为妥当的结论，需要在判决中论述实质判断的理由，包括依据的法规和法理，以使判决具有合法性、合理性和说服力。

以深圳“梁丽案”为例说明利益衡量的方法与过程。“梁丽案”② 的情节并不复杂，但所涉及的争议问题不少，使得案件的定性很难唯一。对于梁丽的行为，有人认为是道德问题，有人认为构成盗窃罪，有人认为构成侵占罪。从行为性质看，梁丽的行为属于犯罪是无疑的，关键问题是构成侵占罪还是盗窃罪。侵占罪是较轻的罪，属于自诉案件，最高刑为 5 年有期徒刑，而盗窃罪是公诉案件，在“数额特别巨大”的情况下，法定刑为 10 年以上有期徒刑。梁丽的行为既不是典型的盗窃（盗窃的故意难以推定），也不属于典型的侵占（拒不交还的事实，行李车上的纸箱是否属于遗忘物、遗失物或者废弃物还不能准确认定），即刑法规范与案件事实不能很好地对接——依据“构成要件”对事实进行司法归类时，无法为“梁丽案”找到一个恰当的位置。③ 但这两个罪名似乎又都可以适用。但是，利益衡量可以解决这种案件。本案涉及的利益关系包括：梁丽的人身自由（A）；失主的财产权（B）；刑法确立的维护公私财产不受侵犯的秩序（C）；由于媒体参与而增加的公众对司法的公正需求（D）。本案引起了媒体和公众的注意，而舆论纷纷倒向了梁丽，同情梁丽。在舆论的压力下，司法机关对此案的处理非常慎重，在权衡了各种利益和结果的利弊得失之后作出了最佳选择：侵占罪。这种处理结论首先维护了 B 项、C 项和 D 项利益，同时 A 项利益也得到一定的维护（将惩罚的痛苦降到最低）。

---

① 参见〔日〕加藤一郎：《民法的解释与利益衡量》，载梁慧星主编：《民商法论丛》，第 2 卷，北京，法律出版社，1994，第 90～92 页。

② 2008 年 12 月 9 日 8 时左右，王某将行李手推车（上面放着装有黄金首饰的小纸箱）单独停放在深圳机场 19 号柜台前，前往 22 米外的 10 号柜台办理行李托运。机场清洁工梁丽经过 19 号柜台，将纸箱搬到其清洁手推车底层，后存放洗手间。几分钟后，王某返回 19 号柜台，发现纸箱不见了，随即报警。当天，梁丽与同事马某、曹某一起将纸箱打开并取走一部分。随后，梁丽拿其中一件首饰交由首饰店鉴别，得知是黄金首饰。当天梁丽将该纸箱带回家。下午，民警到梁丽家中询问此事，梁丽否认。后来，民警发现纸箱并且箱子已被打开，内装物品不完整，问是否还有首饰未交出，梁丽否认。民警从梁丽丈夫的衣服口袋内查获另一部分黄金首饰。从梁丽处查获的黄金价值近三百万元。从曹某、马某家中查获的黄金价值 17 万元。

③ 参见桑本谦：《传统刑法学理论的尴尬》，载《广东商学院学报》，2009（5）。

侵占罪属于自诉案件，失主能够决定是否追究行为人刑事责任。对于失主来说，大部分财产已追回，损失不大，所以他明确表示不追究梁丽的责任，这就维护了 A 项利益（梁丽的人身自由）。这样的处理结果达到了很好的法律效果和社会效果：既维护了法律的尊严，没有超出刑法的规制范围，又保全了一个家庭的幸福，没有违背公众的期许。司法机关对此案的法律分析是：首先，梁丽自认为捡到的纸箱是遗忘物或遗弃物，没有认识到是旅客的控制物，不属于秘密窃取；其次，对于梁丽来说，不排除纸箱是遗忘物的情况，职责要求其在工作责任范围内将拣到物品交还失主或交公，但梁丽没有寻找失主或将物品交公，而是带回家，具备了非法占有目的。另外，考虑案件处理结果的可接受性，认定梁丽涉嫌侵占罪，按自诉案件处理，可以兼顾两个效果的统一。①

（三）关于各种利益是否或者如何排序的问题

刑法的目的在于保障人权和维护社会秩序。人权是一个综合概念，指从人的本质和尊严上应享有的一定历史条件下的应然权利体系，包括自由权、平等权、生存权和发展权等；社会秩序是指社会能够有序发展、稳固，社会规范能够正常运转的状态，是人类得以生存和发展的基础。保障人权和维护社会秩序之间的关系从本质上说是互动的：良好的社会秩序能够保障社会的健康发展，可以使人权得到切实的保障，使社会公正得到真正的实现；人权的充分保障，有利于人的全面发展，从而促进良好社会秩序的形成和维持。二者是相互影响和促进的关系。但是，在一定的时空和背景下，会出现不得不侧重其一的情况。在犯罪人的人权保障和社会秩序维护冲突的情况下，是侧重人权保障还是选择社会秩序的维护？要根据社会、经济、文化发展状况以及社会观念等作出决断，尤其是和案件所处的具体背景有更大关联，因为任何案件的办理都不能脱离“背景”，或者说刑法规范的适用必须考虑“语境”②。在前述江苏盐城水污染案中，最终的裁决就是侧重于社会秩序的维护而选择了较重的罪名。在有些案件中，可能仅仅依宏观的人权保护和社会秩序两个大的方面利益还不能做细致具体的利益考量，如“梁丽案”，其利益分析需要进一步细化，涉及多方面利益，在案件中利益的权衡应具体

---

① 参见邓贵杰：《梁丽案中的法理》，载《中国检察官》，2009（7）。

② 在“天价过路费案”中，高速公路收费高以及公众对此的长期不满或质疑就是本案的裁判无法摆脱的背景；在“邓玉娇案”中，人们仇贪官昏官的心理、邓玉娇与被害人身份对比形成的相对弱势所引起的人们的同情心理，等等，是影响本案判决的重要因素，也是无法摆脱的社会背景。

情况具体分析。在关于各种利益是否或者如何排序的问题上，虽然有学者试图排出利益的层次结构①，还有不少学者附和或赞同，但笔者认为，要总结出普适性的，判断相互冲突的利益谁高谁低、谁优先谁放弃的标准或排序规则有点不现实。原因在于：首先，即使一些具体利益是有层级之分的，也只能是抽象地排序，在具体案件中不一定是合适的，因为具体个案在不同的社会情势或背景下，所需考虑的利益决定因素不一样，各种利益决定因素可能产生的影响也不一样。试图制定出适用于所有案件的利益衡量规则，既不可能，也不科学。② 即使勉强排出利益的高低规则，制定抽象的衡量法则，适用时也不会局限于这种法则，而要视个案背景作具体衡量，因为同一利益在不同情形的个案中存在诸多差异。③ 以公共利益和私人利益的高低排序而论，尽管在爱国主义教育中经常会说公共利益或国家利益高于个人利益，但在法律上并没有这样的规定，不管在民法、刑法还是其他法律中，具体的法条设计中都没有体现这一点。因此，既不是绝对的公共利益高于私人利益，也非绝对的私人利益高于公共利益，而要视个案的具体情形而衡量。其次，随着社会政治、经济、文化的发展，人们的正义观、价值观等也不断变化和演进，追求的利益也在变化，利益衡量的标准必然随之变化，不同的历史时期会有不同的利益评价标准。就人类的预见能力来说，我们不可能为利益衡量设定一个一成不变、始终正确的分类标准，因此，也就没必要设定一个固定的、绝对的、僵化的利益位阶秩序。"今日相同的事物，明日可能须作不同的处理。"④ 由于社会情势的变迁，有些法律关系或社会关系虽然"外观上相同"，但已不再是"相同的案件事实"。具体案件中的利益选择只能由法官根据当时的法律、社会情势、经验等在个案中斟酌衡量。

总体来说，法官在对冲突的利益进行价值衡量时，不应拘泥于某种固定的单一的利益标准或价值等级序列，而应根据案件的实际情况确定利益衡量的标准，进行价值权衡。掌握的原则是：利益衡量力求法律效果与社会效果统一基础之上的社会利益最大化的平衡。

---

① 参见梁上上：《利益的层次结构与利益衡量的展开》，载《法学研究》，2002（1）。

② 参见王婷：《论司法中的利益衡量》，载《湖北大学学报（哲学社会科学版）》，2011（6）。

③ 参见王书成：《论比例原则中的利益衡量》，载《甘肃政法学院学报》，2008（2）。

④ 〔德〕卡尔·拉伦茨：《法学方法论》，陈爱娥译，北京，商务印书馆，2005，第39页。

第七章　对话思维在刑事“公案”中的运用

第一节　对话协商理论及其价值

法官如何获得一项“正当”裁判，这个问题在现代方法的论辩上占据中心地位。然则，什么是“正当”裁判，其取决于对“正义”一词的理解。

——卡尔·拉伦茨

“公案”是指公众和媒体对于一些个案所涉及的主题元素根据其自身的需求进行议论、加工和传播而塑造出来的公共事件。① 司法中的“公案”是指蕴含公共性主题元素，为社会各界所广泛参与和关注，其处理结果具有一定社会意义和导向作用的案件。② 如2003年的刘涌黑社会性质犯罪案、2005年的王斌余杀人案、2007年的许霆盗窃案、2008年的梁丽侵占案、2010年的天价过路费案，等等，这些案件在当时备受关注，几乎达到了全民参与讨论的状态，舆论的强大始料不及，甚至舆论已经成为影响案件处理的重要因素，使法官们在裁判这种案件时诚惶诚恐，唯恐判决结果受到质疑甚或本人受到责任追究。面对不断出现的刑事“公案”，如何使案件的判决结果兼具合法性、合理性和可接受性？对话思维③是解决这一难题且能够将法律的强制性与承受者的自愿性统一起来的方法之

---

① 参见孙笑侠：《公案的民意、主题与信息对称》，载《中国法学》，2010（3）。

② 参见叶青、时明清：《公案的司法公正评判维度及其法治价值》，载《社会科学》，2012（1）。

③ 此处所说对话思维是指以对话协商（商谈）方式解决案件的法律方法。对话协商方法是哈贝马斯“商谈理论”在法律领域（特别是司法领域）的具体体现。在法学研究的领域内，对话和商谈（协商）基本上具有相同的内涵和外延。下文可能会有不同称谓，但意义相同。

一。下文拟对对话思维的司法价值作一分析，并以对话思维方法为路径来探讨刑事“公案”的裁判问题，以期丰富疑难案件的刑法适用方法，并能对司法实践有所益处。

一、一则刑事“公案”引发的问题

2009年轰动一时的湖北巴东县“邓玉娇案”①，是公众的舆论将其推到了风口浪尖，使得此案的发展一波三折。此案在网络上传开后，因死者邓贵大原系巴东县野三关镇政府招商办公室主任，故案件又被称作“邓玉娇刺官案”。由于一些不良风气所造成的深刻的社会背景，对于邓玉娇行为的定性，媒体和网民的舆论更多的是对邓玉娇的同情和声援，网络上还曾出现了一些赞同其行为的作品，如《玉娇曲》《浪淘沙·咏娇》《邓玉娇列传》和《生女当如邓玉娇》等，舆论甚至有点呈一边倒的趋势——同情被告人邓玉娇，指责被害人黄德智、邓贵大等人。隐含的社会心理因素使得各方的舆论持续深入，从而使得案件的各种情节与其背后的深层意蕴被逐渐揭示出来。同时，强大的舆论影响使得司法机关对案件事实的认定和法律适用都经历了一个逐步深化和演变的过程：出于不同的立场，官方、媒体（包括一般民众）、律师以及法院演示了不同的事实版本；在实体法的适用上，对邓玉娇行为的定性经历了涉嫌故意杀人到最终定性为故意伤害（防卫过当）的变化；在程序法的适用上，对邓玉娇采取的强制措施发生了从刑事拘留到监视居住的变化。这种案件事实的不断修正不是源于证据的变更与补充，而是叙事的产物或曰各种舆论交互影响的结果。② 实体

① “邓玉娇案”回放：2009年5月10日晚8时许，湖北省巴东县野三关镇政府3名工作人员（邓贵大、黄德智等）在该镇雄风宾馆梦幻城消费时，涉嫌对当时在该处做服务员的邓玉娇主动进行骚扰挑衅，邓玉娇拿水果刀刺向两人，邓贵大被刺伤喉部、胸部，经抢救无效死亡；黄德智被刺轻伤。邓玉娇当即拨打“110”报警。次日，警方以涉嫌“故意杀人”对邓玉娇采取强制措施。2009年6月7日巴东县人民检察院以故意伤害罪起诉邓玉娇，同时认为邓玉娇具有防卫过当、自首、部分（限定）刑事责任能力等从轻、减轻或免除处罚的情节。2009年6月16日，该案在巴东县人民法院一审开庭。邓玉娇的两位辩护律师认为，邓玉娇的行为属于正当防卫……即使邓玉娇的行为构成犯罪，也是防卫过当，属于《刑法》规定的“应当减轻或者免除处罚”的情节，且其是部分刑事责任能力人，具有自首情节，属于“可以从轻或者减轻处罚”的情况；提出了依法应当免予刑事处罚的辩护意见。法院认为：被告人邓玉娇故意伤害他人身体，致人死亡，其行为已构成故意伤害罪。邓玉娇在遭受邓贵大、黄德智无理纠缠、拉扯推搡、言行侮辱等不法侵害的情况下，实施的反击行为具有防卫性质，但明显超过了必要限度，属于防卫过当，故邓玉娇的行为构成犯罪。鉴于邓玉娇是部分刑事责任能力人，并具有防卫过当和自首等法定从轻、减轻或者免除处罚情节，可以对邓玉娇免予刑事处罚。最后，法院宣判：被告人邓玉娇犯故意伤害罪，免予刑事处罚。

② 参见俞小海：《案件事实形成过程的修辞分析》，载《广西政法管理干部学院学报》，2009（5）。

刑法和刑事诉讼法适用的转变是在各方舆论的影响下对案件性质深入认识的结果，既有主动的因素，也有被动的因素。对于此案件的判决结果，大多数公众是满意的，也有不同的声音和不同视角的思考。例如，有的媒体认为这是一次民意的胜利；有人认为，公众对邓玉娇的声援甚至赞美，并不是舆论干预了司法，只是在特定社会背景和特定司法环境下，对可能干预司法的势力的成功阻击，就像拔河一样，公众把司法从强权手中拔过来，让司法回归独立而中立的境地①；也有人认为，公众的舆论（朴素的民意）不一定符合法律判断的逻辑……如果不考虑其他因素，只就案件本身作法律分析，在造成一死一伤的情况下，对邓玉娇判处免予刑事处罚应该说是偏轻的。案件的处理结论肯定受到了公众舆论的影响。②

作为一个刑事“公案”，虽然“邓玉娇案”已经画上了句号，我们也不再讨论案件的定性，不再评论此案判决的妥当与否，但是此案留下的问题需要我们思考：在公众的关注下，在舆论的浪潮中，刑事“公案”的判决如何让公众接受？或者说，“公案”的判决如何达到合法性、合理性和可接受性？

二、对话思维及其司法价值

人们为什么愿意遵守法律？除了依靠国家的强制力来保证法律实施的有效性外，合理性和可接受性也是法律应该具备的要素，以使任何时候人们出于对法律的尊重而自觉遵守法律规范成为可能。③ 根据哈贝马斯的观点，法律的正当性，不在于其来自于主权者的命令，也不在于其来自于抽象的自然法理念，而应是依赖于各相关主体间通过民主的商谈程序达成共识或者说理性妥协。法律的制定是公民按照协商的价值导向与协商程序得出的结果，这是公民认同法律的基础。在法律适用中，公民通过协商产生的交往权力对法律的实施进行有效影响和控制。④ 司法裁决的合法性、合理性与可接受性的获得必须将法律论证过程理解为一个协商（对话⑤思维）的过程。法官应关注相关主体间的论辩与商谈，追求共识或妥协的

① 参见《邓玉娇的幸运未必是我们的幸运》，见 http://www.infzm.com/content/30116。

② 参见黄懿斌：《“邓玉娇案”后问题的审视》，载《中国检察官》，2009（9）。

③ 参见〔德〕哈贝马斯：《在事实与规范之间》，童世骏译，上海，三联书店，2003，第37～38页。

④ 参见张扬金：《权利观与权力观重塑》，北京，中国社会科学出版社，2012，第211页。

⑤ 在法律论证领域内，对话和商谈基本上具有相同的内涵和外延。在更为宏观的领域中，商谈理论在实质上强调了交往理性和程序主义的观点，强调各方通过程序的运作而获得某种特定结果。对话论证方法的主旨也在于此。

达成。

（一）哈贝马斯的协商民主法律理论

在世界各国的政治发展过程中，民主法制建设一直都受到普遍的重视。20世纪末期，西方学术界针对现有民主理论和社会治理实践所面临的困境，对以往的民主理论和范式进行了重新审视与深刻的反思。在此背景下，“协商民主”成为学术界普遍认为能够弥补已有民主范式缺陷的一种理论构想。在对民主理论的讨论和研究中，哈贝马斯并非提出并对协商民主进行初步论证的第一人，但他的关于协商民主理论的诸多论著，如《交往行为理论》《事实与规范之间》和《包容他者》等，对协商民主理论进行了详细的论述和阐释。哈贝马斯以交往行为理论为基础论证了他的协商民主理论。交往行为是指两个以上的主体，以语言为媒介，进行沟通、讨论或对话，以达到相互理解、承认并形成一致意见的活动。协商民主即为各方主体在一个非强制的、平等的、自由的辩论、协商的对话过程中对于某一事务形成一种共识，通过这种主体与主体之间的双向度交流并通过规范调节实现个人与个人之间、个人与社会之间的和谐。在社会交往过程中，各方主体在坚持自身的需求与意志的同时，也把他方的需求与意志视为一种具有同样有效性、合理性的表达。这样，交往各方互相倾听、理解或妥协。在这样一种沟通与对话的环境中，通过不断地调整自我需求与意志并促使对方调整自身的立场、需求，而逐渐达成意见一致的共识，从而形成个体间的同一性与社会集体的同一性。① 从功能层面看，协商民主是一种理性的决策体制——每一个参与者能够自由表达，也愿意倾听并考虑他人的观点，通过对话交流达成共识，这种共识能够为各方所接受，民主正是体现在交往行为所形成的理性共识中。协商民主理论体现了一种对话思维。

按照协商民主理论，法律规范的制定及运作都必须体现协商原则，在平等、自由的公民参与的协商和对话过程中体现出公共理性，达到基于协商民主的共识，这是法律合法性的源泉。“‘一切权力来自人民’的原则，是通过一种建制化的意见形成和意志形成过程的交往预设和程序而得到实现的。”② 法律作为一种人们应普遍遵守的社会规范，其产生或制定也是主体在社会交往实践中达成共识并固定化的结果，即立法过程就是各方对

① 参见唐涛：《哈贝马斯对韦伯形式主义法律观的批判与超越》，载《江苏科技大学学报（社会科学版）》，2005（1）。

② 〔德〕哈贝马斯：《在事实与规范之间》，童世骏译，上海，三联书店，2003，第168页。

话协商的过程，结果是一种意见和需求的妥协。通过协商达成的共识（法律）能够得到大家的尊重和接受，能够缓解法律的强制性与合法性之间的张力。

商谈民主的表现形式除了立法商谈之外，还有司法裁判过程中的对话商谈（运用性商谈）。司法活动也是一种通过交往而寻求共识或妥协的过程，因为法学是一门实践性科学，法律的客观性不是真理意义上的客观性，而是共识意义上的客观性；法律的理性不是自然科学的理性，而是实践理性。① 哈贝马斯认为，真理及正确性的标准，就是达到合意。案件的审理需要体现一种对话、辩论、协商的过程，这就是诉讼法制定的初衷之一。司法判决的作出，也必须进行适当的论证，以体现对话的情景、增强判决的说服力和可接受性。在整个案件的审理过程中，各方的利益立场、政治态度、意识形态或其他外在因素都可能影响案件的裁决，为了使各参与主体之间达成共识，就有必要让各方充分表达意见、陈述理由，互相论辩，说服并使对方接受自己的意见。经过这样一个论证过程（在庭审程序和判决书论证中皆如此）的判决结果，参与各方才会把它作为合理的东西而加以接受。也即经过规范的应用性商谈，人们才能就一项法律判决达成共识：哪一种规范解释对该案的判决是有效的（合法、合理、可接受），哪一种规范解释对该案的判决是不合适的。②

（二）刑事司法中对话思维的运用价值

在判决作出之后，判决结论可能会受到当事人或者社会公众的质疑：为何得出这样的判决结果？为什么选择这条法律？为什么对这条法律进行如此解释？这样的质疑几乎可以不断地进行下去。面对一些刑事“公案”，必须考虑的问题是：如何使判决让人接受？就是说，判决除了必须具备合法性外，还必须具备合理性和可接受性。为了给法律规范的运用提供合理性，将规范恰当运用于案件的具体情境，使判决能够为公众所接受，需要一个论证过程——经过主体间的对话商谈（论辩），呈现出一个有证据、理由支撑的，对命题或观点不断追问的交互性的活动。正是对话协商思维这种“兼听则明”的特征使得案件的审理可以在各种观点及其论证理由中博采众长，选择其中一种或者综合几种观点而形成最符合法律精神的判断。可见，对话思维在刑事司法中具有重要的运用价值。

① 参见王新生：《法律方法的技术意义和规范意义》，载《甘肃政法学院学报》，2007（1）。

② 参见刘钢：《论法律话语理论从德沃金到哈贝马斯的演化》，载《暨南学报（哲学社会科学版）》，2009（1）。

首先，对话协商有助于对案件事实和法律问题的商谈式澄清。① “事不鉴不清、理不辩不明。”在案件审理中，仅仅有法官的精英话语并不能完全实现正义，因为法官“独白”式的事实认定和释法过程不足以保障法律的合理适用。法官应当听取各方意见，并吸纳一些法律之外的知识，将生活语境和社会共识作为司法演绎的知识前提，至少是一种丰富或补充。② 根据哈贝马斯的观点，法官不应该是一位单纯奉行规则和逻辑推理的法律形式主义者，不应该是一个独断者，也不应该是一位德沃金所说的能力卓越的“赫尔克勒斯”，依超群的洞见和卓越的知识能力作出正确的判决，而是保持与社会的联系，关注大众生活中的主流理念，不排斥学术界、媒体、有关机关、组织等享有对司法过程及根据的知情权，将他们对司法事件的议论、评价、批评作为澄清事实、发现法律、合理论证裁判结论的一种补充途径。换句话说，法官的裁判除了依法之外，还要承认制度与实践之间存在着互动关系③，承认价值的多元性，由此，不仅坚持对法律意旨的贯彻，还要考虑当事人的意志以及舆论所表达的主流价值观等，根据案件所涉命题进行合情合理的讨论，以促成相互理解、沟通、对话，从而达成共识。对话思维为法官提供了一种处理刑事“公案”的思路：通过一个程序（民主的理性的协商、交流与对话制度），即除了在诉讼中各方充分发表意见、辩论、质证外，也注意一下公众或者法学界的声音，以使案件事实逐步接近法律真实，使法律规范的选择更加合理和准确，使刑法规范和具体案例能够恰当对接。也即通过交流达成共识以达到法律意义上的真理，最终获得一个正当的、正确的法律决定④，使司法制度的合法性甚至整个政治制度的合法性都得到维护。

其次，对话协商的司法结果能够满足判决的合理性和可接受性。法律的普遍性和概括性特征，使其不能兼顾太多的特殊案件。在“公案”中，有时严格适用法律却会出现个案不正义或者使公众产生抵触的情绪，主要有几种情况：其一，由于社会的变迁与法律稳定性之间的矛盾，严格依法的判决结果产生了形式正义与实质正义的冲突。一般来说，形式正义是达到实质正义的手段，二者大多数情况下是一致的，但是，有时由于复杂的

---

① 参见李贵成：《将协商引入司法》，载《人民检察》，2009（7）。

② 参见韩德明：《司法的独立与民主：价值整合和制度架构》，载《江苏社会科学》，2009（5）。

③ 参见陈金钊：《法律解释学的转向与实用法学的第三条道路（下）》，载《法学评论》，2002（2）。

④ 参见葛洪义：《试论法律论证的源流与旨趣》，载《法律科学》，2004（5）。

原因二者会出现背离。其二，某一法律的适用在大多数案件中能够实现法律正义，却在某一个案（具有不典型特征）的适用上出现不正义，即产生普遍正义与个案正义的冲突。其三，社会经济、文化不断发展，促使公众的价值观、道德观、财富观等观念不断变化，这无疑会引起（稳定的）法律规范与民众正义观的背离，以至于法律逻辑正义与社会朴素正义发生冲突。在这种情况下，只有依靠适当的法律适用方法来解决刑事个案尤其是“公案”的正义问题。刑法学主要是规范科学，而不是实证科学，因此，刑法适用应更多地致力于交谈客观性而非科学客观性。一般的、抽象的规范无法囊括所有具体的个案事实，法律规则在具体的应用过程中，经常是不确定的。特别是在面对情况复杂的疑难案件时，单纯凭借规则性的解释，不一定能够作出恰当的法律判决。法官基于“依法裁判的义务”“不得拒绝裁判的义务”以及“公平公正裁判的义务”①，在很多时候，尤其是在法律出现漏洞之时，需要在法的精神及原则指导下对法律进行建构性解释和发展，这就更加依赖合适的论证方法，其中主要包括庭审中以对话协商（辩论）方式对法的适用进行论证，在判决书中对双方意见的辨析和采纳与否的理由陈述，以表明法官没有恣意裁判，让判决更具合理性和可接受性。对话协商思维不仅可以避免由于规范过于理想化（法律追求普遍性的必然结果）而无法运用于具体个案判决的情况，也可以避免产生因为对具体的行为背景缺乏了解而机械套用法律规则的现象。另外，论辩的结果尽管不能保证结论有百分之百的确实性，但至少可以把这些结论称为理性的结论，因为交互主义的法律商谈将可能存在的异议所产生的合法性风险消融在了理性、平等、无强制的对话中。通过交换理由，各参与人在法制的框架内获得了理性表达机会，通过可普遍化的检验回应了潜在的质疑，由此获得的结论可以避免在合法性方面受到指责。②

最后，对话协商思维契合我国和谐社会的建设目标。近年来，我国社会经济的快速发展以及价值的多元化已经显现出某些法律与民意的脱节，以至于一些案件的判决结果引发了激烈的讨论和争议。解决这种问题的途径之一是及时了解并弥补法律和民意之间的裂缝，以维护社会和谐，维护司法机关的正当性和权威性。从文化传统看，中国人讲究以和为贵，对话协商是“和”的一种途径，是在纠纷或侵害已经发生的前提下能够让各方

---

① 〔德〕科因：《法哲学》，林荣远译，北京，华夏出版社，2002，第 222 页。

② 参见刘荻：《论司法的合法性与法律商谈》，上海师范大学 2011 年法学理论硕士学位论文，第 36 页。

服从判决结果的一种有效手段。从司法背景看，我国提出了建设和谐社会的战略目标，以及案件处理追求法律效果和社会效果统一的司法目标，而对话方法正好是达成这些目标的必要手段之一。因此，案件的裁判充分听取和分析各方意见，最终达成“共识”性的裁判结论，既符合和谐社会建设的需要，也符合我国以和为贵的文化传统，同时，还能够节约不断上涨的司法和诉讼成本，这是社会、国家和个人都乐于接受的价值目标。①

三、对话思维在刑事司法中的体现

在哈贝马斯的商谈理论中，程序被置于头等重要的地位。程序正义是实体正义的基础，是实现并验证实体正义的必要条件。对话思维方法就是通过程序的设计和运用来追求法律的实质正义，认为一个正当的、正确的司法裁决必须经过各方的理性协商、交流与对话程序才能形成，将基于法律上沟通形成的各方能够接受的共识作为法律意义上的真理。② 从程序上看，司法的权威性与法官判断权的行使都基于一种基本的社会逻辑，即“争议双方召集第三方，由后者通过彼此同意的先存规则解决争议”的“三方结构”，由于这一结构建立在双方“同意”的基础上，所以具有“外在的合法性”。这在程序法上表现为当事人主义诉讼模式：与职权主义诉讼模式相对应，诉讼的发动和发展主要依赖于当事人，诉讼过程由当事人主导，法官仅处于消极的中立的裁判者地位；当事人要负责证据的调查、提出和证据价值的陈述，以及观点的论证、反驳等。这种“三方结构”的诉讼模式符合法律商谈理论。整个程序法在时间向度、社会向度和实质向度上提供了受运用性商谈之逻辑支配的自由的交往过程所需要的制度框架。③

对话商谈理论贯彻在刑事程序法中的表现主要在于：首先，法律商谈应遵循的时间限制由法律程序决定。一般来讲，各国的诉讼法都规定了审理案件的时间、各种程序的时间限制，目的在于保证案件能够得到及时的处理，并得到具有法律效力的判决。其次，诉讼的架构（参加人对称性的角色分配）由法律程序规定。刑事诉讼中公诉人和辩护律师的对立使法官能够扮演中立的第三者的角色，审判程序使各方为自己的利益而展开论争

---

① 参见李贵成：《将协商引入司法》，载《人民检察》，2009（7）。

② 参见葛洪义：《试论法律论证的源流与旨趣》，载《法律科学》，2004（5）。

③ 参见〔德〕哈贝马斯：《在事实与规范之间》，童世骏译，上海，三联书店，2003，第287页。

的权利在法律上得到保护。尤其是在我国于2012年修订刑事诉讼法，更加强调保障人权的前提下，在具体制度设计上更加强化了犯罪嫌疑人、被告人和其他诉讼参与人依法辩护的权利和其他诉讼权利。人们一直诟病的辩护律师的地位不能完全与公诉人对等的状况，已得到了非常大的改变，例如，2012年刑事诉讼法为律师在审查起诉以及审判阶段查阅、摘抄、复制案件所指控的犯罪事实的材料提供了明确的依据；为律师充分发表自己的意见、行使辩护权，保护被告人的人权和司法民主提供了法律保障。结合司法实践中较为突出的证人、鉴定人应出庭作证而不出庭的情况，2012年刑事诉讼法对证人出庭制度作了进一步规范，以实现审判的公正性，如规定公诉人、当事人和辩护人、诉讼代理人可以申请通知有专门知识的人出庭，对鉴定人的鉴定意见提出相关意见，以弄清案件涉及的技术性问题，使各方对案件有深入的认识，以使各方对话协商的基础更为扎实。贯彻2012年刑事诉讼法的一个典型案例是“念斌案”①。久拖未决、反反复复的念斌案，最后一次审判是在2012年刑事诉讼法修订之后，恰逢我国全面推进司法改革，疑罪从无等司法理念得到强调，并规定加强对证据采信的严格审核力度，2012年刑事诉讼法规定：对因事实不清或证据不足而发回重审的案件，在原审法院重审宣判后又进入二审程序的，二审法院应依法作出判决或者裁定，不得再发回原审人民法院重新审判。这使得福建省高级人民法院在念斌再次上诉时必须依法作出判决或裁定，而不能继续让念斌的“疑罪”拖延下去。程序法还设置了体系化的立证和反驳程式：控方提出主张并举出相关的支持证据，辩方进行反驳并提出相应的证据，让法官充分听取双方的辩论和观点，以支持或反对某一方的主张，以最终得出妥当的、具有说服力的判决。② 再次，程序法中诉讼权利的保障是商谈能够达成共识或妥协的必要条件。个案中的当事人通过诉讼参与和论辩，不再只是被动地接受法官的审判，而是积极地融入庭审过程

---

① 2006年7月，福建平潭县一个村里有两户人家出现多人中毒症状，两人死亡，其邻居念斌被认定有作案嫌疑。2008年福州市中级人民法院一审判处念斌死刑；福建省高级人民法院以“事实不清，证据不足”为由撤销原判，发回重审。2009年福州市中级人民法院再次判处念斌死刑。2010年福建省高级人民法院二审维持死刑判决，案件被移送至最高人民法院死刑复核。2011年最高人民法院以“事实不清，证据不足”为由撤销原判，发回福建省高级人民法院重审；福建省高级人民法院以“事实不清，证据不足”为由撤销原判，发回福州市中级人民法院重审；念斌又被福州市中级人民法院判处死刑。2014年，福建省高级人民法院再次开庭审理该案，最终以“事实不清、证据不足”为由改判念斌无罪。案件经过8年时间，8次审判，终于有了结果。

② 参见王瑞君：《法律论证视角下的刑事司法正义》，载《法律方法》，第7卷，济南，山东人民出版社，2008，第115页。

中，并和法官通过共同的理性协商对诉讼的进行与结果施加一定的影响。此时，法律事实的真实性来源于各诉讼主体之间普遍的共识，这种“共识”可以算是罗尔斯所说的“重叠性共识”，或者是哈贝马斯所谓的“暂时性共识”，它具有认识和理解的主体间性。[①] 在刑事司法程序中，对话协商方法发挥作用的范围包括证据的展示与交换，事实的辩论及认定，法律的解释、理解与适用，法律责任的对话与确认等，而最为典型的体现对话协商的刑事诉讼制度还有辩诉交易制度[②]、刑事和解制度[③]等。这两种制度都与对话商谈理论有着内在一致性，都强调对当事者意志的尊重，强调理性的观点和说服，是否以及如何进行对话商谈（和解或交易）都是由当事各方自由确定的，整个商谈的过程不受当事者之外的其他强制因素的影响。这些制度在西方一些国家已经得到了广泛的承认和运用。在我国司法实践中，这两种制度都有过实践[④]，而且刑事和解制度已经在刑事诉讼法中得到明确规定。

第二节　对话思维在刑事“公案”中的运用

对话思维在刑事诉讼法的立法和运用中已经制度化，但刑事“公案”的审判中如何将这种思维方式结合刑法进行适用还是一个问题，具体说，法官除了考虑控、辩方的观点外，是否或如何吸纳公众的意见，以及如何在刑事判决书中体现对话思维，以使刑事“公案”的判决具有合理性和可接受性，是需要深入研究和探讨的问题。

一、刑事“公案”的法律适用中对话思维的运用

随着社会的发展和文明程度的提高，人们的法治意识逐渐增强，越来

① 转引自孙光宁：《对话方法的价值与局限》，载《青海社会科学》，2008（3）。

② 辩诉交易是指在法院开庭审理前，控方检察官和被告的辩护人进行协商，以检察官撤销指控、降格指控或者要求法官从轻处罚为条件，来换取被告人的认罪，进而双方达成均可接受的协议。辩诉交易就是在检察官与被告人之间进行的一种“认罪讨价还价”行为。

③ 刑事和解制度强调在加害人实施犯罪行为之后，由各方（包括调解人、加害人和被害人等）直接进行对话、交流和商谈，从而解决特定纠纷或者冲突。这与对话商谈理论有着内在一致性。

④ 2002 年黑龙江省牡丹江铁路运输法院开庭审理的一起孟某故意伤害案，适用了辩诉交易制度。刑事和解制度在实践中应用得更多。

越重视通过司法途径来解决各种社会冲突，愈来愈多的社会矛盾都转化为法律问题，司法由此而常常被置于社会冲突的风口浪尖。① 从理论上说，舆论的监督有助于促进司法公正。而且民意也一直是我国的基本政治取向，从革命时期毛泽东提出的“群众路线”，到“权为民所用、情为民所系、利为民所谋”，无不体现了这一点。具体到司法上，此即为“司法为民”。因此，深入了解民情、理性吸纳民意应该是司法的宗旨。司法裁判的最终目的是为民众利益服务。如果把法学理论研究和司法实践之间的关系看作是“形而上”和“形而下”的关系，那么法律职业群体和民众之间也算是一种“形而上”和“形而下”的关系。在当今大众精英化和精英大众化的趋势之下，法律适用方法在设计上，应扩大其开放性和民主性。② 如果司法裁决能够理性地吸纳和反映民意，达到法律效果和社会效果的统一，就表现出了法律对形式理性的遵守以及对普遍人性的尊重，就会促进社会的稳定与和谐。因而，在刑事“公案”的裁判中，对舆论所反映的民意进行理性审视、合理吸纳的过程，实际上也是一个解决社会矛盾、消解冲突的过程。但是，从另一面看，公众对网络等媒体的广泛参与使一些具有某种特殊背景的刑事案件被置于舆论与司法的纠结之中，使得案件的审理面临诸多的压力，刑法的适用也变得更加复杂。

（一）公众意见在刑法适用中的价值——补充论证

法律是普适性的规范，具有一般性。但是，具体个案的发生与裁判都有其特定的社会、政治、文化背景，尊重和考量特定社会特定时期的文化传统和价值观念是法官不能回避的立场选择。这关系到判决结果是否能够得到公众的认可与赞同，关系到刑法存在的正当性（刑法存在和适用的前提在于其承认为社会成员所共同拥有的信仰和情感③）。社会赞同是人们在社会交往中希望得到的回报，在许多情况下，它甚至比物质财富还要重要。作为社会中的成员，法官甚至法院同样希望得到社会的赞同。公众的观点某种程度上反映了一定时期的理念变化、一定社会背景下的价值观，对于法官作出实质合理的结论具有一定的参考价值。因此，公众意见不可避免地会成为法官在裁判过程中需要考虑的因素之一。正如苏力教授所说，尽管教义分析方法是我国司法实践中最有用且比较缺乏的，但如果不

---

① 参见庞凌：《司法如何介入政治》，载《法学》，2002（11）。

② 参见孙光宁：《法律论证中的可接受性原则》，载《法律方法》，第8卷，济南，山东人民出版社，2009，第374页。

③ 参见〔英〕安东尼·吉登斯：《资本主义与现代社会理论——马克思、涂尔干和韦伯著作的分析》，郭忠华译，上海，上海译文出版社，2007，第87页。

注意具体的司法语境，不考虑案件的基本情势，忽视与案件相关的非教义分析的（政治或价值）判断，再准确的教义分析也不过是司法实践中的花拳绣腿。[①] 尤其在我国提倡裁判的最高境界是两个效果统一的背景下，法官不能一味追求是不是能够呈现完美的“规则之治”，不能机械司法或者教条主义，而应该注重情、理、法共融的裁判理性，做到形式正义与实质正义的统一，以及普遍正义与个案正义的兼顾。另外，从法律的起源上看，法律规则是以往社会生活的总结，主要来自于人类社会经验的大数法则或者普遍遵守的习惯，而不是靠推理产生的。法律其实不过是给予已经存在的社会规范以正式地位而已，或者说，法律是常规化、制度化的大数法则。[②] 有时候，对于某个事件的主流民意其实就反映了一种大数法则，虽然最终不一定（或者还没有）上升为法律规范，但它符合社会公认的评价标准（多数人认可的价值取向）并能够维持社会秩序的稳定，是法律规则形成、完善和不断更新的契机。在“公案”的裁决过程中，法官应尊重大数法则，防止出现裁判结果与公众普遍认可的大数法则发生背离，使判决背离公众的预期和真实生活，改变公众基于人性的普遍期待，从而导致公众心理陷于危机状态。[③] 况且，从犯罪学角度看，所谓的“犯罪”，不过是违背了公众的集体意识而标签化为“犯罪”而已。由此，法律论证就不是仅限于法律规范内部的一种论证，还涉及法律外的论证——这是判决兼具合法性和合理性并得到接受的力量来源。公众对于案件的舆论就是对案件的一种论证，一种有关判决合理性与可接受性的补充论证。公众虽然不太详细懂得法律条文，但对于具有较大社会影响的个案，他们凭借其既往的生活经验和初步的法律意识而提出的意见，有时也会与法律精神大体一致，并且他们更多地关注行为人所处的特殊场景，以此作为支撑其观点的依据，或者有时他们也把现行法律作为评价个案的依据。例如，在“邓玉娇案”的讨论中，尽管网络舆论中的一些观点主张邓玉娇的行为不构成犯罪，但这种意见是建立在对“正当防卫”的不同理解之上，是有法律依据的，说明公众对刑法相关规定有一定认识。可以说，法律规范同时是司法机构和公众在讨论中所守持之“道”[④]。另外，公众经常会注意到不为法律规范所规定，而依照朴素的正义、公正要求却应予考虑的情理或事

① 参见苏力：《法条主义、民意与难办案件》，载《中外法学》，2009（1）。

② 参见周安平：《许霆案的民意：按照大数法则的分析》，载《中外法学》，2009（1）。

③ 参见周安平：《许霆案的民意：按照大数法则的分析》，载《中外法学》，2009（1）。

④ 陈发桂：《网络主流民意的吸收与司法公正实现的制度逻辑》，载《民主与法制》，2012（4）。

理，对事实的思考更符合一般生活逻辑和经验，更富有人性化色彩。社会生活中的基本常理、常识和常情是特定社会的公众所普遍认可的基本价值观、是非观，是特定社会的伦理道德基础，是案件裁判中法律适用绕不开的因素。现代法治，归根结底应该是人性之治，而绝不是机械的规则之治，“我们要坚持罪刑法定原则，但绝不能将法与理对立起来，绝不能违背常理、不能不顾人情”①。另外，作为人类创造物的法律不是什么永恒理性的产物。在难办案件上，从法律规范以外吸纳相关信息作出明智决定不仅必须，而且有根据。② 不管公众是从法律的角度来论证，还是从道德或其他的角度来论证，不管公众的意见最终是否被采纳，对于法官来说，都是一种补充论证，能够起到“兼听则明”的作用。

（二）公众意见的鉴别与吸纳

不可否认的是，公众意见有时具有片面性或者非理性，需要法官理性地审视和理清。公众通过各种媒体发表意见，有时出于自发，有时来源于有目的的引导。如果公众为媒体所传达的片面信息所引导，就会激情多于理性，产生偏颇，甚至夹杂着个人情绪的宣泄。在当今社会中，有时会出现公权力挤压下的弱势情结的共鸣，或者对于强势群体的仇视或嫉妒。在“许霆案”“邓玉娇案”等案件中，民意就形成了强大的民怜舆论，而在“刘涌案”中，舆论则表现为强大的民愤。当然，不管是“公案”中的民愤情绪，还是民怜情结，背后体现的都是公众对自身境况的某种潜在焦虑——因权力的强势而产生对自己弱势地位的感知和认同，以及对于公权力的某种担忧或者无奈。因此，公众关注个案其实不仅仅局限于案件的具体判决，还有更深层次的动机——要表达他们对结构性的社会问题不满的民间情绪，包括对社会、对政府、对强势群体的不满，以及对司法公正的担忧。③ 而“公案”一般具有特殊的发生背景或社会背景，又加上舆论的参与，使得案件的审理不能仅仅依赖于法条的机械套用，否则，判决结果不能得到公众的接受，不管是强制执行还是重新审判，都将影响司法的严肃性和公信力。以“许霆案”为例，公众为什么会感觉原审量刑过重？原因是我国经济快速发展，不断通货膨胀，人们的财富观念也随之发生变化，而原审所依据的法律规范（定罪量刑起点）却多年未变，以至于（不考虑法律外因素的）法律适用效果不能得到公众的接受。因此，在社会不

---

① 陈忠林：《刑法散得集》，北京，法律出版社，2003，第37页。

② 参见苏力：《法条主义、民意与难办案件》，载《中外法学》，2009（1）。

③ 参见孙笑侠：《公案的民意、主题与信息对称》，载《中国法学》，2010（3）。

断发展、法律不断滞后的情况下，通过合适的法律适用方法弥合法律与现实之间的裂缝才是达到法律效果和社会效果统一的良策。在刑事案件审判中，法官的判决应融入更多的对话性思维，包括理性地倾听和辨析舆论，将裁决的过程看成是对话论证的过程，而不应该仅仅是法官借助独断性思维得出结论。① 对于法官来说，哪些意见反映了理性的主流民意，哪些是非理性的舆论或情绪宣泄，哪些意见能够在刑法框架内予以吸收，哪些存在法律上的难题，等等，都是需要法官根据已有法律知识、办案和生活经验等进行理清的问题。针对公众对刑事“公案”的议论、评价、批评，法官的态度应该是，既要保持一定程度的独立思考精神，也要将法律公共领域的信息作为一种公共理性资源来利用，以破解狭隘的法律职业主义思维模式。② 在对真正的民意进行辨认和凝聚后，对其中包含的与案件的妥当处理相关的信息进行吸纳，并考虑法律规定和社会共识之间的平衡，在刑法框架内找出法律规定与民意的契合点，使“公案”的处理结果既不违背罪刑法定原则，又能够一定程度上反映公众的诉求，从而使判决能够为公众所理解和接受。

二、对话思维在刑事判决书论证中的运用

综观现有的判决书，很多都是简单声称“经本院查明……”“有……证据为证”，经过简单的八股式的描述，就给出了裁判结论。这样的判决书中仅仅表述法院的观点，而没有对各方观点的深入分析和评价，对各种观点采信与否的理由没有说明，没有对控辩双方的主体性地位给予应有的重视，使得控辩双方以及公众对于裁判结论的形成施加有效影响的主观感受受到了损害，因此，这样的判决书往往难以令当事人和公众信服。

司法裁判是一个控、辩、审三方互动的过程，判决书中所表述的法律意义不过是通过法官的语言对庭审中动态裁判过程的一个描述。形式上，判决运用的是以演绎推理为主的逻辑理性，实质上，决定判决的素材却来源于实践理性，是诉、辩、审三方共同成就的。因此，法官在推理过程中应当对诉辩双方（甚至包括法律职业群体、政治群体以及普通公众）进行说服，在此基础上确立运用于演绎推理形式之中的内容，最终才能得到兼

① 参见武飞：《法官思维：独断还是商谈?》，载《法律方法》，第 9 卷，济南，山东人民出版社，2009，第 237 页。

② 参见韩德明：《司法的独立与民主：价值整合和制度架构》，载《江苏社会科学》，2009 (5)。

具合法性、合理性和可接受性的刑事判决。这是对话思维在判决论证中的体现。

刑事“公案”的判决书一定要按照对话思维方式作出。要获得一项适当的、可接受的司法判决，采取赫拉克勒斯①式的解释方式是行不通的，这种“独白式”的解释方式并不能使我们获得那种“普遍上大家相互都愿意承认”的观点。法律适用中的“真理”并不是某种客观存在的东西，它存在于主体间性之中，只有经过了代表不同利益的平等的、独立的、充满了差异性的个体之间的充分论辩，才能选择一种可以作为真理性的原则来应用的规范，并得出最终的结论。这是一种“合意的真理”。如果说获得适当的判决结果的关键是形成一种共识，那么，对话方法就是切实可行的方法之一。一个刑事判决的正当性或可接受性，不仅来源于判决所适用规范自身的正当性——这由作为规范证成对话的立法程序是否符合理性对话的标准和要求所决定，而且取决于作为规范适用对话的司法程序是否符合理性对话的标准和要求。也就是说，判决结果能否接受是与对话论证方法直接相关的，而对话论证方法所具有的所有价值都来源于其对程序主义和交往理性的推崇。② 对话论证方法能够为其他方法的运用提供一个平台，具有发挥各方积极性、兼听则明等多方面的价值和作用，对于判决的理性论证，达到法律效果和社会效果的统一，具有非常重要的意义。③ 一般地说，各方观点表达得越充分和全面，越是有利于法官作出合法又合理的判决，因为刑事判决不是简单的强制性判定，不是一种孤立的、完全局限于规则性的法律条款范围内的审判活动，也不是纯粹根据逻辑演绎推导出的具体结论，它的正当性和约束力的基础是交涉性的合意。所以说，案件裁判过程中有两个基本的因素：主体、合意。所谓主体，主要是指“解释的共同体”。“解释的共同体”这一概念预设了多元化的主体（包括法官、辩护人、公诉人、法学者甚至公众等），这些主体之间通过充分辩论、相互制约或妥协达成一种“暂时性共识”，由此能够形成相对和谐稳定的社会秩序。在“解释的共同体”中，存在着一些大家公认的、约定俗成的标准（虽然这些标准可能随时间和社会变迁而变化），这些标准决定了哪些论据是有说服力的，什么样的证据处理方式是合法的、可以接受的，什么场合

---

① 赫拉克勒斯是德沃金创造的全能法官，一个具有高超的技巧、学识、耐心和智慧的法学家。他不是从公民的视角出发，而是从其作为一个法官的职业身份的角度来对具体的权利问题下判断。

② 参见孙光宁：《对话方法的价值与局限》，载《青海社会科学》，2008（3）。

③ 参见孙光宁：《对话方法的价值与局限》，载《青海社会科学》，2008（3）。

运用什么思维方法或解释方法。[①] 所谓合意，是求大同、存小异的有原则的自愿。[②] 刑事判决书要体现正当性就应在论证中体现"主体"与"合意"两个重要的价值性因素。"主体"与"合意"的结合体现在庭审程序上，主要是指控辩双方的观点交锋与反驳，以及法官对庭审过程的引导；体现在判决书的写作中，是指法官要将双方关于事实认定以及法律适用的争议和观点加以表现，对双方观点是否采纳及其理由加以解释和评论。这样，书面的判决书就把一个动态的庭审过程展现了出来。这种对话论证方法通过突出控辩双方的主体性，即在判决中对庭审过程中双方对话的情景和观点予以再现并加以评论和解释，给人以当事人的逻辑代替了法官的逻辑的印象，是一种明智的说服方式，能够加强双方以及其他受众对判决的接受程度——至少在形式上被尊重了的对话被认为在一定程度上影响了判决结果；不管是双方当事人还是其他受众，都可以对案件的庭审以及对话商谈的情况有比较清楚的了解。这种说理方式展现了一种对话证明，是一种开放式推理，体现了司法的民主化，巩固并加强了判决的合法性与正当性，能够赢得更为广泛的认可与服从。在争议较大或成为热点的刑事疑难案件的判决中，更应该注重对话论证方法的运用。

三、结语

任何司法裁决结论都是特定历史时期、特定文化环境与带有不同"前见"的个体论证的结果。由于时代的发展、文化的变迁、个体认识能力的差异和知识的更新等，结论的合理性都是暂时的、相对的，只是能为"主体间"所接受的答案。按照苏力教授的观点，在难办案件中，不管是精细严谨的刑法教义分析还是掩盖了司法的权力关系的法律论证和推理，都是一种教条主义，不一定保证得出令人信服和接受的判决结论。法律推理、论证或解释等不过是"看上去很美"的手段而已，只有它们还不足以有效解决难办案件的裁判问题，而吸纳民意的价值判断和政策考量不可避免。[③] 萨维尼曾指出，适用法律既是一项科学性的工作，又是一种艺术。[④] 既然是艺术，法官就需要在维持刑事"公案"判决的合法性、相对客观性

---

① 参见陈弘毅：《当代西方法律解释学初探》，载梁治平主编：《法律解释问题》，北京，法律出版社，1998，第25～26页。

② 参见焦宝乾：《从独白到对话———迈向法律论证理论》，载《求是学刊》，2006（4）。

③ 参见苏力：《法条主义、民意与难办案件》，载《中外法学》，2009（1）。

④ 参见转引自王泽鉴：《法律思维与民法实例》，北京，中国政法大学出版社，2001，第212页。

与合理的可接受性之间掌握平衡，而不是追求案件具有精确而确定无疑的结论。最后强调的是，在刑事“公案”中，对话思维的运用必须限制在刑法的框架内，就是说，即使吸收公众的意见，也必须能够有相关的刑法规范作为依据，并且，最后的裁判结论应该有一个充分的论证过程。即便这是一种形式——教义分析，它也是刑事判决的合法性要求所必需的。

第八章　逆向定罪思维在刑事疑难案件审判中的运用

第一节　定罪思维模式概述

在现代各国的法律适用和法治发展越来越走向形式理性的过程中，人们发现，绝对严格的、精准而机械地符合形式合法性的司法裁决在有些案件中是难以实现的，严格依法甚至会出现一定的谬误。因为，案件的发生或类型远非法律所规定的那样，现实生活中存在着太多的不确定性和模糊性，尤其是主体对法律规范与案件事实的判断无法做到价值无涉。当案件涉及多种价值的冲突和矛盾或者存在特殊背景的时候，法官不得不根据自己的相关知识、经验等在冲突并皆有道理的各种价值之间作出分析、权衡和选择。因此，法官的裁决结论并非必然性的，只能说是在多种可能的结果之间选择一个相对合理性、更有说服力的结果。

一、定罪过程的诠释学循环

定罪是"认定犯罪"的简称，是依一定标准（犯罪构成）对犯罪行为的种类、性质等进行判断，并认定行为人的行为是否构成犯罪、构成何罪的思维过程。在我国刑法理论和司法实践中，共同推崇的定罪量刑模式是演绎推理，即大前提（刑法规范）判断，小前提（行为事实是否符合刑法规范）判断，最后推出行为人犯某罪的必然结论。这种从普遍到特殊的演绎推理，即为定罪三段论。定罪三段论依靠大、小前提间的逻辑关系得出符合某刑法规范意旨的裁判结论。这种定罪思维能够限制个人的情感、偏好等非理性因素对刑事裁判的影响，使裁判忠实于规范。只是，这种演绎推理以假设刑法规范完整、自足，事实清晰、典型、容易认定为前提。但实际上它没有反映出构建法律推理时的复杂思维过程。演绎推理只是表明定罪思维过程的最后步骤，而不能完整反映整个定罪过程的真实情况。原因在于，疑难刑事案件的推理大前提不一定容易发现，而作为小前提的犯罪事实也不一定典型、易于归类，或者说刑法规范和犯罪事实之间不一定能够恰当对接，而案件的恰当归类是演绎推理的前提，发生在演绎推理之前。那么，我们有必要反思形式理性哲学观下定罪三段论的具体缺陷，构建符合事实和规范的诠释学基本立场，从而找寻定罪的真实思维过程和正确方法。①

对于简单案件来说，事实的归类和规范的寻找都不复杂，运用演绎推理方法即能得出正确的定罪结论。但是，司法实践面对的是复杂多样的、具体的个案，而案件各种各样的特质以及法律规范的不完整性，决定了规范的寻找过程和事实的认定过程都不可能是客观明晰的。但是，罪刑规范自身并不能给裁判者提供现成的答案，尤其是那些疑难案件，必须得“目光往返来回于大前提与小前提之间”（诠释学循环），以准确确定大、小前提，推出合适的结论。另外，随着人们对社会、法律和法律现象认识的深入，以及司法经验的积累，价值判断和生活经验等带有不确定性的实质因素在裁判中被认为是不可或缺的，并且，法律本身并非没有缺陷。这些因素决定了形式推理难以保证定罪量刑的确定性和公正性，就如N. 霍恩所言，法律思考不仅仅是纯粹的形式逻辑，主要原因在于法律所处理的问题过于复杂，并且避免不了价值判断问题，而价值判断偏偏排斥逻辑的形式化。② 博登海默也认为，形式逻辑在解决法律问题时只具有相对有限的作用。当法院在解释规范用语、承认规范的某些例外、扩大或者限制某规则的适用范围等方面具有一定程度的自由裁量权时，三段论推理方法就不具有多大作用了。③ 原因在于：首先，法律规范不完备。由于人们立法能力的有限性、事实的难以抽象和概括、法律语言的多义性以及社会的变迁等诸多原因，刑法规定的犯罪成立条件必然带有不完整性，甚至有时会有意保持一定的开放性。为保证定罪结果的公正，就需要根据现实的生活环境、文化背景、社会生活经验等因素对法律作实质理解。其次，案件事实不确定。司法实践中，个案事实与刑法规范不一定正好具有种属关系。如

---

① 参见邓多文：《定罪过程的深化：从“三段论”到“循环论”》，载《社会科学家》，2008（9）。

② 参见〔德〕N. 霍恩：《法律科学与法哲学导论》，罗莉译，北京，法律出版社，2005，第145页。

③ 参见〔美〕博登海默：《法理学：法律哲学与法律方法》，邓正来译，北京，中国政法大学出版社，1999，第496页。

果案件事实属于典型事实，可以直接涵摄到刑法规范之下，小前提的形成自然不存在问题。但是，现实中，好多生活事实在进行类型的规整之前是不典型的，而且立法者也没有为我们提供完全现成的、一切种类的规范事实模型，需要根据法的规范性目的运用概念或类型思维去识别案件事实，由此，案件事实的识别就不是单纯的“是与不是”的判断，它会影响规范的识别，是一个法律规范的发现与事实司法归类同时进行的过程。这就是定罪的诠释学循环——“目光往返来回于大前提与小前提之间”，规范的发现依赖于事实认定，事实认定又依赖于规范的指导，二者互相影响、互相指导，经过不断循环，使刑法规范接近犯罪事实，让案件事实归类到构成要件的类型。从一定意义上说，演绎三段论只是在这个循环进行之后，分析论证的形式工具而已。

二、定罪判断的思维模式

法律规范的寻找。法律规范在一定时空内具有普适性和确定性，但时代性也是法律的重要特征，社会变迁必然会减损法律的普适性和确定性。另外，又由于语言的开放性、规范的抽象性以及社会生活的复杂性等因素的影响，具体案件能够适用的法律规范不一定能直观地从制定法中轻易找到。甚至可以说，不管法律本身是否“完美自足”，法律规范都不能自动与案件事实对接，都需要法官作出选择，即共性的法律与个案事实的连接必须借助法官这个中介才可完成。在众多法条中，法官选择某一法律规范是经过对案件事实与法律规范的理解后作出的价值选择，这种选择是一种建构性活动，而非机械适用法律。[①] 建构大前提的核心是实现法律规范的“一般化”到“具体化”，即借助各种法律解释方法或者司法技术获得适合具体案件的刑法规范。

案件事实的归类。事实的认定是一个司法归类的过程，即对已确认的事实进行法律的价值判断，找出其中具有法律意义的特征，使之类型化，从而使其与规范事实要件具有可比性，最后将其归属于某一法律规范的犯罪构成之下。案件的法律意义不会自动呈现于我们面前，要从林林总总的生活事实中辨析出具有法律意义的事实，即对个案事实进行法律上的评价和归类，为导出判决结论提供事实根据。在生活事实经过法律评价以前，它属于自然状态的事实——一种客观的、全部的事实，它独立于人的认识

① 参见韦志明、张斌峰：《法律推理之大小前提的建构及习俗的作用》，载《山东大学学报(哲社版)》，2009 (2)。

而存在，不以人的认识为转移。对于自然状态的事实的查证，是司法活动的目标。但是，由于刑事案件自身特点、人的认识能力的局限、一定时代刑事法理念等因素的制约，自然状态的案件事实不可能完全还原和获得，需经过法定程序确认，获得合法证据的支持，取得法律意义，成为法律意义上的事实，才能成为裁判所依据的事实。在此过程中，需要把生活事实与法律规范（刑法中的犯罪成立要件，包括刑法总则关于成立犯罪的一般规定和刑法分则的具体规定）关联起来理解，对具体案件事实进行识别和抽象，以确认是否有犯罪事实的存在。在确认犯罪事实存在的基础上需要对所涉及的事实进行整理，辨析出具有刑法意义的事实，其中哪些是具有定罪意义的事实、哪些是具有量刑意义的事实，以完成由自然状态的事实向法律意义的事实的转化。

刑法规范的找寻或选择与事实的认定是同时进行的。判断主体的目光不断流连往返于案件事实与刑法规范之间，以规范为依据去筛选事实，以事实为依据去诠释或解释①规范，以期能够使规范与事实相匹配。在规范的找寻与事实的认定过程中，需要借助于判断主体的前见（前理解），它可以引导判断者去查明事实和寻找法律规范，使判断者或多或少地意识到寻找问题答案的方向，意识到何种事实的特点对于法律判断可能是关键的。沿着前见指引的方向去寻找刑法规范和判断个案事实，在判断者与立法者的对话中理解规范，在对话中内在地创造判断的依据，使事实与规范相适应，得出最终的结论。② 对刑法规范的理解以及法律事实的形成和表述都包含着判断者的主观解释和评价。不同的司法主体具有不同的个性、知识和经验，以至于存在前理解的不同，从而有着对规范不同的选择和理解，以及对案件事实的不同判断和选择。前见尽管是法官对个案事实的一种预先断定，但并非一种反面意义上的"先入为主"的主观判断，它实际上深受法官所属的社会共同体及其主流文化的影响。在前见的指引下，法官不断反复尝试、检测，最终发现刑法规范、查明案件事实，实现事实与规范的恰当对接，使大、小前提的构建过程形成一种诠释学意义上的循环。

① 诠释与解释不同：解释受制定法约束，要寻找的是立法者的原意，最终是释法。而诠释不深究立法者的意图而注重理解者的判断，主张主、客体关系的统一，对个案事实进行司法归类是主体的主观理解与客观的法律文本相互交错、相互作用的过程，强调法律只存在于事实与规范的互动和互造之间。

② 参见郑永流：《法律判断大小前提的建构及其方法》，载《法学研究》，2006（4）。

第二节　逆向定罪思维在刑事疑难案件中的适用

一、问题的提出

（一）两则案例[①]引发的思考

案例1：梁某、郭某两人是载客经营的摩的司机。曹某、陆某两人要从A地前往B地，与梁某、郭某两人以20元达成载客协议。梁某两人听口音知道曹某两人是外地人，就将曹某、陆某拉到偏僻之处，告知曹某两人须再加付200元，才会将他们拉至B地。曹某两人不同意，梁某就将曹某一拳打倒在地。陆某考虑到到自己是外地人，又不知现在所处的位置，就赶快给了梁某、郭某两人200元钱，梁某、郭某才将他们二人拉到了B地。此案在一审、二审人民法院都以抢劫罪定性，处有期徒刑各6年，但后来省高级人民法院按照审判监督程序改判强迫交易罪，处有期徒刑1年。[②]

案例2：某女学生张某、袁某来到保罗国际美发公司，分别选择了38元和68元的理发项目。在店长金某授意后，为她们两人剪发的理发师程某、杜某，以各种理由诱骗张某二人接受多项美发服务（隐瞒了价格），并遵照公司法定代表人叶某的授意要求张某二人办理该公司的会员卡（9 800元）。当张某二人无力支付这些钱时，金某、程某、杜某、叶某等人将张某二人限制在店内，让两人联系同学借款结账后才能离开。张某二人不得不借钱被迫办理了一张9 800元的会员卡，并支付了本次理发的高价理发费六千多元，这还是打折价。一审法院经审理后认为，被告人叶某等四人以威胁手段强迫他人接受高价理发服务，情节严重，构成强迫交易罪，遂分别判处四个被告人有期徒刑1年多，并各处罚金5 000元。

这两个案件的定性，根据相关司法解释的规定[③]，如果认定行为人以暴力、胁迫手段迫使他人交出的钱与合理的交易价相差悬殊的话，应定抢

① 参见黄祥青：《罪质分析法与转换定罪规则的适用》，载《人民司法》，2010（17）。

② 参见周强、罗开卷：《强迫交易罪司法实务问题探讨》，载《法治论丛》，2011（2）。

③ 2005年最高人民法院颁布的《关于审理抢劫、抢夺刑事案件适用法律若干问题的意见》规定：从事正常商品买卖、交易或者劳动服务的人，以暴力、胁迫手段迫使他人交出与合理价钱、费用相差不大的钱物，情节严重的，以强迫交易罪定罪处罚；以非法占有为目的，以买卖、交易、服务为幌子采用暴力、胁迫手段迫使他人交出与合理价钱、费用相差悬殊的钱物的，以抢劫罪定罪处刑。

劫罪；如果相差不多，应定强迫交易罪。而且，这两个罪从理论上看，构成要件确实存在重合的地方，都使用了暴力、威胁手段，侵犯被害人的财产权、人身权。如果按照相关司法解释的意见来区分，需要判断何为“相差悬殊”。案例1中的20元与200元算不算是“相差悬殊”？案例2中的38元、68元与9 800元（卡上金额）、6 013元（本次理发费用）是不是“相差悬殊”？是比较绝对数额的差额还是比例？数额或比例差多少算是大？司法解释不可能给出一个明确的统一的说法，法官在实践中只能根据自己的理解判断，从而可能仁者见仁、智者见智。对于这样两个案件来说，既然有两个可能适用的罪名，难分彼此，而刑法规定的犯罪构成和相关司法解释都不能清楚地区分，那就可以说，定哪个罪都不算错误，只有是否合适的问题。这种一行为与多个刑法规范对应的情况在我国刑法中不算少，那么，进一步的问题是：在某一行为符合多个罪名构成特征的情况下，依据犯罪构成符合性判断（正向定罪思维模式）是否能够恰当定罪（达到实质合理）？

（二）由罪而刑定罪思维在疑难案件审判中的局限性

由罪而刑定罪思维能够解决大多数常规案件，但于对疑难案件的处理存在一定的局限性。由罪而刑的定罪思维模式，一般是在犯罪事实确认以后，将犯罪行为的特征与刑法中相关罪名的犯罪构成进行比对，如果行为符合犯罪的构成要件，即定罪。定罪以后，根据案件的情节等因素在罪名所规定的法定刑幅度内决定应该判处的刑罚。这种定罪模式是先定罪，后量刑，罪决定刑。对于大量常规案件来说，犯罪事实和刑法规范的对接不复杂，行为特征与犯罪构成的对接具有唯一性，运用由罪而刑的定罪思维模式即能得出合适的定罪结论。然而，司法实践面对的是多样的、具体的个案，案件不会都按照刑法规定的典型类型去发生，以至于不断出现一些不典型的案件，使得事实特征与犯罪构成的对接比较困难。同时，由于犯罪的复杂性，刑法为了避免漏洞，不得不从不同侧面、不同角度规定各种犯罪行为，以至于形成诸多复杂情形，如法条竞合、不同罪名之间犯罪构成的重叠交叉等（如绑架罪和非法拘禁罪都有“限制被害人人身自由”的行为），从而极容易出现某个犯罪行为既符合甲罪的犯罪构成又符合乙罪的犯罪构成的情况。如果甲、乙两罪的法定刑水平基本相当，罪名的选择就比较容易，也没有必要更多地考究罪名的“准确性”，因为以哪个罪名定性都会得出大致相同的量刑结论；但如果两罪的法定刑相差较大，就需要注意罪名的“适当性”，这关系到犯罪人是否受到公正的评价。“对于被告人来说，法官将如何量定刑罚，是与有罪还是无罪同样最为关心的问题。”① 疑难案件中，事实特征与犯罪构成不能恰当对接增加了刑法适用的困难。由于罪刑规范本身不能直接给裁判者提供现成的答案，需要裁判者根据案件的具体情况对刑法规范进行解释、筛选。另外，随着人们对法律和法律现象认识的深入，价值因素和社会生活经验这些带有非确定性的实质因素在裁判过程中被认为是不可或缺的，从而，罪名不可能达到唯一正确，罪名的确定过程也不可能是完全客观、明晰的。在由罪而刑的定罪过程中，重视比对犯罪构成，忽视把刑罚的实质合理性作为定罪的考虑因素，难以合理化解定罪与量刑之间的矛盾，极有可能出现刑罚的量与犯罪严重程度不相适应的情况，导致量刑不公。正如上述案例，以由罪而刑定罪模式处理，结论就是抢劫罪，与行为的社会危害程度相比，量刑一定会过重。上述案例（现实中还有很多）说明，尽管立法时就已经考虑了刑罚轻重与罪的严重程度的均衡，但是，一般性的刑事立法毕竟不能兼顾各种具体情况，有些案件中，这种正向的思维模式就不能兼顾实质正义。要化解定罪与量刑之间的这种矛盾，就需要从公正的角度重新审视定罪与量刑的关系，从而在疑难案件中决定运用什么定罪模式更能实现量刑公正和刑罚的目的。

二、量刑与定罪的关系

（一）量刑与定罪的互动

传统刑法理论认为，定罪是量刑的前提，定罪为量刑提供相应的法定刑，是量刑的先决条件。② 主流观点强调的是罪对刑的决定作用，定罪量刑的进路是“由罪而刑”，即先根据犯罪构成要件确定行为是否构成犯罪或者构成何种犯罪，再根据犯罪情节和已确定罪名的法定刑决定具体适用的刑量。司法实践中，大部分刑事案件都能按照“由罪而刑”的思维方式较为顺利地裁判。

那么，量刑（公正）对定罪是否有影响？有什么样的影响？理清量刑与定罪的关系是追求定罪量刑结论合理合法的前提。认真对待定罪量刑之间的应然关系，是努力实现量刑公正的基础。③ 在罪刑关系中，备受关注的是定罪对量刑的制约，而量刑对定罪的制约作用（即罪刑均衡原则对定

---

① 〔日〕曾根威彦：《量刑基准》，载〔日〕西原春夫主编：《日本刑法的形成与特色》，北京，法律出版社，1997，第140页。

② 参见赵廷光：《论定罪、法定刑与量刑》，载《法学评论》，1995（1）。

③ 参见姜涛：《量刑公正与刑法目的解释》，载《法学家》，2012（4）。

罪的制约）却未能得到足够重视。[1] 在应然层面上说，刑事立法时，刑的大小配置与罪的严重程度是应该成正比例关系的，而且罪与罪之间也要保持刑与罪的大体平衡，但实际上，由于各种各样的原因，立法的失衡现象以及一行为对应多个法条的情况等在刑法典中并不少见。例如，社会危害性大小相当的不同行为被配置了相差悬殊的法定刑，法条竞合时特别法还轻于一般法，等等。随着“罪刑关系不合比例原则的矛盾时有发生，这在刑事司法诉诸法律效果与社会效果的双重考量下情况尤甚”[2]，尤其是在我国刑事司法不断遭遇疑难案件而面临处理罪刑关系的困境时，人们认识到，定罪与量刑的关系不是“定罪决定量刑”的单向关系，而是“定罪与量刑互动”的双向关系：两者之间互相制约，存在互动，即正确定罪是公正量刑的前提，量刑公正也对正确定罪具有一定的影响作用，因为法定刑表达了立法者对某种罪行严重程度的评价。就是说，完整、真实的罪刑关系不仅仅是犯罪对刑罚具有绝对决定作用，无论是立法还是司法，刑罚对犯罪的认定都有一定的影响和制约作用。[3] 对于是否应动用刑罚的判断决定着立法犯罪圈的大小，刑罚的量为行为的界定（是否符合犯罪构成）提供了反向参照标准[4]（此处主要关注的是司法中刑对认定犯罪的制约）：首先，刑罚配置的大小影响对于某行为是否符合犯罪构成的判断，即行为造成的社会危害性与某罪名所配刑是否相当、是否值得刑事处罚；其次，在数法条均可适用的情况下，刑的大小制约了如何解释行为更符合哪一个犯罪构成；在罪数的判断中，刑量也是决定最终数罪并罚还是以一罪处理（更能够罪刑相当）的依据。

（二）刑制约罪——由刑而罪的思维模式

既然刑对罪的制约是罪刑关系的一个重要方面，那么，“由刑而罪”[5]的逆向定罪模式在疑难案件中的运用就是完整的罪刑关系在刑事司法中的真实体现。由刑而罪的思维模式实质上是以刑罚轻重为制约因素解释犯罪构成或作犯罪构成符合性判断，即将犯罪行为的社会危害性和应受刑罚的大小与罪名所配法定刑轻重进行比较，根据罪刑相当原则来判断（选择）

---

① 参见刘守芬等：《罪刑均衡论》，北京，北京大学出版社，2004，第135页。

② 姜涛：《批判中求可能：对量刑反制定罪论的法理分析》，载《政治与法律》，2011（9）。

③ 参见金泽刚、颜毅：《以刑制罪的学理阐释》，载《政治与法律》，2010（7）。

④ 参见张丽：《论刑罚配置对罪名择定的回应》，载《湖南社会科学》，2012（1）。

⑤ 对于这个概念，有不同表述，如“以刑制罪”“以刑释罪”“以刑议罪”“由刑而罪”等，含义是相同的，都是为了避免疑难案件的罪刑失衡，而体现刑罚量对罪名择定的制约。本书选择“由刑而罪”的表述。

行为符合哪一个犯罪构成，因为，毕竟，解释法律或作出犯罪构成符合性判断的最终目的在于使案件得到公平合理的处理，而不在于以什么样的罪名处理。“淡化个罪之间的区别，不纠缠于罪名间的细微差距，用更多精力去实现公正量刑，才是刑法的正统工作。”① 另外，案件定罪并不存在“唯一正确结论”或者存在“罪名的精确性”，在刑法规定的范围内，选择合适的罪名并不违反罪刑法定原则。这种逆向定罪的观点在刑法学界有不少主持者②，但也遭到一些学者的批评。③ 从法律原则上讲，由刑而罪的定罪模式就是使犯罪分子受到的处罚符合罪刑相适应原则。④ 如有学者所言，在判断某一行为是否符合犯罪的构成要件或符合哪个罪的构成要件时，不能仅仅从纯事实性的描述中寻求答案，还要考虑怎样有助于实现个案的实质正义、是否有助于刑法的人权保障与法益保护的目的⑤，因为“重要的不是逻辑，而是规范的目的性”⑥。

（三）逆向定罪思维在疑难案件审判中运用的必然性

刑事疑难案件的存在使逆向定罪成为不得已的选择。在由罪而刑的定罪量刑模式不能解决一些疑难案件（似此亦彼或者模棱两可的犯罪）时，从刑而罪的逆向定罪思维就成为不得已的选择。按照实质主义的要求，从刑量与犯罪严重程度相称的角度去解释犯罪构成，并选择合适罪名的逆向定罪思维是不可或缺的，尤其在疑难案件中。⑦ 因为，定罪的最终结果还是为了量刑，这是使犯罪人得到惩罚和改造的手段。由此，量刑公正就成为一个必须考虑的问题。通常情况下，刑法学人的思路是“先定性再量刑”，而民众是“先看量刑再看罪名”⑧。较之于罪名，公众主要关注的是刑罚的轻重。“在经验世界里，人们都是通过刑来认识罪的，因为刑罚是

---

① 高艳东：《量刑与定罪互动论：为了量刑公正可变换罪名》，载《现代法学》，2009（5）。

② 如冯亚东：《罪刑关系的反思与重构》，载《中国社会科学》，2006（5）；余文唐：《化解罪刑失衡之解释学路径》，载《法律适用》，2011（6）；赵运锋：《以刑制罪：罪刑关系的反思与展开》，载《政治与法律》，2010（7）；金泽刚、颜毅：《以刑制罪的学理阐释》，载《政治与法律》，2010（7），等等。

③ 如陈珊珊：《法条竞合时的量刑衡平方法研究》，载《法商研究》，2012（6）；姜涛：《量刑公正与刑法目的解释》，载《法学家》，2012（4）；苏力：《法条主义、民意与难办案件》，载《中外法学》，2009（1）。

④ 参见阮齐林：《绑架罪的法定刑对绑架罪认定的制约》，载《法学研究》，2002（2）。

⑤ 参见刘艳红：《正义、路径与方法》，梁根林主编：《刑法方法论》，北京，北京大学出版社，2006，第89页。

⑥ 〔德〕伯恩·威德士：《法理学》，丁小春、吴越译，北京，法律出版社，2003，第175页。

⑦ 参见欧阳本祺：《论我国定罪思维的传统及其演化》，载《法律科学（西北政法大学学报）》，2010（3）。

⑧ 高艳东：《从盗窃到侵占：许霆案的法理与规范分析》，载《中外法学》，2008（3）。

一种易感触的力量。”[①] 为了化解立法性罪刑失衡或个案的罪刑失衡，“由刑而罪”的逆向进路进入一些学者和法官的视野：以某法定刑来解释犯罪构成要件或以被告人所应承担的刑事责任来选择罪名。[②] 以“许霆案”为例，罪名的认定固然是一个重要的争论点，但对于公众来说，刑罚轻重比罪名定性更引人关注，一审量刑过重。法律人对定罪的讨论更为激烈。在“许霆案”的定罪论争中，有学者提出了“以量刑反制定罪”，“从量刑妥当性的基点出发，反过来考虑与我们裁量的相对妥当的刑罚相适应的构成要件是哪个，从而反过头来考虑该定什么罪”[③]。“许霆案”的裁判过程促使刑法学界思考：刑从罪生的罪刑正向制约关系是否完整、真实反映了罪刑关系？在有些疑难案件中，是否存在着量刑反制定罪的逆向路径，即根据量刑的合理性而在多种可能性之间选择一个妥当的罪名？[④] 毕竟，对行为的定性最终归结为刑罚的裁量。合理地定罪应该考虑到定罪后引起的各方面效果，并将效果的预测作为罪与非罪、此罪与彼罪的判断因素之一。尽管这存在“擅断”的嫌疑，但这较之于仅是纠缠行为本身的事实情节而对“两难”的罪名没有根据地作出抉择的擅断方式，总是要高出一筹的。[⑤] 这提出了一种解决问题的思路，引导我们作进一步的必要性和可行性思考。需要说明的是，本书所说由刑而罪的逆向定罪模式不能等同于“因量刑公正的需要而改变对罪名的选择”，因为本书所限定的“疑难案件”是指案件事实呈现与多个刑法规范存在对应关系的案件，不存在“改变罪名”的问题，而是如何在多个相关罪名（犯罪构成存在重叠或交叉）中选择最适合的一个罪名。另外，由刑而罪的定罪模式也不是让“定罪沦为量刑的工具或手段”，不会“破坏立法与司法之间的关系”，不用担忧“刑事司法之乱……法官量刑或民意诉求中的一种无根据的任意”[⑥]，因为选择罪名的范围都是刑法中的既有规范，只是由于立法中的各种原因导致一个行为有数个法条可以适用，依然是以犯罪构成为依据，不违背罪刑法定原则。

立法的罪刑失衡也是逆向定罪的客观前提之一。一般来说，刑事立法在给各种罪名配刑时，就已经考虑了罪刑相当、刑须制罪。但是有时会出

---

① 〔意〕贝卡里亚：《论犯罪与刑罚》，北京，中国大百科全书出版社，1997，第25页。

② 参见余文唐：《化解罪刑失衡之解释学路径》，载《法律适用》，2011（6）。

③ 梁根林：《现代法治语境中的刑事政策》，载《国家检察官学院学报》，2008（4）；高艳东：《从盗窃到侵占：许霆案的法理与规范分析》，载《中外法学》，2008（3）。

④ 参见梁根林：《许霆案的规范与法理分析》，载《中外法学》，2009（1）。

⑤ 参见冯亚东：《理性主义与刑法模式》，北京，中国政法大学出版社，1999，第144页。

⑥ 姜涛：《批判中求可能：对量刑反制定罪论的法理分析》，载《政治与法律》，2011（9）。

现罪刑失衡的情况，原因在于：其一，制定法的滞后。法律是对既存社会关系的规范性调整，尽管立法力图体现前瞻性，但由于认识能力的局限性，不可能保证制定法与社会的发展同步而行。那么，相对稳定的、有局限性的法律与情势变迁之间必存在一定的矛盾。而法律的修改有着严格的程序，不一定能够随社会发展及时修正，这使法律的滞后成为必然，如数额犯的定罪量刑起点问题，“许霆案”的量刑即是表现。其二，形式正义与个案实质正义的矛盾。法律的主要功能就是对利益进行确认和分配，立法力图建立公正有序的利益关系格局。由于资源的稀缺性等原因，现实中的各种利益有时处于冲突之中，而立法仅为平衡利益资源的有限性与主体需求无限多样性的矛盾提供了一个大致框架，以至于在某些案件中，形式正义与个案实质正义难以保证统一。其三，罪名之间刑罚配置存在不平衡。例如，在法条竞合情况下，出于对某些社会关系的特别保护而规定了特别法，其刑罚配置一般应该高于或者不低于一般法的刑罚轻重，但是，有时确实会出现特别法的刑罚配置低于一般法的情况。又如，刑法中有些罪名之间存在一定的逻辑关系，而法定刑的配置却存在失调的情况。如《刑法》第 333 条[①]的非法组织卖血罪规定和《刑法》第 234 条故意伤害罪[②]规定之间的关系。按照《刑法》第 333 条的规定，强迫他人出卖血液，没有造成人身伤害的，应在 5 至 10 年之间量刑；而如果造成他人重伤的，以故意伤害罪定罪量刑，应在 3 至 10 年之间量刑。这样的话，最低刑（3 年）反而低于非法组织卖血罪的最低刑（5 年）。立法的本意应该是重罚非法组织卖血或强迫卖血而造成严重后果的行为，然而实际上没有达到这种效果。同时，这种立法性的罪刑失衡也导致了刑法适用的困境，使得因罪定刑思维模式在某些案件中不能达到犯罪人的罚当其罪，实现个案正义。对于这样的案件，为了调和定罪与量刑之间的矛盾，实现罪刑均衡，刑量成为定罪考虑的因素。如有学者所言，法定刑影响、制约对相应犯罪构成要件的解释。解释者必须根据法定刑的轻重来解释犯罪的构成要件，将轻微行为排除在法定刑重的犯罪构成之外，使严重行为纳入法定刑重的犯罪构成之内。[③]

逆向定罪是罪刑均衡的内在要求。《刑法》第 5 条规定：“刑罚的轻重

---

① 《刑法》第 333 条规定：非法组织他人出卖血液的，处 5 年以下有期徒刑，并处罚金；以暴力、威胁方法强迫他人出卖血液的，处 5 年以上 10 年以下有期徒刑，并处罚金。有前款行为，对他人造成伤害的，依照本法第 234 条的规定定罪处罚。

② 故意伤害他人身体的，处 3 年以下有期徒刑、拘役或者管制。犯前款罪，致人重伤的，处 3 年以上 10 年以下有期徒刑。

③ 参见张明楷：《许霆案的刑法学分析》，载《中外法学》，2009 (1)。

应当与犯罪分子所犯罪行和承担的刑事责任相适应。”这是我国刑法的基本原则之一，它的含义是“罪刑相当，罚当其罪，刑须制罪，刑足制罪”。罪刑相适应既是立法的指导原则，也是司法的指南和制约。不管是对于犯罪人，还是对于社会上的一般人，定什么罪都不是最终目的，定罪只是惩罚和改造罪犯的一种手段，最重要的是量刑的公正和效果。刑罚的轻重与犯罪行为的社会危害性和犯罪人的人身危险性大小相当，是刑法兼顾人权保障和社会秩序维护的要求。不管是轻罪重罚还是重罪轻罚，都不能兼顾刑法的人权保障和社会秩序维护。在似此亦彼的案件中，如果遵循由罪而刑的定罪思维有可能刑罚较重或较轻（与犯罪行为的社会危害性和犯罪人的人身危险性相比），就需要以刑罚的妥当性为基点去解释犯罪构成或选择合适罪名。这是罪刑均衡的内在要求，是司法公正的表现。

三、刑事疑难案件审判中逆向定罪思维的适用

（一）逆向定罪机制在司法中的表现

司法实践中，逆向定罪机制的运用是客观存在的。一般来说，那些较为典型的刑事案件能够按照“由罪而刑”的正向思维进路解决定罪量刑问题，但是现实中运用逆向定罪模式的实践也不少，而且定罪量刑的法律效果和社会效果都不错。笔者曾对于逆向思维在刑事裁判中是否运用的问题与一名法官进行过一次简短谈话：

问：你们在量刑时，如果根据最高法院的量刑指导意见得出的量刑结果感觉不合适（过重或过轻），怎么办？

答：提交审判委员会讨论，审判委员会有权对量刑作出变更，甚至包括定罪的变更。

问：你们感觉量刑过重或过轻的依据是什么？

答：一种经验，有时是和类似案件的量刑比较，有时根据行为的社会危害性大小作罪刑相适应的判断。

从以上简短对话可以看出，量刑公正或者说罪刑均衡原则始终在左右定罪和量刑。具体地说，如果按照正向的定罪量刑模式能够得到公正的审判结果，裁判者就会采纳这个结论。如果正向的定罪量刑模式不能得出公正的量刑结论，出现重罪轻罚或者轻罪重罚的情况，那么裁判者就会变更思路，以量刑公正为依据采用逆向的思维模式来审理案件。以司法实践中的一个案件为例：被告人张某在行驶的火车上看见一个男青年在两节车厢的连接处抽烟，就走过去索要一支香烟。男青年没有理睬，张某就抽其一耳光，并从其口袋里拿走一包烟和 17 元钱。男青年报警后，乘警令张某

交还了抢的烟和钱。一审法院认定，张某使用暴力手段劫取了他人财物，符合抢劫罪的构成特征，并且是在火车上抢劫，符合在公共交通工具上抢劫的加重犯罪构成，遂判处张某10年有期徒刑。二审法院认为：张某的行为动机是索要一支烟，不具有使用严重暴力侵害他人人身和财物的故意，即不具有抢劫罪的故意，客观上也没有造成严重危害结果。虽然符合抢劫罪构成要件，但罪质与抢劫罪（抢劫罪是法定最低刑为3年有期徒刑的重罪）不相当。张某的行为应属于强拿硬要（轻微暴力夺取他人少量财物），情节严重，二审改判张某犯寻衅滋事罪，判处1年有期徒刑。本案中，为何一、二审法院的定性不一致？从犯罪构成看，张某的行为既可定抢劫罪，也可定寻衅滋事罪。张某以非法占有（香烟和17元钱）为目的，采用暴力手段（抽耳光）当场劫取他人财物的行为，符合抢劫罪的构成要件。同时，张某的行为也属于强拿硬要，情节严重，符合寻衅滋事罪的构成要件。两级法院观点不同的原因就在于此。根据犯罪构成判断，两种定性都不算错。最终影响定罪的因素是量刑公正，即罪刑均衡原则。

（二）由刑而罪思维模式的适用范围

由刑而罪的思维模式适用于刑事疑难案件的定罪，具体指案件事实与刑法规范类型进行对比归类时会出现疑惑，或者有些个案会由于立法性的罪刑失衡等原因而导致“由罪而刑”的进路不能解决案件的罪刑相适应问题。对于这些疑难案件，仅仅从犯罪构成上判断（即由罪而刑的思路）无法恰当定罪量刑，逆向的定罪思维自然形成——根据行为所造成的社会危害考虑行为人承担哪种责任更能获取两个效果的统一，而反过来决定行为的基本性质：如果以其他法律责任方式即可有效处置，则不必动用刑罚；如果构成犯罪，则考虑行为人应承担多重的刑罚效果并据此选择相关罪名。详细说，由刑而罪的思维模式主要体现在罪与非罪的界定、罪名的选择（对构成要件进行适当的解释）以及罪数的确定。

1. 刑对罪与非罪的影响。对于“两可”案件（即位于临界点的危害行为）需要考虑刑罚对犯罪的反向制约机能，从是否有必要动用刑罚出发，决定最终是否认定为犯罪。① 关于对案件行为人是否有必要适用刑罚的判断，是一种“入刑”思维，它是基于国家与社会大局的一种社会调控性思考，即根据社会危害的严重程度考虑对一行为人是否应科以刑事处罚。“入刑”思维要求裁判者在审判一个具体案件的时候，本着社会公正、良知以及裁判经验等，对行为的社会危害性作出判断——是否入罪以及适

① 参见聂昭伟：《刑罚对犯罪的反向制约机能及其展开》，载《刑法论丛》，2011（1）。

用何种刑罚。[1] 我国刑法中规定了一些出罪或减轻处罚条款，如《刑法》第 13 条“情节显著轻微危害不大的，不认为是犯罪”，第 37 条“对于犯罪情节轻微不需要判处刑罚的”等，这些就是“入刑”判断的法律依据。在遇到具体案件时，尤其是那些似此亦彼的疑难案件，首先将具体案件与刑法中的出罪条款或减轻处罚等规定作比对判断：依行为的社会危害程度是否需要对行为人判刑？如果行为的社会危害性不大，没有达到定罪的起点，或者即使有些罪名没有定罪起点（如抢劫罪），从案件实际情况和经验看，达不到该受刑罚惩罚的程度，即使形式上符合了某个罪名的犯罪构成，也应该认定为“情节显著轻微危害不大的，不认为是犯罪”……

2. 刑对罪名选择的制约。行为人应承受何种程度的刑罚惩罚，决定罪名的选择。在行为构成犯罪的情况下，罪名的认定不能不考虑罪刑相当。如果机械适用刑法规定，完全采取由罪至刑的进路，在立法性罪刑失衡、法规冲突、竞合以及多种解释等情况下，有可能出现刑罚过剩或者刑罚不足，这两种情况都不能实现刑罚的惩罚与预防功能。司法实践中的一些案例对此作了很好的说明。

案例 1：张明宝，一个施工队负责人。2009 年 6 月底的一个晚上八点多，张明宝在南京市内酒后驾车回家，在一个岔路口连撞 9 个人，造成 5 死 4 伤以及路边的 6 辆车被撞坏的严重后果。经检测，其血液中的酒精含量属于严重醉酒。最终南京市中级人民法院将张明宝的行为认定为以危险方法危害公共安全罪，判处无期徒刑，剥夺政治权利终身。

案例 2：胡斌，杭州师范学院的一名学生，2009 年 5 月的一个晚上八点，驾驶一辆红色三菱跑车在杭州文二西路西城广场往东方向飞驰，由于车速过快，将正在穿越斑马线的被害人谭卓（浙江大学毕业生）撞飞，送医院抢救无效后死亡。胡斌因涉嫌交通肇事罪被杭州警方刑事拘留。在公安交警部门主持下，肇事方与被害人亲属双方达成协议，由肇事方向受害方一次性赔偿人民币 64 万元。除此之外，为了安抚被害人父母受到的精神损害，双方还达成了一个补充协议，肇事方自愿再补偿被害人父母今后生活费 48 万多元。胡斌最后被以交通肇事罪判处有期徒刑 2 年，缓刑 2 年。

这两起案件有共同之处：发生在同一年，相差时间不长；都属于危害公共安全的一类罪，行为方式颇为相似；社会舆论反响都很强烈，成为当年的热点案件。不同的是，最后的罪名认定和量刑差别颇大：一个是构成以危险方法危害公共安全罪，判处无期徒刑；一个是构成交通肇事罪，判

---

① 参见刘邦明：《论入刑思维在刑事司法中的影响和运用》，载《政治与法律》，2010 (7)。

处有期徒刑 2 年，缓刑 2 年。这两个案件从犯罪构成看，区别在哪里？从客观方面看，张明宝是酒后驾驶，胡斌是超速驾驶，都是违反交通法规的行为，都造成了严重的危害结果；从犯罪客体看，以危险方法危害公共安全罪侵犯的客体是公共安全，交通肇事罪侵犯的客体是交通运输安全，其实还是公共安全；从主观方面看，以危险方法危害公共安全罪是故意犯罪，交通肇事罪是过失犯罪。这两个罪的区分关键在于主观方面。胡斌在市内超速行驶，其主观心理被认定为过失（应该是过于自信的过失）。有没有可能是间接故意的心理？按照刑法理论，过于自信的过失属于有认识而自信可以避免或者不会发生危害结果，在意志方面是排斥结果发生的。而间接故意对危害后果也是有认识，但放任了危害结果的发生，在意志方面不排斥结果发生，结果发生与否都在行为人的心理范畴之内。那就是说，两种主观心理的主要区别在于意志方面。但是，主观方面的认定靠推定，推定的依据是行为人的客观表现以及案件中的一些情节。这种以客观推定主观的方法有不准确的可能性，因为真正的心理状态有时只有行为人自己知道。由此，对行为人是排斥还是放任结果发生的认定就不可能准确、唯一。从证据上看，胡斌的真正心理不能完全排除放任（间接故意），因为作为一个成年人，不可能不知道在闹市区超速行驶的后果，故认定其主观心理为放任的故意也符合常理。同理，对张明宝推定为故意也不能说完全准确。有没有一点过失的可能性？严重醉酒后的认知和控制能力会减弱，只是减弱的状态会因为个体差异而不同。在刑法理论上，原因自由行为也只是说明了醉酒后行为人负刑事责任的理论根据，并不能说明行为人的主观心理。总之，间接故意和过于自信的过失其实在司法实践中是很难区分的。这两个案件定性不同，各自都有较为详细的论证，看起来论证理由也很合理。但是，这些论证是形式上的论证，有些理由不一定付诸形式论证，也许只存在于法官的裁判思维中。笔者认为，如果从犯罪构成是否符合方面来定罪的话，似乎无法说明两个人的定性为何不同。两罪不同的决定因素应该是什么呢？行为人的罪后表现以及危害结果其实都是法官考虑的因素。在胡斌案中，受害人是一个人，其亲属赔偿了受害人家属一百多万元，得到了被害人家属的谅解。这种罪后情节和后果，以及刑法罪刑均衡原则的考量，不可避免地会成为影响法官对胡斌定罪量刑的因素。在张明宝案中，其主观心理也是模棱两可的，既可能是过失，也可能是间接故意。其行为既可以被解释为交通肇事罪，又可以被解释为以危险方法危害公共安全罪，然而，5 死 4 伤以及路边的 6 辆车被撞坏的严重后果，岂是交通肇事罪的刑罚所能相称的？那就是说，行为的社会危害性大小会成为一个重要的判断因素，严重的危害后果成为以危险方法危害公共安全罪的砝码，这是罪刑相当以及法律效果和社会效果兼顾的必然选择。选择适用可合理处罚的罪名包括两种情况：（1）趋轻选择，即按某罪对行为人实施处罚可能偏重时，法官倾向于严格解释该罪的构成要件，以选择适用其他相近的能够处刑较轻的罪名。（2）趋重选择，即按某罪对行为人实施处罚可能偏轻时，法官倾向于选择适用其他相近的处刑较重的罪名。在罪名的选择中，无论是“避重就轻”还是“避轻就重”，都是在犯罪构成相似的罪名中进行的，不违背罪刑法定原则。

3. 刑罚量影响罪数的判断与选择。犯罪人应处刑罚的量有时决定罪数的判断和选择，如同种数罪的罪数认定。关于判决宣告前，一人所犯数罪为同种数罪的，是按一罪处理还是按数罪并罚，存在三种观点：一罚论、并罚论、折中论。一罚论认为，一人犯同种数罪的，不必实行数罪并罚，只需作为罪的从重情节或加重构成情节处罚即可。[①] 并罚论认为，对同种数罪应当数罪并罚。[②] 折中论认为，对同种数罪是否并罚，应以罪刑均衡为判断标准，区别不同情况作不同处理。如果某罪的法定刑具有两个以上的量刑幅度，就以一罪从重处罚；如果某罪的法定刑只有一个量刑幅度，不并罚难以体现刑罚的从重，应当数罪并罚。[③] 张明楷教授认为，判决宣告前的同种数罪，一般以一罪论处；但如果以一罪论处不符合罪刑均衡原则，应按数罪实行并罚。理由在于：首先，刑法事实上将许多同种数罪规定为一罪的从重情节或法定刑升格的情节。例如《刑法》第263条将多次抢劫作为法定刑升格的情节。这意味着同种数罪原则上不并罚。其次，刑法分则的大多数罪名，都有几个法定刑幅度，不按数罪处理也能够做到罪刑均衡；对同种数罪例外地实行并罚，是出于以下考虑：有的犯罪只规定了一个幅度的法定刑，或者虽有数个法定刑幅度，但不可能将同种数罪作为法定刑升格的情节，以一罪论处，达不到公正量刑的要求。因此，对同种数罪例外地实行并罚在于符合罪刑均衡原则。如果以一罪论处能够做到罪刑相适应，就没有必要实行并罚；如果实行并罚才能做到罪刑

---

① 参见胡同春：《数罪并罚制度若干问题研究》，中国优秀硕士学位论文全文数据库（中国知网），第16页。

② 参见宫长文：《同种的数罪应当并罚》，载《法学杂志》，1981（4）；李僚义：《同种数罪应当并罚》，载《现代法学》，1984（4）。

③ 参见于志刚主编：《刑罚制度适用中的疑难问题研究》，长春，吉林人民出版社，2002，第294页。

相适应，则理当实行并罚。[①]

（三）由刑而罪定罪模式的适用方法

由刑而罪定罪模式的步骤是：第一步，在裁判前，法官应根据案件情况对行为人作处罚合理性考量。即对具体案件的行为人能否适用刑罚、应使其承受何种程度的刑罚惩罚作恰当的考量，以对具体行为的入罪或者出罪或者罪重罪轻作出选择。处罚合理性是一种“前见”或者说“前理解”，是法官法学知识、经验的积累，是以法官的法学综合素养为法感情和法感觉的潜意识的体现。这种“法感”不是完全主观的、任意的，它受法官的知识和经验、社会主流价值观以及社会经济状况等因素的制约。处罚合理性所强调的是罪刑相适应原则在是否入罪以及轻重罪名选择中的运用，是对实质合理性的追求。在向度上，处罚合理性不仅防止罪轻而刑重，要求作出“避重就轻”的选择，也排斥罪重而刑轻，要求作出“避轻就重”的选择。第二步，在考量处罚合理性后，决定是否出入罪、罪名的选择或者罪数的认定。第三步，结论的论证。论证的核心目的在于判决的正当化。判决不仅要具备正当性，还要符合合法性要求。以刑量反制定罪的主要功能在于满足判决的正当性，实现实质正义，达到判决的社会效果。同时，判决结论必须限定在刑法框架内，即在刑法中找到合适的法条，并通过三段论的演绎推理形式作出结论，使判决具有合法性特征，满足判决的法律效果。整个由刑而罪定罪过程概括为处罚合理性思考—初步结论（出入罪、何罪）—小前提—大前提—结论（定罪量刑）的逻辑顺序，即先考虑是否“入刑”，再以量刑公正为依据从相关罪名中选择合适罪名。这是一种从结论到前提、再从前提到结论的推理和思维过程，也是一种“颠倒论法”的刑法适用，即在有些特殊情况下，先确定答案，再寻求支持这种答案的路径，为答案的正当性寻找证明。[②] 这种“目的论方法”的分析策略，是一种解决不同具体问题的共同套路，能够以不变应万变，能够保持一种高屋建瓴的清醒认识，能够以一种相对简单的思路去处理乱麻般的问题。[③]

（四）由刑而罪定罪模式的适用限制

首先，按照形式理性和规则主义的要求，大多数刑事案件的定罪量刑应遵循大前提—小前提—定罪—刑罚的正向思维过程。由刑而罪定罪模式

---

① 参见张明楷：《刑法学》，北京，法律出版社，2007，第456～457页。

② 参见蒋安杰：《最高法孔祥俊：法官断案可以采取非常规模式》，见 http://newscctv.com/1aw/20070123/102619shtml32k。

③ 参见冯亚东：《法学方法论再议》，载梁根林主编：《刑法方法论》，北京，北京大学出版社，2006，第99页。

不是一种普适的定罪模式，它主要适用于那些罪名难以准确确定（罪名界限难分，似此亦彼）或者立法性罪刑失衡（包括配刑偏重的失衡和配刑偏轻的失衡）的案件。在那些案件性质比较清楚、案件事实与构成要件能够唯一对接的典型案件中，依然遵循由罪而刑的传统进路。在某行为有多个规范可以适用而又似此亦彼时，才有必要由刑而罪。其次，罪刑法定原则是由刑而罪定罪模式的制约因素。罪刑法定是我国刑法的基本原则，它体现了对形式合理性的尊重，强调对法官自由裁量权的限制，着力于保障人权。具体说，遵守罪刑法定原则就是遵守刑法规定，即行为必须符合犯罪构成，这是由刑而罪定罪模式保持其合法性的必要前提。司法实践中，无论是“胡斌案”还是“张明宝案”，其最终的司法处理，虽然对于传统的罪刑思维模式具有一定的颠覆性意义，但这种逆向定罪思维，同样是在已构成相应犯罪的前提下并在刑法框架内认定的，不违背罪刑法定原则。

第九章　刑法漏洞及其处理

第一节　刑法漏洞概述

成文法律存在漏洞是不争的事实，刑法也不例外。法律漏洞是指由于各种主客观因素的影响规范的内容违反立法宗旨，即立法者疏忽、没有预见到某些情况，或者社会发展而致情况变更，使得法律本应规整的事实却难以找到适当规则或者应排除犯罪而未排除的情况。其中主客观因素主要包括立法能力的有限性、社会生活的复杂性和流变性以及语言的抽象性和歧义性等。法律漏洞应该是指立法者无意沉默的情况，如果是立法者因为某些原因而有意地沉默，因不属于“违反计划性”而不能算是法律的漏洞。[①] 法律漏洞一般是在法律的适用中发现的。在法理学、民法学等学科中，是否填补漏洞以及如何填补漏洞等关于法律漏洞问题的探讨成果比较多。但是，在刑法学研究中，由于其特殊性，以及对罪刑法定原则的理解问题，关于刑法漏洞[②]的相关问题探讨得确实不多。从既有刑法理论成果看，立足于刑法规定以及司法实践而对刑法漏洞处理的研究确实不多，少量的论文主要针对司法实践中遇到的个案，结合具体刑法条文的规定作了一些探讨。对于刑法漏洞的一般性理论研究成果寥寥无几。司法实践中，依法裁判与法律存在漏洞之间的矛盾依然存在，如何处理刑法漏洞就成为无法回避的问题。法律漏洞的发现始于法律适用，本书秉持的观点是司法者有权进行刑法漏洞的处理，在此前提下，本书不讨论刑法漏洞的立法完善，主要对刑法适用过程中漏洞的发现和认定、哪些漏洞能够处理以及如

---

① 参见刘艳红：《论不真正不作为犯的构成要件类型及其适用》，载《法商研究》，2002（3）。

② 本书所说刑法漏洞是一种广义的漏洞，既包括应认定为犯罪却难以认定为犯罪的情况，也包括符合了犯罪构成却需要排除犯罪性的情况。

何处理等问题作一初步的探讨，以期有益于提高刑事司法效率，从实质上实现罪刑法定和司法正义，并起到抛砖引玉的作用。

一、一则案例[①]引发的问题

某犯罪嫌疑人偷税约 9 万元，占应纳税额的 12%。根据《刑法》第 201 条的规定，本来符合该罪的第一个量刑幅度，但经检察机关补充侦查后，发现偷税数额是 15 万元，约占应纳税额的 20%。犯罪金额增加了，却似乎无法适用刑法了。因为这种情况既不完全符合第一个幅度，也不完全符合第二个幅度，即逃税数额属于第二个量刑幅度，而占应纳税额的比例却属于第一个量刑幅度，似乎该罪的两个量刑幅度都不适用于本案，因为本案的数额和比例没有完全符合其中一个量刑幅度。在此，以数额加比例这种比较具体和明确的立法方法使得本案如何处理产生了争议。有观点认为：这是刑法漏洞。这种情况下如果因为刑法法条的疏漏而不定罪量刑的话，违背了罪刑相适应原则，放纵了危害行为。但如果追究刑事责任，虽然打击了偷税行为，却违反了罪刑法定原则。[②] 也有观点认为，这不是漏洞，应该运用当然解释方法，根据举重以明轻原则处理，即这种情况在符合了第一个量刑幅度的同时，还有多余部分，根据第一个幅度处理完全没有问题。[③]

鉴于出现这样的案件以及争议，《刑法修正案（七）》将第 201 条的偷税罪修改为逃税罪[④]，并在保留数额比例构罪的模式下，以“数额较大”

① 某犯罪嫌疑人隐瞒营业收入，虚假纳税，初次侦查时发现偷税数额 9 万元，占应纳税额的 12%。（《刑法》第 201 条第 1 款规定，偷税数额占应纳税额的 10%以上不满 30%且偷税数额在 1 万元以上不满 10 万元的，处 3 年以下有期徒刑或者拘役，并处偷税数额 1 倍以上 5 倍以下罚金。）在起诉过程中，检察官发现，该案遗漏了部分事实，就自行补充侦查，最终结论是偷税数额 15 万元，约占应纳税额的 20%。犯罪金额增加后，反而没有法定刑幅度可以对应了，因为这种情况既不是“偷税数额占应纳税额的 10%以上不满 30%且偷税数额在 1 万元以上不满 10 万元”，也不是“偷税数额占应纳税额的 30%以上并且偷税数额在 10 万元以上”，即该条规定的两个幅度都不完全符合。参见李永红：《法律漏洞与司法适用》，载《人民检察》，2001（7）。

② 参见张永会：《刑法第二百零一条的立法漏洞》，载《人民司法》，2007 年 6 月（上半月）。

③ 参见张明楷：《刑法分则的解释原理》，北京，中国人民大学出版社，2006，第 26 页。

④ 《刑法修正案（七）》规定：纳税人采取欺骗、隐瞒手段进行虚假纳税申报或者不申报，逃避缴纳税款数额较大并且占应纳税额 10%以上的，处……数额巨大并且占应纳税额 30%以上的，处……

“数额巨大”的抽象表述方式来规定该罪的犯罪要件，不再沿用具体数额加比例的立法模式。①

下文试图从另一个角度考虑与这个案例相关的问题：对于刑法漏洞，一概以罪刑法定为由，认为对于不符合刑法规定的行为不应定罪量刑的观点是否合适？或者说，所谓的“漏洞”是不是一定是法无明文规定？在刑事案件审理过程中，遇到刑法漏洞怎么办，是不考虑处罚必要性以及实质合理性而一概以罪刑法定为由机械司法，还是采取适当的刑法适用方法（如刑法解释）处理某些案件以达到个案的实质合理？是否所有的刑法漏洞都可以解决？哪些刑法漏洞是能够在刑法框架内解决的？通过什么方法对刑法漏洞进行处理？对于这些问题，司法实践中，法官一般是凭经验处理，既无统一认识，也缺少系统的理论归纳，不利于案件的公正处理，在实践中存在不少问题。因此，从理论上分析和归纳出处理刑法漏洞的理论，具有重要的理论意义和实践意义。

二、刑法漏洞的表现与产生原因

（一）刑法漏洞的具体表现

刑法漏洞表现在犯罪构成要件的规范事实呈现出的疏漏导致其与案件事实难以对接，要么是构成要件要素过于狭窄，导致其包容性差，要么是刑法规定的犯罪类型对构成要件记述得不太详细，导致构成要件缺失或过于概括抽象而使规范事实与案件事实难以准确对接②，或者由于个案特殊情况虽在规范类型涵盖的范围内但却应予排除犯罪性的情况。结合我国刑法的具体规定，刑法漏洞有如下表现形式：

1. 犯罪主体要件的漏洞。由于社会发展或立法疏漏等原因，一些犯罪的主体规定显得过宽或过窄，使犯罪圈不适当地扩大或缩小，要么不能保障人权，要么放纵犯罪。以我国《刑法》第261条规定的遗弃罪为例：传统观点认为，遗弃罪所涉及的扶养义务只包括亲属之间的法定扶养义务，因而，本罪的主体就是与被遗弃人有亲属关系的人。但是，司法实践中出现了福利院等机构人员遗弃一些在福利院中没有生活能力的人，这种情况随

① 《刑法修正案（八）》也充分考虑了具体数额加比例等非常具体明确的立法方式或者说构罪条件与加重处罚条件的局限性，对一些犯罪的构成要件作出了修改，使得犯罪构成的包容性更强，如走私普通货物、物品罪，将偷逃应缴税额的具体数额规定改为“数额较大”“数额巨大”等表述，这样更能够适应经济社会的发展。

② 参见刘艳红：《开放的犯罪构成要件理论研究》，北京，中国政法大学出版社，2002，第152～153页。

着计划生育效果的出现以及社会的发展会越来越多，而其他罪名如故意伤害罪（主观方面不完全相符或者结果不一定达到定罪起点）对此也无能为力。对此种遗弃行为如果不追究刑事责任，从社会危害和犯罪预防等角度说显然是违背刑法意图的。造成这种局面的原因就是人们对遗弃罪主体的解读还局限于刑法的历史沿革、传统观点和以往的司法案例。刑法中的虐待罪同样如此，如 2012 年浙江虐童案。[①] 从这个案件的客观行为（对孩子进行了肉体和精神上的折磨，并且是经常性的）和主观方面（故意）看，本应以虐待罪处理，但是在犯罪主体方面又与刑法规定不符合，因为刑法对虐待罪的表述是："虐待家庭成员，情节恶劣的，处……""家庭成员"一词使得虐待罪的主体和犯罪对象被限制为有亲属关系。该案中，在幼儿园孩子入学的时间段内，幼儿园老师和孩子的关系虽然不是亲属关系，但也是一种临时监护关系，和亲属关系的实质是一样的。虐待罪的实质就在于从刑法上对有监护关系而不履行其监护义务并给被害人造成肉体和精神上的痛苦的行为人给予一种否定评价。从该案看出，刑法用语含义的狭窄，致使同样具有社会危害性的行为没有被处罚的刑法依据，司法机关对此案的处理结果，也算是一种无奈。案件的处理虽然形式上符合罪刑法定原则，但行为的恶劣性质和危害性并不亚于虐待罪，却因构成要件不完全相符而无法恰当定罪。[②] 从立法沿革看，虐待罪在 1979 年《刑法》中，属于妨害婚姻家庭罪，1997 年《刑法》修订时列入"侵犯公民人身权利、民主权利罪"一章，按说，从刑法解释学看，虐待罪不应该仅限于侵犯婚姻家庭犯罪，但由于刑法的上述表述致使对虐待罪的主体无法作扩大解释，形成漏洞。

2. 犯罪行为要件方面的漏洞。刑法分则中，有一些犯罪的行为方式列举明确、具体，虽然符合了罪刑法定原则的明确性要求，同时也由于"挂一漏万"，导致了罪状方面的漏洞。以《刑法》第 213 条规定的假冒商标罪为例，其行为方式为"未经注册商标所有人许可，在同一种商品上使用与其注册商标相同的商标，情节严重的……"与这种方式的假冒商标行为相反，实践中出现一种反向假冒商标行为，即行为人在市场上购买他人

① 幼儿园女教师颜某自 2010 年在温岭某幼儿园工作以来，经常以胶带封嘴等方式对幼儿园学生进行虐待，并拍照取乐。温岭公安部门依法对两名涉案教师作出处理：对颜某因涉嫌寻衅滋事而予以刑事拘留，对童某（参与拍照的女教师）也行政拘留 7 天。后来，温岭公安局通过微博发布消息：女教师颜某虐童事件经深入侦查，根据罪刑法定原则，认定颜某不构成犯罪，依法撤销刑事案件，行政拘留 15 日。

② 参见孟珉：《从犯罪客体看我国的婚姻家庭类犯罪》，载《云南警官学院学报》，2013（4）。

生产的商品后，去除其商标标识，更换为自己的商标，并将这种产品投入流通。这种行为与刑法规定的假冒商标行为方式不同（反向假冒），如果把情节严重的反向假冒商标行为认定为假冒注册商标罪，可以说是违背了罪刑法定原则。但是这种反向假冒商标行为的社会危害性实际上并不比刑法规定的假冒行为方式小，如果对此不处罚，不利于保护商标专用权和消费者的利益。以一个反向假冒商标的案件①为例，此案的行为方式不同于刑法规定的典型方式，不是现实中通常发生的行为样式，以至于能不能适用假冒商标罪成了问题，司法实务界和法学界也有不同观点，致使此案裁判困难，几年后法院才作出判决，没有认定为假冒商标罪。② 这就是一个因行为方式与刑法规定的罪状不相同（相反）而凸显的刑法漏洞。又如，刑法中的强迫交易罪，原来的行为方式是“以暴力、威胁手段强买强卖商品、强迫他人提供服务或者强迫他人接受服务”，和司法实践中出现的案例相比，其行为方式也显得不足，对于其他强迫交易行为不易认定，由此，《刑法修正案（八）》对其行为方式作了补充，增加了几种行为方式，如“强迫他人参与或者退出投标、拍卖”“强迫他人转让或者收购公司、企业的股份、债券或者其他资产”，等，这是通过立法修改的方式进行的刑法完善，不过，《刑法修正案（八）》对强迫交易罪没有作兜底性的规定，随着社会的发展，新型案件必然会出现，还会显现出漏洞。

3. 犯罪对象方面的漏洞。刑法分则中有些罪名的犯罪对象比较具体，使得刑法在此方面的保护范围显得过窄，导致司法实践中出现了一些刑法无法规整的危害行为，同时也暴露了刑法的漏洞。例如强奸罪，其犯罪对象是“妇女”，但司法实践中出现了男性强奸男性、女性强奸男性③的现象，使得这种行为要么无法处理，要么对如何处理形成较大的争议。又如拐卖妇女、儿童罪，其犯罪对象是“妇女、儿童”，如果拐卖已满 14 周岁

---

① 1994 年 5 月，新加坡鳄鱼公司经销商以 230 元的单价购进北京市服装厂制作的枫叶牌西服，将附着其上的“枫叶”注册商标更换成“鳄鱼”商标，然后在北京市百盛购物中心的“鳄鱼”服装专柜上以 560 元的单价出售给顾客。由于此案案情新奇，法律适用困难，法学界发表了诸多观点，也致使此案几年悬而未决。1998 年北京市第一中级人民法院才作出判决，依照《民法通则》以及《反不正当竞争法》之规定，判决被告赔礼道歉并赔偿原告损失。

② 参见任彦君：《反向假冒商标行为的犯罪化探析》，载《中华商标》，2008 (4)。

③ 湖南的吴某（14 岁）被婶婶胁迫，多次与婶婶发生性关系，致使身心受到严重摧残。成都一入赘青年王某，多次被岳母李某使用药物迷倒后奸淫，致使王某名誉和心灵都遭受严重伤害。深圳罗湖区公安局局长安某，多次以升迁等手段胁迫、引诱男民警与其发生性关系，等等。参见孙志生：《论强奸罪主体的扩张》，载《郑州航空工业管理学院学报（社会科学版）》，2010 (2)。

男子，根据现行刑法就无法处罚，因为如果没有构成非法拘禁罪或故意伤害罪的话，刑法中也没有其他罪名能够适用。这种行为的社会危害性一点也不比拐卖妇女、儿童的行为轻，却没有处罚的依据。

4. 刑罚规定的漏洞。前述几种漏洞表现形式主要是涉及犯罪构成的判断问题。除了犯罪构成要件的漏洞外，在我国刑法中关于刑罚的规定同样存在一些漏洞，如《刑法》第 63 条规定，减轻处罚应在法定刑以下判处刑罚。如果某种犯罪的法定最低刑为管制，根据行为人的犯罪情节需要减轻处罚的话，怎么减？管制已经是主刑中最轻的，是不减还是减为附加刑，没有法律依据。不减轻处罚不合法，减为附加刑（如果涉及财产刑）也未必是轻了，因为每个人的经济条件是不一样的。

（二）刑法漏洞产生的原因

1. 社会政治、经济、伦理观念的发展。立法一般是基于一定社会历史条件，是历史经验的总结。法律本身具有稳定性和普遍性，但是近年来，我国社会经济发展的速度日益加快，新问题新矛盾不断出现，法律在基于过去的同时还要着眼于未来，然而，社会变化之快使得刑法不断滞后。① 生活中总会有一些行为，其社会危害的严重程度根据一般正义标准，应作为犯罪处理，但由于立法的预见能力和技术原因，将来发生的应作为犯罪的行为而没有类型化为犯罪。② 这必然形成刑法稳定性与案件的复杂性和灵活性之间的冲突，或者说形成刑法的漏洞。③ 由于社会发展而显现的刑法漏洞一般包括两种情况：（1）该犯罪化而没有犯罪化的情况。某行为原来没有社会危害性，刑法也没有具体的规定，随着社会的发展，这种行为具备了社会危害性或者社会危害性的内涵发生变化，导致该行为达到了须用刑法规范的程度，即应当犯罪化而没有犯罪化的情况。弥补这种漏洞的办法是及时进行刑法的废、改、立，而不能通过扩大刑法适用范围的办法进行处理。但是，需要注意的是，有些新型事物不能一概认为必须通过刑法修改才能解决的漏洞。以财产犯罪为例，其犯罪对象原来都是传统的财产形式，后来出现了无体物，如天然气、电等，曾经对于它们是不是财产犯罪的犯罪对象有过争议，但随着社会发展，人们基本上都接受了具有使用价值和经济价值的无体物应该作为财产犯罪的对象加以保护。

---

① 参见〔意〕恩里科·菲利：《犯罪社会学》，北京，中国人民公安大学出版社，1993，第 125 页。

② 参见张明楷：《刑法分则的解释原理》，北京，中国人民大学出版社，2006，第 91 页。

③ 参见罗欢平：《论法律漏洞及其填补》，载《武汉理工大学学报（社会科学版）》，2006（4）。

随着网络的普及，又出现了网络虚拟财产如游戏币等，它们是否是财产犯罪的对象同样引起过争议，但现在，理论上以及司法实践（有案例①）中也都认定它们属于财产犯罪的对象。另外，具体以受贿罪为例，根据我国刑法规定，受贿罪的犯罪对象是“财物”。在《现代汉语词典》中，贿赂一词有动词和名词之分，动词含义是“用财物买通别人”，名词含义为“用来买通别人的财物”。可见，财物是贿赂的传统和基本表现形式。“财物”一般指金钱和有经济价值的物品。在以前的司法实践中，贿赂一般也是以财物的形式出现。随着社会的发展，逐渐出现了一些新型的贿赂方式，如免除债务，装修房子，免费提供劳务，赋予其本人或他人债权、股权，提供旅游或出国留学机会，提供免费的住房使用权、娱乐消费，甚至性服务等多种形式的权力和利益的交易方式。严格来说，这些利益交易形式不完全符合我国刑法中受贿罪的犯罪构成。然而，一方面，财产性利益以及非财产性利益往往可转化为金钱财物，可以视为财物的其他表现形式。另一方面，从价值判断和立法评价而论，这仍然反映了公权力和利益（包括财产性利益和非财产性利益）的不法交换，亵渎了公务行为的廉洁性和“不可收买性”，实际上符合受贿罪的犯罪本质。② 这都是随着社会的发展而显现出的漏洞，这样的漏洞属于非真正的漏洞，因为这些新型的犯罪对象，虽然形式上与传统犯罪对象不同，但本质是相同的，运用类型思维进行本质的比较，不难进行归类。（2）该排除行为可罚性而没有排除可罚性的情况。有些原本具有社会危害性而且刑法有相关规定进行规范的行为，随着社会的发展，不再有社会危害性，或者其社会危害性已经变得轻微，不能达到需要以犯罪来处理的程度，但刑法没有及时反映这种变

---

① 案例1：王某等人经常一起到沈阳市东陵区某网吧打大型网络游戏。由于级别不高、“装备”简单，王某等人在网上常受“欺负”。同网吧内一个名为“沈阳小伙”的玩家“装备”较多，打游戏负少胜多。王某等人向“沈阳小伙”索要游戏币和游戏装备未果后，便实施了抢劫，之后，4人将游戏币和游戏装备平分并抢走“沈阳小伙”的200元人民币。王某等人的行为涉嫌抢劫罪，检察机关依法提起公诉。法院认为，游戏币和游戏装备属于虚拟财产，现行法律虽然对此没有明确，但玩家对游戏财物的积累付出了时间和金钱，其完全具备财产的属性，应纳入刑法保护范围。王某等人被法院认定构成抢劫罪，王某被判有期徒刑3年，其他3名被告人被判缓刑，并分别处罚金5 000元。参见 http://www.chinaz.com/news/2009/0525/77097.shtml，访问日期：2014-09-30。案例2：2008年开始，张某与同伙利用“黑客”手段，获取了重庆市某科技公司的账号、密码，盗得价值十几万余元的久游币、联众币和魔兽点卡等，在淘宝网上低价出售，共获利八千多元，后被重庆市九龙坡区人民法院判处有期徒刑10年6个月，并处罚金50 000元。参见杨敏：《论大前提缺失的司法推理》，西南政法大学2009年硕士学位论文，第50页。

② 参见梁根林：《受贿罪法网的漏洞及其补救》，载《中国法学》，2001（6）。

化，这就形成该免除行为可罚性而没有免除的漏洞。如我国1979年《刑法》第121条规定的伪造、倒卖计划供应票证罪，投机倒把罪等，这些计划经济的产物，在逐步建立市场经济的过程中其犯罪性越来越弱，直到1997年刑法修订时才予以废除。毋庸置疑，1997年《刑法》同样会随社会的发展出现这样的情况。

2. 个案的复杂性以及特殊背景。法律具有普适性、一般性，使其能够适用于大多数案件，但是，由于社会现实的复杂多变以及人们思维方式或能力的不同，现实中的案件也丰富多样，甚至颇具个性，总是使法律捉襟见肘，应接不暇。不管法律规范如何规定，不管是哪一个普通的规则，都不可能完全涵盖现实中个案的具体情节，都可能会遇到不寻常或不典型的事实。① 这在我国刑法实践中是常常可以遇到的。以一个单位实施非单位犯罪的案件②为例，案中公司属于股份制企业，按照规定，不属于由国家承担下岗职工基本生活保障的企业范围，从行为方式看，应认定为诈骗罪。但是，本案是单位实施的，诈骗资金没有归自然人，而是归单位所有。在我国刑法中，单位并不是所有犯罪的主体。如果本案属于自然人行为，则应认定为诈骗罪。对于单位实施这种行为如何处理，出现了两种意见。有观点认为，刑法没有规定单位可以成为诈骗罪主体，所以本案中的单位及自然人均应认定无罪。也有观点认为，单位虽不构成诈骗罪，但其主管人员及直接责任人员实施的行为符合了诈骗罪的特征，应作为自然人犯罪处理。③ 本案至少说明，诈骗罪的规定与复杂多样的个案在对接上存在难度。而且由单位实施非单位犯罪的情况在司法实践中不断出现，引起不少争议。

总之，法律规范是基于既往生活经验并在各种相对稳定的制约条件下对于一般社会问题作出的常规化的回应④，这种特点使得具有普遍性的法律制度，在某一案件发生后，也许会因为案件的特殊背景而出现事实和规范难以对接的情况，或者说因为案件的特殊背景而发现法律规范漏洞的存在。

---

① 参见侯淑雯：《司法衡平艺术与司法能动主义》，载《法学研究》，2007（1）。

② 案情介绍：某市五金交电批发有限公司于2000年10月以公司身份，伪造职工本人签字、身份证、住址及下岗职工身份认定表等，经原市商委申报市再就业办公室，为该企业279名职工办理了再就业手续，连续2年骗取市里拨付的下岗职工基本生活保障资金和再就业补助资金超过18万元。该企业在1997年2月已转制为股份制企业，按照国家和省市有关规定，不属于由国家承担下岗职工基本生活保障的企业范围。

③ 参见董玉庭：《论单位实施非单位犯罪问题》，载《环球法律评论》，2006（6）。

④ 参见苏力：《语境论：一种法律制度研究的进路和方法》，载《中外法学》，2000（1）。

3. 立法能力和技术方面的原因。立法是艰巨、复杂的工作，法的制定既要立足于过去与现在的生活经验，又要着眼于未来社会的发展，但是，人的认识能力和预测能力是有限的，既难以毫不遗漏地总结过去和现在，也不能全面地预测将来，而现实生活的多样性和流变性使得立法预料不到的情况总是不可避免的。另外，立法的载体是人类有限理性创造的语言——有限的符号，语言本身具有不周密、模糊、歧义、概括与抽象等特点，其不足以覆盖社会生活的深度和广度，面对无限的社会形象（立法客体），语言的丰富程度有时会显得无能为力。可以说，语言的有限性决定了法律的不完整性。① 法律规范的不严密或者缺陷，包括矛盾、遗漏、重复、涵盖范围不适当地扩大或缩小，等等。如果法律用语过于具体，法律漏洞很容易出现，即所谓的“挂一漏万”。以刑法中的走私固体废物罪为例：在刚出现走私固体废物的案件后，刑法就将逃避海关监管、将境外固体废物运输进境的行为规定为犯罪，即走私固体废物罪。后来出现了走私气态、液态废物的行为，而走私固体废物罪不能适用，于是最高人民法院颁布了《关于审理走私刑事案件具体应用法律若干问题的解释（二）》，将本罪改为走私废物罪。再者，由于罪刑法定原则的要求，犯罪构成要件必须明确化、具体化，以满足司法实践中的可操作性以及人权保障的需要，于是，刑事立法便尽量地细化再细化，将很多定罪要件中的“情节严重”等概括性规定改为明确的数额、比例等。然而，细化之后的刑法规范的包容性会大大降低，以至于很容易出现一些根据社会危害程度和正义标准应该作为犯罪处理却不符合犯罪构成的情况，或者该排除犯罪却无法排除犯罪的情况。《刑法修正案（八）》就是基于这种原因对不少罪名的犯罪构成作了调整，如《刑法》第 141 条的生产、销售假药罪，第 143 条的生产不符合安全标准的食品罪，等等，都对因过于具体而无法认定某些危害行为的构成要件作了包容性较大一点的修改。相反，如果立法语言过于概况、抽象，或者为了增加法律语言的包容性，给法律解释留下空间，立法者有意或无意采用一些模糊的语言，也会导致法律漏洞的出现。还以虐待罪为例：刑法中的表述是：“虐待家庭成员，情节恶劣的，处……”本罪的“虐待”行为是比较简洁概括的立法方式，这在使刑法的适用获得了较大弹性的同时，也带来法律的不安定性，有可能使得对于一些行为是否属于“虐待”存在不同的理解，导致形成非真正的漏洞。

---

① 参见石晶晶：《关于我国刑法漏洞填补模式的思考》，吉林大学 2008 年硕士学位论文，第 10 页。

三、刑法漏洞的分类

不同类型的刑法漏洞决定了不同的漏洞处理方法。在学理上，法律漏洞根据不同的分类标准有不同分类：（1）以立法时间为考量因素划分为原始漏洞与嗣后漏洞：原始漏洞是指法律制定时就已经存在的漏洞，嗣后漏洞是指因政治、经济、社会、技术、伦理等因素的发展或变迁而产生的法律漏洞。（2）以法律对相关问题是否有规定为标准，又分为明显漏洞与隐藏漏洞：明显漏洞是指根据法的精神和目的应对某一法律问题作规定而没有规定的情形。隐藏漏洞是指法规范对某一法律问题有规定，但根据法的内涵和立法目的应对该规定进行限制却未限制的情形。（3）以立法当时对法律漏洞的存在是否有认识为标准，分为明知漏洞与不明知漏洞。[①]（4）以将整个法律体系分为公法、私法为标准，将法律漏洞分为公法漏洞和私法漏洞。（5）根据漏洞的大小分为部分漏洞与全部漏洞：部分漏洞是指对该规范的事项虽有规定但不完全而产生的漏洞，全部漏洞是指对该规范的事项根本没有规范而产生的漏洞。（6）真正的漏洞和非真正的漏洞。[②] 真正的漏洞主要是指由于立法疏忽或者没有预见，或者情势变更，使法规范对某一法律事实应规定而未规定所形成的缺漏。真正的漏洞在我国刑法中也存在，如刑法没有将同性强奸或者女性强奸男性规定为强奸罪。非真正的漏洞是一种虚假的漏洞，主要是指法律虽有明文规定，但文字表述有疑义，或者过于抽象，在进行罪刑法定的严格比对时感觉似无规范准确对应，但实际能够通过解释相关条文的真实含义进行处理的漏洞。上述这些分类从不同的视角对法律漏洞进行了分类和研究，对于深入分析法律漏洞的产生原因和补救方法是很有价值的。下文以真正的刑法漏洞和非真正的刑法漏洞的分类为讨论的出发点，分析刑法漏洞的解决问题。

从宏观层面看，解决刑法漏洞的途径有两种：（1）刑法立法；（2）刑法解释。从长远看，刑法漏洞的根本解决办法当然是修改刑法，但是，刑法的修改、完善有着严格的程序和规律，远水解不了近渴，司法者既不能搁置案件，又要维护个案的实质公正，因此，需要在刑法的框架内以合理合法的方式解决案件的裁判问题，从而刑法解释成为解决刑法漏洞的常规方法。漏洞的刑法解释主要是指在刑事政策的指引与刑法目的的考量下，结合案件的社会背景，运用法理学理论对刑法规范进行合理的解释，以在

① 参见于玉：《法律漏洞的认定与补充》，载《东岳论丛》，2006（5）。

② 参见邹治：《法律漏洞的认定与填补》，中国政法大学2008年博士学位论文，第24页。

刑法稳定的前提下，达到个案正义并以经验推动刑法的逐步完善。

什么样的刑法漏洞可以处理？由于罪刑法定原则的限制，真正的刑法漏洞是不能通过法官对刑法的适用解释进行填补的，因为这种漏洞无法在刑法规定的文字内通过一定的解释方法或价值补充得到解决。这种漏洞的填补只能交由立法机关去完成。在国内首例男男强奸案①中，如果行为人张某没有造成被害人轻伤的话，对其行为就无法进行刑法的规整——无法定关于性权利保护的“强奸罪”，也无法定其他罪：我国刑法中强奸罪的犯罪对象是妇女，如果男性成为强奸行为的被害人，如何定罪不能不说是刑法的一个漏洞。这种真正的刑法漏洞是无法通过刑法解释进行填补的，只能依靠刑法的修改来完善。本案中，行为人给被害人造成了轻伤的结果，符合了故意伤害罪的犯罪构成，认定故意伤害罪而非强奸罪是遵守罪刑法定原则、正确适用刑法的表现。

对于非真正漏洞，可以通过适当的刑法解释方法，找到能够适用的刑法规范。非真正漏洞产生的原因在于，语言的“开放结构”、立法能力的有限性以及个案的复杂性等原因导致与刑法规范不能完全对接的疑难案件是经常出现的，有些疑难案件乍一看似乎是没有完全对应的规范，其实它是能够找到适用的刑法规范的，只是隐藏在刑法的框架内，需要借用一定的刑法适用方法才能发现适合它的规范。因此，这种非真正的刑法漏洞不能算是漏洞，虽然冠以“漏洞”的称呼。

四、真正刑法漏洞与非真正刑法漏洞的界分

区分真正漏洞与非真正漏洞是填补漏洞的第一步。既然对于真正的刑法漏洞法官无权通过对刑法的适用解释进行填补，那就存在真正漏洞与非真正漏洞的区分问题，这是法官对非真正刑法漏洞进行处理的前提。非真正刑法漏洞主要是指法律规范实际存在，只是概念过于抽象、模糊或存在疑义，需要通过解释方法或价值判断方法使其明确化、具体化的情况。非真正刑法漏洞不需要通过立法的形式进行处理，一则因为立法成本太高，二则也没有必要通过立法来干预。因为立法的启动程序和性质决定了立法过程的烦琐与缓慢，从刑法漏洞的发现到漏洞的填补需要相当长时间，如

---

① 2010年5月9日晚，北京某保安公司的张某在保安宿舍内，对其18岁男同事李某实施“强奸”，导致李某肛管后位肛裂。经法医鉴定，李某的伤情已经构成轻伤。北京市朝阳区人民法院以故意伤害罪对被告人张某判处有期徒刑1年。参见《“男男强奸”存法律空白，学者建议将其纳入强奸罪范围》，见 http://news.jcrb.com/jxsw/201102/t20110214_497125.html，访问日期：2014-07-10。

果任凭司法公正流失，也是让人痛心的事。① 让法官在刑法适用中通过恰当的解释方法处理，既能提高司法效率，又能达到个案的公正：因为他们对这种虚假漏洞有切身的体认，能够根据具体案件的特殊语境阐释相关法律。区分真正漏洞与非真正漏洞的主要标准是犯罪构成要件能否涵盖案件事实，或者说案件事实是否和刑法中相关规范类型的价值评价与核心意义一致，如果二者一致，就属于非真正刑法漏洞。这是根据类型思维方法（前文已述及，在此不赘述，下文中的案例分析即运用了这一方法）进行的判断。

在我国刑法理论与司法实践中，有夸大刑法漏洞的现象：某些行为根据刑法用语可能具有的含义应该构成犯罪，根据行为的危害程度和正义标准也应该认定为犯罪，但是却被解释成无罪。② 具体包括几种情况：（1）因判断方法不当而认为是刑法漏洞。以刑法中的贷款诈骗罪为例，贷款诈骗罪不属于单位犯罪，而司法实践中出现了一些单位以非法占有为目的的诈骗贷款行为，由此引发争议，有人持“无罪论”③，这种观点的思维过程应该是：为了单位利益而实施的骗取贷款的行为应该认定为贷款诈骗罪，但是贷款诈骗罪没有规定单位主体，因此，单位实施的诈骗贷款行为无罪。笔者认为，这是在三段论推理中将大小前提倒置的思维方法，而不是根据案件事实去寻找符合刑法意旨的法律“明文”，甚至从深层次说，这是对罪刑法定所要求的“明文”的误读。（2）因解释的立场不当而认定为刑法漏洞：在社会不断发展的形势下没有采用客观解释论，从而使刑法的“漏洞”凸显。如对遗弃罪、虐待罪的犯罪主体与犯罪对象之间的关系的理解问题，有人坚持传统观点，认为犯罪主体与犯罪对象的关系限于家庭成员之间，但司法实践中出现的一些案例，虽然不是亲属关系却是扶养关系或者临时监护关系，并且其他要件也都符合，从社会危害性等角度看，也应该被纳入刑罚处罚范围。这种情况下如果不采用客观解释论，就会形成所谓的“漏洞”。（3）因为解释方法选择不当而造成“漏洞”，如该作合理的扩大解释而没作，甚至作出不合理的限制解释。有些情况下该作当然解释而没有做，有些情况下该作体系解释而进行了孤立的解释，等等，造成了不应有的漏洞。如刑法中的破坏交通工具罪，对交通工具的表述包括

① 参见王炜：《刑法司法解释中的类推解释研究》，载《昆明理工大学学报（社会科学版）》，2010（1）。

② 参见张明楷：《刑法分则的解释原理》，北京，中国人民大学出版社，2006，第99页。

③ 孙军工主编：《金融诈骗罪》，北京，中国人民大学出版社，1999，第59页。

"火车、汽车、电车、船只、航空器"，没有使用"等"字作概括表述，如果破坏其他交通工具高山缆车的行为严重危害了公共安全，甚至造成了严重后果的话，是不是认为这种行为不符合破坏交通工具罪的犯罪构成就认为其无罪呢？或者认为刑法存在漏洞？一般人不会认为这样的行为是不值得处罚的，那就应该在刑法中寻找其他相关条文对其处理。① 上述这些"漏洞"就是非真正的刑法漏洞。

第二节　非真正刑法漏洞的处理

法律的生命在于适用，在于随着社会的变化而不断地跟进，或者说被与时俱进地诠释。具有普遍性和抽象性的刑法规范与丰富、复杂的案件事实之间的恰当对接依赖于法官对法条的解读，尽管我国的有权解释体制不承认法官对法律的适用解释，似乎法官只有漏洞的发现权，没有漏洞的填补权，但实际上并非如此，法官的适用解释是客观存在和名正言顺的，否认这一点既不符合现实，也无益于刑法理论的进步。

一、刑法非真正漏洞的处理方法

在刑法中，对于漏洞的处理方法应该有以下几种：目的性限缩、目的性扩张、当然解释以及合类型性解释②等方法。这些都是广义的法律解释方法。刑法适用的过程本身就是刑法解释的过程，利用适当的解释方法为法律规范填补空缺是刑法解释的功能。③ 由于刑法的特殊性，类推适用是被禁止的，创造性的补充方法在刑法适用中也是忌讳的。因此，非真正刑法漏洞的处理主要依赖其他几种刑法解释方法：目的性扩张、目的性限缩以及在刑法框架内变换罪名等。目的性扩张和目的性限缩都是以立法目的作为刑法漏洞补充的重要考虑因素：法律规范的制定都基于一定的目的，刑法的目的在定罪量刑中起着核心作用。由于立法技术的原因，制定法经常

---

① 参见王政勋：《刑法解释的立场是客观解释》，载《法律科学（西北政法大学学报）》，2012（3）。

② 合类型性解释方法是杜宇博士提出的一种解释方法，其实就是运用类型思维对案件进行司法归类的一种刑法适用方法，它的基本思路就是将案件事实的本质与相关刑法规范的核心意义进行类比，如果二者具有相同的意义或者说是近似的类型，事实与规范即可对接。

③ 参见姜涛：《量刑公正与刑法目的解释》，载《法学家》，2012（4）。

会出现不及或超过立法目的本应涵盖的情形，这就需要通过扩张或限缩手段对此进行补救，以实现原本的立法目的。

（1）目的性扩张解释方法对非真正刑法漏洞的处理。目的性扩张是指由于立法疏忽而使法律规范的文义没有涵盖根据规范意旨本应纳入立法的某一行为类型，通过目的解释方法将该类型包括在该法律规范的适用范围内的方法。这种方法一般运用于刑法条文的语义不能明确体现立法目的、无法涵摄应该涵摄的情况或者由于个案不典型而不能与刑法规范完全对接时。虽然目的性扩张与类推适用都扩展了法条的适用范围，但两者是不同的：类推适用的前提是“类似性”的存在和比较，而目的性扩张的判断根据是立法目的；另外，类推适用的缘由在于法律未对某类型案件作明文规定，需要根据“类似性”的比较将其归入某一规范规定的犯罪类型。目的性扩张的适用主要是由于某法条规定过于具体而无法涵盖某一案件，或过于模糊而不容易判断某案件是否属于这一规范所调整的事实，为此，需要通过权衡规范的立法目的，认定该法条所规定的案型与司法实践中出现的案件一致，遂扩张法条的案型涵盖范围。① 下面以新疆一个遗弃案件②为例分析目的性扩张方法的运用，对于本案是否应该定罪、定什么罪曾存在不同观点，焦点在于行为人是否违反《刑法》第261条规定的遗弃罪下的扶养义务。有学者认为：遗弃罪规定的扶养义务是广义的，既包括亲属之间的法定扶养义务，也包括职业、职责要求所须履行的扶养义务。因为刑法条文的表述是“对于年老、年幼、患病或者其他没有独立生活能力的人，负有扶养义务而拒绝扶养，情节恶劣的”，构成遗弃罪③，从文字含义看，本罪的重心或者说本质在于有扶养义务而不履行扶养义务，并没有限制在

---

① 参见王泽鉴：《民法学说与判例研究》，北京，中国政法大学出版社，2003，第307页。

② 案情介绍：1996年至1999年间，被告人刘某、田某、沙某、于某在乌鲁木齐市精神病福利院院长王某的指派下，安排该院工作人员将精神病福利院的28名“三无”（无家可归、无依无靠、无生活来源）公费病人遗弃在甘肃省及新疆昌吉附近。法院判决认为：被告人刘某、田某、沙某、于某身为福利院工作人员，对依赖于福利院生存、求助的“无家可归、无依无靠、无生活来源”公费病人，负有特定的扶养义务，应当依据其各自职责，积极履行其监管、扶养义务，而不应该将被扶养的28名病人遗弃，拒绝监管和扶养。被告人刘某、田某、沙某、于某的行为均已触犯了我国刑法中关于“对于年老、年幼、患病或者其他没有独立生活能力的人，负有扶养义务而拒绝扶养，情节恶劣的，处五年以下有期徒刑”的规定，构成了遗弃罪，应予惩处。因此，对王某等人分别判处刑罚。二审维持了一审判决，理由与一审相同。参见国家法官学院、中国人民大学法学院编：《中国审判案例要览》（2003年刑事审判案例卷），北京，人民法院出版社、中国人民大学出版社，2004，第218～222页。

③ 参见陈兴良：《刑法教义学方法论》，载《法学研究》，2005（2）。

亲属之间的扶养义务。从本罪的立法精神看，依特定的职责应当对特定的对象履行扶养义务而拒绝履行的人，可以成为遗弃罪的主体。① 也有学者认为：扶养的含义是指赡养、抚养，主要指亲属之间的供养、扶助义务。另外，从立法沿革看，1997年《刑法》将遗弃罪（原来就属于妨害婚姻家庭的罪名）移到侵犯公民人身权利、民主权利罪中，是纯技术上的原因，不应该是罪名内容的改变。由此，遗弃罪应该限于具有扶养义务的亲属之间。② 笔者认为：这是一个立法预见能力和社会发展之间的矛盾所引发的刑法漏洞。由于我国计划生育政策的实施，以及风险社会的发展，养老院、福利院等逐步增多，如果认为遗弃罪的扶养义务应该限制在亲属之间，将使遗弃罪立法逐渐滞后，不适应社会的发展。为了兼顾法的安定性与法的发展，根据客观解释论赋予它适当的含义（将扶养义务解释为既包括亲属间的扶养义务，也包括职责等所要求必须履行的扶养义务），在不改变法条的情况下，使其适用于新型的遗弃行为，是解决刑法漏洞的一种明智的做法。③

（2）目的性限缩方法对刑法漏洞的处理。目的性限缩是指对刑法规范的某一犯罪类型的文字表述，由于立法的疏忽没有将不应构成犯罪的行为排除在外，为贯彻立法目的或公平正义精神，将此行为类型排除在刑法适用范围之外的解释方法。这种方法主要是根据罪刑法定的人权保障价值（罪刑法定并不是法有明文规定必为罪），结合社会观念和法理，把形式上具备犯罪构成但对法益的侵害并不十分严重的行为，根据刑法的立法目的或刑法谦抑性排除其犯罪性的方法。目的性限缩的适用缘起于制定法出现超过立法目的本应涵盖的情形，或者说规范文义与规范目的之间的紧张关系，即法条文义涵摄了规范目的所不应涵摄的个案事实，如果严格按照法律规范的文义适用法律，可能会出现处理结论与规范目的相悖的情况。为了不牺牲个案的公正，对规范不应涵摄的个案，排除该法律的适用。以我国刑法中金融诈骗罪为例，在8个具体的金融犯罪中，只有集资诈骗罪和贷款诈骗罪明确规定了“以非法占有为目的”，而其他几个罪名没有规定“以非法占有为目的”，由此产生了争议。一种观点认为，法律明文规定的两个罪才以“非法占有目的”为要件，其他金融诈骗罪不以“非法占有目的”为要件。另一种观点认为，根据金融诈骗罪与诈骗罪的关系以及诈骗

① 参见国家法官学院、中国人民大学法学院编：《中国审判案例要览》（2003年刑事审判案例卷），北京，人民法院出版社、中国人民大学出版社，2004，第218～222页。

② 参见陈兴良：《刑法教义学方法》，载梁根林编：《刑法方法论》，北京，北京大学出版社，2006，第21页。

③ 参见任彦君：《遗弃罪抚养义务的诠释》，载《华北水利水电学院学报》，2007（5）。

犯罪的立法目的，所有金融诈骗罪都应以“非法占有目的”为要件。这种观点在司法解释中有了体现。根据最高人民法院《全国法院审理金融案件工作座谈会纪要》的精神，金融诈骗罪都是以非法占有为目的的犯罪。理由在于，金融诈骗罪与诈骗罪是法条竞合关系，诈骗罪以“非法占有目的”为要件，作为特殊类的金融诈骗罪也应以“非法占有目的”为要件。[①] 金融诈骗罪中有的罪名对此没有明确，是立法简约的需要。可以说，前述纪要的观点就运用了目的性限缩的方法。以一个网上代订火车票案[②]为例。钟某夫妇由于为农民工代订火车票（每张票收取 10 元手续费，票面金额共 3 万多元）而涉嫌倒卖车票、船票罪。警方立案并将其刑事拘留。根据最高人民法院《关于审理倒卖车票刑事案件有关问题的解释》的规定，高价、变相加价倒卖车票，票面数额在 5 000 元以上，或者非法获利数额在 2 000 元以上的，构成“倒卖车票情节严重”。倒卖车票是指不具备代办火车票资格的单位和个人，为他人代办火车票并非法加价牟利的行为。从刑法规范的字面含义看，本案当事人符合了倒卖车票罪的构成要件——涉案票面数额超过 5 000 元，属于“情节严重”，似乎可以认定为倒卖车票罪。警方认为他们涉嫌犯罪并刑事拘留似乎是无可置疑的。然而，这种处置方式却招致社会各界的质疑，因为春运期间农民工购票难是众所周知的社会问题。舆论认为，农民工一般没有上网条件或不懂如何网购车票，去售票点买票不仅费时费力还不一定能够买到票，本案当事人替他们网购车票，实际上为他们提供了便利。每张票 10 元的手续费甚至低于农民工往返车站购票的路费。对农民工来说，网上代购车票便捷省事、经济实惠。农民工们不解的是：这种受欢迎又收费合理的业务，却被认为是违法犯罪行为。很多人为这对夫妇叫冤，认为他们和一般倒卖车票的“黄牛党”不同，没有加价太多，属于合理的代理酬劳，没有牟取暴利，可以算是在做好事，甚至还有农民工因这个业务被取缔而发愁买票的事。从本案的具体情况看，当事人的行为不具备“严重的社会危害性”，在一定意义上，还可以说有着一定的社会有益性。如果对这种行为进行刑事处罚，难以达到良好的社会效果。倒卖车票、船票罪的立法意图在于，维护公平有序的运

---

① 参见包健、蒋涛：《刑法解释是否可以适用“漏洞补充”方法》，载《政治与法律》，2008（4）。

② 广东一对夫妻钟某和叶某为外来务工人员在网上订火车票，每张车票加收 10 元费用，涉嫌构成倒卖车票、船票罪而被刑事拘留。警方查获车票 212 张（票面数额达 3 万多元），以及附近工厂外来务工人员（委托其网购车票）身份证 213 张。警方立案依据为《刑法》第 227 条规定的倒卖车票、船票罪。

输秩序，本案当事人的行为不但没有严重扰乱运输秩序，而且还为无能力网购的农民工提供了服务和便利，这与本罪的规范目的并不矛盾。[①] 对于这种形似符合犯罪构成要件，却有着特殊背景并且没有社会危害性的行为，最好的处理方法就是采用目的性限缩的解释方法排除其犯罪性。

（3）当然解释方法对刑法漏洞的处理。当然解释是在法律没有明文规定的情况下，通过当然推理形成解释结论的一种方法。根据当然解释原理，当行为侵害的法益相同时，轻微侵害行为如果被刑法规定为犯罪，严重的侵害行为更应当以犯罪论；反之，如果严重侵害某法益的行为未被规定为犯罪，那么，轻微侵害行为更不应该成立犯罪。由于这种解释方法是根据规范目的对法益进行比较，其结论就不一定处于法条文义的可能范围之内。例如，法律禁止带狗进入某一场所时，狮子也当然属于禁止带入之列，因为狮子和狗都是动物，并且狮子比狗还要凶猛，这属于当然解释，而“狗”的文义包含不了“狮子”。以刑法中的拐骗儿童罪为例：“拐骗”一般被解释为“欺骗、引诱”，如果行为人使用暴力手段使不满 14 周岁的未成年人脱离家庭或者监护人的，是否构成拐骗儿童罪？根据当然解释，既然使用欺骗或引诱的手段拐走儿童构成犯罪，使用比欺骗更为严重的暴力手段使儿童脱离监护人的行为更应当被认定为犯罪。[②]

（4）合类型性解释方法对刑法漏洞的处理。在立法时，立法者会尽量准确地描述类型，将之固定为概念，而在司法适用中，由于概念的抽象化和概括性，使得案件的司法归类出现难度，那么，司法者便须探求隐藏在制定法背后的类型，回溯规范的原始类型，将之与案件事实进行类比。合类型性解释方法是一种把握事物本质的思维方法，它的运作模式是比较某个案件事实是否与刑法规范中的类型的实质意义相同，即通过运用类比的方式将疑难案件的本质特征或价值取向与某一犯罪的本质特征或价值取向进行比对，如果二者相同就可归属于此类型，为案件事实找到可适用的规范，最后以三段论推理得出判决结果。还以前述同性卖淫案为例：检察机关以李某组织卖淫罪提起控诉。一审法院认为，依据我国刑法规定，李某的行为虽然是同性之间的性交易（与常见的性交易方式不同），但以营利为目的，从性质上看等同于卖淫行为，符合刑法中的组织卖淫罪的构成要件，遂判决李某的行为构成组织卖淫罪。一审判决后李某不服，提起上

① 参见余军：《法律适用中的“规则悖反”及其解决方法》，载《暨南学报（哲学社会科学版）》，2013（11）。

② 参见张明楷：《刑法学中的当然解释》，载《现代法学》，2012（4）。

诉。二审法院维持原判。此案在当时存在很大争议，主要是人们对于被告人组织男性之间的性交易是否构成组织卖淫罪存在争论。肯定论中有观点认为，这是扩张解释。① 笔者赞同这种行为应该认定为组织卖淫罪的观点，但是不认为这属于扩张解释，而是运用了合类型性解释方法，或者说运用了类型思维方法。理由在于："卖淫"本应指异性间的性交易，只不过在中国，"卖淫"的含义一般是"妇女出卖肉体"②，即女性向男性提供性服务，并获取物质报酬（如金钱等），这是以交换的方式有代价地与不特定对象发生的性行为。而本案出现特殊情况，即男性之间的性交易是否属于"卖淫"。由此，本案的关键问题是："卖淫"的含义是什么？或者说，卖淫除了异性之间的性交易是否包括同性之间的性交易？笔者认为，卖淫的核心要素是以营利为目的向不特定的人出卖肉体，至于卖淫行为人的性别是什么，交易对象或"不特定的人"是男还是女，他们之间是同性还是异性，都不是构成"卖淫"的主要因素。因为刑法规制的是违反社会伦理道德规范的性交易，无论是异性之间的性交易还是同性之间的性交易，都属于败坏社会风气和良好风尚的行为，刑法设立组织卖淫罪的初衷就是要对这种行为作否定评价。另外，人们在解释某一规范类型的真实含义时，会趋向于将常见的事实当作刑法规范描述的类型事实，这实际上是一种对类型意义的"前见"，但是，这种常见的、熟悉的事实，只是构成了刑法类型的核心③，并不是类型的全部。如果事实的归类仅仅限于规范核心部分的典型事实，就是对类型的不完全归纳，是以偏概全的做法。

对于刑罚方面的漏洞，需要根据具体情况作出处理，处理的主要方法应该是刑法框架内的变通。这种变通要有刑法依据，并且以罪刑法定和罪刑相适应为衡量的标准或主线。《刑法》第 63 条规定，减轻处罚应在法定刑以下判处刑罚。如果某种犯罪的法定最低刑为管制（最轻的主刑），如何适用减轻处罚？对此，有观点认为，应适用没收财产与罚金。④ 也有观点认为，如果适用没收财产与罚金，实际上加重了处罚，没有合理地处理该漏洞，应适用《刑法》第 37 条⑤，免除处罚。⑥ 笔者认为，既然行为人的犯罪情节根据刑法规定应该减轻处罚，不减轻也是不合法的。按照第一

① 参见冯军：《论刑法解释的边界和路径》，载《法学家》，2012（1）。

② 《新华词典》，北京，商务印书馆，1987，第 564 页。

③ 参见杜宇：《刑法解释的另一种路径：以"合类型性"为中心》，载《中国法学》，2010（5）。

④ 参见马克昌：《刑法学》，北京，高等教育出版社，2003，第 278 页。

⑤ 《刑法》第 37 条规定，对于犯罪情节轻微不需要判处刑罚的，可以免予刑事处罚。

⑥ 参见肖松平：《减轻处罚适用中的一个难题及其解决》，载《衡阳师范学院学报》，2007（4）。

种观点，如果行为人经济条件不好，适用财产刑有可能没有减轻刑罚，甚至是刑罚更重了，这不符合罪刑相适应原则。按照第二种观点，免除处罚是一种相对合理的选择，因为这种处理方法没有加重行为人的刑罚，既有刑法依据，也是符合刑法基本原则的。

二、刑法漏洞处理与罪刑法定原则的关系

在承认刑法的渊源只有成文法的前提下，只要遵守罪刑法定原则①，禁止类推适用，就必然存在刑法漏洞。反过来说，如果刑法不存在漏洞，罪刑法定原则也就失去了意义。② 正是刑法有漏洞，才会确立罪刑法定原则，以保障人权。对于刑法来说，人权保障和社会保护这两项机能应该兼顾，不可偏废其一。因此，罪刑法定的内容、价值也应该体现这两个方面。在刑事司法中，对罪刑法定的把握不能是行为事实与刑法规范的机械对照，不能机械理解刑法规范的文字术语，有时应根据事物本质、立法目的等准确理解刑法条文的含义，以正确适用刑法，实现罪刑法定兼顾保障人权和保护社会的机能。③ 相对罪刑法定不排斥法官有一定限度的自由裁量权，不排斥法官对法律进行科学的解释，因此，这既给刑法（非真正）漏洞的处理（刑法解释活动）留下了一定的空间，又对解释方法的选择、限度等起着规范和制约作用。

如何理解“明文规定”和“罪”的问题？在非真正刑法漏洞的处理过程中，法官对刑法的适用解释应该局限于既有的刑法规范，即以法条的明文规定为基础，局限于刑法文字所蕴含的立法宗旨来阐释和运用刑法。当然，这也需要法官对于案件所涉及的相冲突的各种价值或利益等进行全面的把握，并在立法目的许可的范围内进行分析和权衡，以求最大限地实现公平与效率。④ 某种行为是否属于法律的“明文规定”，不能孤立地分析

---

① 罪刑法定原则的含义是：法无明文规定不为罪，法无明文规定不处刑。罪刑法定原则自诞生以来，经历了由绝对罪刑法定向相对罪刑法定的演变：（1）由绝对禁止司法裁量到允许有限的司法裁量。（2）由禁止类推适用到容许有限度的类推适用（不禁止有利于被告人的类推）。（3）由禁止事后法到从旧兼从轻原则。（4）由绝对确定法定刑到不定期刑或相对确定法定刑。（5）排斥习惯法。罪刑法定从绝对向相对的演变，体现了刑法对个人自由和社会利益的均衡保护，以及人权保障与社会保护的协调，反映了人们对人权保障和社会秩序保护关系（辩证统一、相辅相成）认识上的变化和深化。对于刑法来说，人权保障和社会保护两项机能应该兼顾，不可偏废其一。

② 参见张明楷：《刑法分则的解释原理》，北京，中国人民大学出版社，2006，第 91 页。

③ 参见陈正云、曾毅、邓宇琼：《论罪刑法定原则对刑法解释的制约》，载《政法论坛（中国政法大学学报）》，2001（4）。

④ 参见石晶晶：《关于我国刑法漏洞填补模式的思考》，吉林大学 2008 年硕士学位论文，第 33～34 页。

词、词组的含义，而应结合语境以及刑法的体系对刑法规范进行不同角度的分析，看该行为是否属于某一刑法规范规定的犯罪，或者是否应该排除某一刑法规范的适用。因为刑法规范的真正含义，并不能仅仅从条文的字面含义中反映出来，而是需要根据相关刑法条文的相互关系、影响以及案件所特有的背景来阐明。因为罪刑法定包含形式的侧面，也包含实质的侧面，形式侧面意味着形式正义，实质的侧面意味着实质正义，在非真正刑法漏洞的处理方法中，目的性限缩解释方法所起的作用就在于兼顾个案的实质正义，不让个案作出牺牲；而目的性扩张解释和当然解释也仅仅是将刑法规范被“掩盖”而实际蕴含的含义揭示出来；合类型性解释方法根据“事物本质”和规范“核心意义”的比较将案件事实与刑法规范对接，更是疑难案件不可或缺的归类方法。这些方法的运用都是透过规范的字面含义找寻隐藏的事物本质，不违背罪刑法定原则。另外，“罪”不是指某一个罪名，而是刑法分则规定的任何类型化的罪行。如果某一案件的危害行为的形式或方法与刑法条文中的规定不完全相同，或者刑法中的犯罪行为方式规定不详细，但从本质特征或价值评价看，应归类于刑法分则所规定的某一类型化的罪行，而且社会危害性严重，达到甚至超过刑法中犯罪类型的定罪起点，就应将该危害行为归类于刑法明确规定的相关类型的犯罪，这不违背罪刑法定原则。相反，如果机械地遵守字面含义，认为该行为的具体形式不属于刑法所规定的，或者认为二者形式上不完全一样就不能认定，倒是忽视了行为的本质，曲解了罪刑法定的含义，是对刑法的机械适用。①

---

① 参见陈正云、曾毅、邓宇琼：《论罪刑法定原则对刑法解释的制约》，载《政法论坛（中国政法大学学报）》，2001（4）。

第十章　法律修辞及其在刑事判决中的运用

第一节　法律修辞学概述

修辞是一种表达的艺术。在司法审判中，决定判决论证过程及其结果的不仅有证据、规范、逻辑等一些能够证明案件真实性或完成推理的要素，也会有其他因素起到一定的作用。叙事策略或者修辞技术，即为事实建构与增强裁判说服力的必要方法之一。狭义的修辞是指对言论的修饰，也就是在语言的运用过程中，使用一些手段或技法以取得较好的表达效果的一种语言运用方法，如比喻、排比、拟人、夸张等修辞方式。广义上的修辞是指运用语言进行人际交往的方法，也是通过语言技巧提升表达效果，不仅包括对词语、句式进行辞格式的修辞，还包括如何在特定的语境和场域中，针对特定的对象或特定的事物，增强表达的形象性、可理解性和说服力，以达到更好表达自己的目的，从而令受众信服等。① 此所言法律修辞是指广义上的修辞，其所起作用不仅仅是判决语言的华美或装饰，而是既要参与案件事实的建构，又要对判决书的论证起加强说服力的作用，即具有一种构成论证上的意义。②

一、法律修辞学——一种法律论证理论的发展历程

修辞是一种说服听众的艺术，修辞学是一门关于论证的学问，法律修辞学是在重视听众心理的基础上，以法律论辩为主要模式的表达策略。亚里士多德认为，修辞方法虽然主要依赖于精美的语言，博取人们的情感，

---

① 参见朱文雁：《论言辞性法律修辞在法官判决书中的运用场域》，载《山东省青年管理干部学院学报》，2010（5）。

② 参见焦宝乾、陈金钊：《研究的困惑与执着——2009年度法律方法论学术报告》，载《山东大学学报（哲学社会科学版）》，2010（2）。

更为关键的是它还具有在说明某一问题时增加说服力的功能。也即修辞手法不仅仅能够获得美的语言效果，更重要的是它能够以适当的方式让人信服。“……人们一旦想要通过语言的沟通来影响某些人、引导他人的思想、激发他人的情绪或指引他人行动，就可能会运用修辞术。”①

（1）修辞学的渊源。修辞学大约产生于公元前5世纪上半叶的叙拉古和雅典。由于当时希腊政权不断更迭，导致了大量的财产诉讼。为了便于人们主张权利和辩护，Corax和Tisias创制了一种程式化的语言技巧——修辞学。因此，早期的修辞方法是法庭演讲和辩论的系统方法与技巧的程序。在古希腊时期，苏格拉底和亚里士多德等思想家不仅对逻辑学有一定的研究，对修辞学也有相当的造诣，如亚里士多德著有《论辩驳》（*De sophisticis elenchis*）和《论修辞》（*Rhetorica*）。古典修辞学的意旨是锻炼或提高人们“在每一事例上发现可靠的说服方式的能力”②，在古希腊时期，修辞学是年轻人要修习的主要课程，是希腊文化在其最高水平上所采取的标准形式。正是这种良好的修辞学教育，使得那时的希腊公民在参与法律事务时都似训练有素的律师。③

（2）修辞学的沉寂。在东罗马帝国覆灭以后，修辞学不再辉煌，与法学的亲密关系也被中断。在中世纪，尽管修辞学中有关法律论证的东西依然存在，但更多的是用在了布道、神学争论等与世俗生活无关的地方。随着自然科学的发展，在那些追求精确并能够得到确证的科学方法出现之后，逻辑学成为整个科学中的核心学科，修辞学日渐式微，似乎只在文学、艺术和诗学中出现。文艺复兴时期，修辞学重新进入了广阔的世俗生活，但那时，修辞学主要是运用于文学中而非法学中。另外，修辞学在发展过程中，还曾遭受理性主义哲学的贬压，仅被认为是修饰的方法，即修辞不过是通过华美的词汇和一定的语言使用技巧来博得人们的情感和信服，它没有表达出真理。这种误解使得一些评论家忽视了修辞的说服力，而放大了它的被滥用之处。17、18世纪，随着人们对形式逻辑的深入研究，对于修辞这种主要依靠博取情感与或然性而不是客观的必然性的论证方法产生了质疑或否定。④ 到了19

① 转引自杨贝：《法律论证的修辞学传统》，载葛洪义主编：《法律方法与法律思维》，北京，法律出版社，2007，第76页。

② 〔古希腊〕亚里士多德：《修辞术·亚历山大修辞学·论诗》，颜一、崔延强译，北京，中国人民大学出版社，2003，第8页。

③ 参见杨贝：《法律论证的修辞学传统》，载葛洪义主编：《法律方法与法律思维》，北京，法律出版社，2007，第65页。

④ 参见杨贝：《法律论证的修辞学传统》，载葛洪义主编：《法律方法与法律思维》，北京，法律出版社，2007，第68页。

世纪末，修辞学的地位彻底跌入谷底。20 世纪 40 年代以后，出于业务需要，美国一些学校重新重视修辞学的运用，对法科学生按照古典修辞学的要求将听、说、读、写的技巧结合起来。① 从此，修辞学又曙光再现。

（3）修辞学的复兴。“二战”后的社会背景（高失业率、高通货膨胀率、阶层分化、价值观的多元、伦理观的变迁等）、形式逻辑方法在人文学科运用上的局限性，以及修辞学在化解矛盾、达成共识方面的优势，是 20 世纪修辞学复兴的基础和前提。比利时法哲学家海姆·佩雷尔曼、英国哲学家斯蒂芬·图尔敏以及德国法哲学家特奥多尔·菲韦格等都对修辞论证理论做了深入研究。另外，在英美国家，有不少法官或法学家从事与法律有关的语言、文学、修辞学研究。美国 20 世纪 70 年代以来的“法律与文学”运动使得法学家逐渐意识到语言和修辞在司法裁判中的重要作用。② 随着人们对法律论证理论的研究，修辞学方法又回到人们的视野，因为法律论证需要几种基本方法：论证的一致性需要通过逻辑方法进行检验；论述的可信度与说服力需要修辞学方法；程序的正当性需借助于对话论证过程。逻辑、修辞和对话这三种方法共同建构了判决的正当性。

在现代以前，中国一直没有专门的修辞学科，关于修辞的理论多散见于文献典籍中的片言只语，能够算得上修辞学的作品很少。③ 对中国传统的修辞概念，有学者认为，修辞主要是达意传情的手段，它不过是调整或运用适当的语言使达意传情效果更好的一种方法。④ 汉语中的修辞具有较强的文艺美学色彩，主要是文学的装饰艺术，与求真求善之学相距较远。⑤ 此处所讲的法律修辞是指新修辞学背景下，在司法裁决证立过程中作为论证手段的法律修辞方法。

二、法律修辞学的特征

1. 能够弥补形式逻辑的局限性

虽然形式逻辑是法律推理的重要基础性论证工具，但“形式逻辑在解

① 参见杨贝：《法律论证的修辞学传统》，载葛洪义主编：《法律方法与法律思维》，北京，法律出版社，2007，第 69 页。

② 参见焦宝乾：《逻辑、修辞与对话：法律论证的方法》，载《厦门大学法律评论》，第 9 辑，厦门，厦门大学出版社，2005。

③ 参见厉尽国：《司法裁决证立过程中的法律修辞》，载《北方法学》，2011（1）。

④ 参见陈望道：《修辞学发凡》，上海，上海文艺出版社，1962，第 5 页。

⑤ 参见厉尽国：《司法裁决证立过程中的法律修辞》，载《北方法学》，2011（1）。

决法律问题时只具有相对有限的作用”[①]。由于社会的复杂性以及社会科学的特殊性，当我们运用那些科学的理念和方法来观察、理解人文世界并解决社会问题时，往往会顾此失彼。那些看起来在逻辑上完全能够自圆其说的社会科学理论经常被事实证伪。[②] 以非形式谬误为例：它是一种实质谬误，是指结论不是依据某种形式推理得出，而是依据语言、常识、习惯以及心理等因素得出。如一民间借贷合同内容为：还欠款 1 000 元。是还（huán）欠款还是还（hái）欠款？这种情形有两种解释结果。这就属于非形式谬误。司法实践中，由于语意、语境的差别以及当事人的思想、陈述事实不同等，非形式谬误不断出现。[③] 这样的谬误涉及案件事实推理，无法用形式逻辑进行解决。修辞学符合非形式逻辑的特点，属于非形式化的逻辑。形式逻辑通过演绎来论证，推理步骤严密精确、形式呆板，不能合理地解决法律评价问题。而非形式逻辑的论证手段是论辩的，考虑听众和场域的需要，简单明了，灵活多变，能够顾及法律丰富的价值内涵，能够为裁决的正当化论证提供充分的理由。

2. 关注听众，重视心理学

修辞是否能够取得成功最终都取决于听众。新修辞学认为，论证实际上是以听众为中心的交流活动，因为论证的目标就是让听众信服。要想取得好的说服效果，论据和论证都必须围绕你的听众进行。[④] 运用修辞的论证是以听众为中心的沟通，目的在于获得或强化听众的认同，提高语言的说服力，因而必须关注语言对听众的心灵产生影响的过程。了解和尊重听众的心理，才能有意识地使听众的情绪和情感朝着表达者所期望的方向发展。无论是亚里士多德还是佩雷尔曼，他们都重视听众的心理因素，认为听众的心理、所处的具体环境、说话的背景及氛围等可能都会影响听众的接受程度。因此，在具体案件中，判决论证是否成功在很大程度上取决于听众的感情和接受程度，因此，判决书的说服需要适应听众。[⑤]

---

① 〔美〕博登海默：《法理学：法律哲学与法律方法》，邓正来译，北京，中国政法大学出版社，1999，第 496 页。

② 参见谢晖：《法律的意义追问——诠释学视野中的法哲学》，北京，商务印书馆，2003，第 8 页。

③ 参见庚晋鹏：《从法律推理到法律论证——法律逻辑内涵的逐渐丰富》，载《经济师》，2012（11）。

④ 参见彭中礼：《司法判决说服性的修辞学审视——围绕听众的初步分析》，载《法制与社会发展》，2011（1）。

⑤ 参见吕世伦主编：《现代西方法学流派》（下卷），北京，中国大百科全书出版社，2000，第 727～728 页。

3. 注重场域，强调修辞论证应注重情境思维

修辞的适用具有场域或语境依赖性。法律论证的过程和结果是否具有可接受性和案件的具体情况或背景有关，需要将结论的合理性放在具体的语境中进行考察。语言含义的理解是几方面要素综合作用的结果：说话人与听话人对意义的相互磋商、话语发生的具体语境以及语言本身所具有的表达语义的潜能等，都对语义的明晰化和理解产生一定的影响。①

三、修辞论证的目的和功能

1. 修辞论证的目的

运用修辞方法的目的是要获得个案裁判的合理结论。修辞具有“动之以情、晓之以理”的功能，它本身是一种有力的说服技巧，尤其是在法律推理的前提存在理解上的争议或者模棱两可的时候，修辞方法有助于在几种可能的推理前提中选择出最好的可能性。修辞不能算是必然非理性的论证方法，相反，它是一种有目的地选择的理性，是一种融入了经验常识和公众普遍价值观的实践理性。如果是确凿无疑的事物，那就不需要论辩，但是现实生活中这种情况并不多，更多的是交叉重叠、似是而非或者不确定的事物。在毋庸置疑与荒诞无稽之间有着非常广阔的空间，也就是说，很多事物存在着两种或两种以上可能性，所以，要想获得让尽可能多的人信服的结论，是需要通过修辞方法来增强说服力的。修辞论证方法通过技术性的语言来增加话语的形象性和渲染力，借此来影响听众的思想，经由思想的转变促使其选择其行为。② 此时，修辞不仅具备美学功能，还具有说服论证的功能，在言说者与受众的沟通过程中扮演着不可或缺的角色。因为修辞不仅仅是用词的优美华丽，还能够调动人的情绪，如怜悯、愤怒、厌恶、美感等情感因素③，故此，它必然是“有用的，因为真实和正义的事物在本性上胜过与它们对立的事物。所以假如法庭判决不当，原因应该在于败诉者自己，其不善言辞也是应受到责备之处”④。佩雷尔曼认为，法律上的论证不仅仅是形式上的证明，更主要的是一种论辩与说服，

① 参见曾文雄：《语用学的多维研究》，杭州，浙江大学出版社，2009，第2页。

② 参见王孟斐：《我国司法裁判方法研究》，郑州大学2011年硕士学位论文，第22页。

③ 参见〔古希腊〕亚里士多德：《修辞术·亚历山大修辞学·论诗》，颜一、崔延强译，北京，中国人民大学出版社，2003，第3页。

④ 〔古希腊〕亚里士多德：《修辞术·亚历山大修辞学·论诗》，颜一、崔延强译，北京，中国人民大学出版社，2003，第6页。

最终目的在于表明最后的选择或决定与同时存在的其他方案相比更为可取、更有说服力。① 如果把案件的判决看成运用法律规范的产品，则论证判决的修辞手段就可以说是这种产品的促销手段。②

2. 修辞论证的功能

首先，修辞论证可以弥补形式逻辑推理的缺陷。由于案件的复杂性以及特殊背景等因素的影响，逻辑演绎的结论不甚理想，或者不具备相当的说服力，为了照顾到个案的特殊性、渲染一种氛围，需要用一定的语言来填补逻辑的空白地带。进一步说，当语言的论证或描述显得苍白无力的时候，需要用修辞方法来增强语言的力量。③ 在案件处理过程中，许多事实和法理问题都不能仅靠逻辑或者单纯证明的方式来解决。法律规范存在冲突、模糊、漏洞等情况，（案件）行为方式也是复杂多样，使得逻辑作为法律方法不能完全适应这些复杂的情况，而修辞方法以其实质上的论证优势成为逻辑方法局限性的弥补手段，从而成为一种有效的论证方式。以前有学者从逻辑的角度贬抑法治，认为法官是法律的"奴隶"，如果把法律作为修辞，法官就成了法律语词的"主人"，从而摆脱了奴隶的命运。④ 法律既不能缺少逻辑形式体系的完整与协调，也不能忽视法律价值与实体内容的合理性。同样属于论证方式，形式逻辑属于必然性推理，而修辞方法属于或然性推理（法律不否定或然性），它更注重法律论证的内容及其可接受性，其功能不单纯在于求美或者揭示必然真理，关键在于以适当的方式让人信服。⑤ 佩雷尔曼分得更细，他认为，形式逻辑是一种证明的逻辑，非形式逻辑（修辞）则是一种论证的逻辑，二者具有不同的适用领域。修辞方法主要从"情"（动之以情，以感情感动之）、"理"（晓之以理）、"势"（修辞的运用者通过自己在知识、经验、道义等方面的相对优势而形成的信用和权威影响听众）三个角度来论证。在两种观点都讲得通、难以取舍时，优胜因素在于修辞者相对于他的对手在个人信用、知识等方面所占的优势。⑥ 其次，修辞参与事实建构，是增强裁判结果说服力的必要方法之一。因为案件事实并非不证自明的，各种事实都是通过语言

① 参见焦宝乾：《法律论证的几个基本理论问题》，载《比较法研究》，2005（6）。

② 参见洪浩、陈虎：《论判决的修辞》，载《北大法律评论》，2003年第5卷。

③ 参见洪浩、陈虎：《论判决的修辞》，载《北大法律评论》，2003年第5卷。

④ 参见陈金钊：《把法律作为修辞》，载《山东大学学报（哲社版）》，2012（1）。

⑤ 参见焦宝乾：《西方修辞学知识传统及其对法律论证的意义》，载《山东警察学院学报》，2005（2）。

⑥ 参见王孟斐：《我国司法裁判方法研究》，郑州大学2011年硕士学位论文，第21页。

的叙述而呈现出来的。① 在对事实的表述中，修辞会不可避免地渗透进来，影响着事实的存在方式。② 以邓玉娇案为例：由于社会各界的关注和舆论，在案件基本证据不变的情况下，包括司法机关、媒体、民众、律师等各种主体对于案情的描述形成了不同的叙事版本。由此，对于邓玉娇案的罪名认定经历了涉嫌故意杀人到故意伤害致人死亡（防卫过当）的转变，在程序上也经历了强制措施从刑事拘留到监视居住的转变。这种转变的原因在于其背后所依据的案件事实在不断地修正，而案件事实被不断修正并不纯粹是由于证据的变更或补充，而更主要的是在证据不变的情况下（不同版本）案件叙事的结果。③ 司法审判所依据的案件事实，既是证据论证的产物，也是叙事的产物。④

第二节　修辞方法在刑事判决中的运用

一、刑事判决中修辞运用的必要性

判决中的修辞运用是司法权力运作的本质需求。司法权是决定着当事人诉讼的胜败甚至可以对特定当事人“生杀予夺”的权力，它来自于法律的授权，由实体法和程序法来保障。这是司法权力合法性的来源。除此之外，司法权还要具备正当性。司法的正当性也是一个复杂而深刻的问题，需要方方面面的措施，其中，法官对修辞论证方法的运用，是增强判决书说服力和可接受性的必要手段，是实现司法正当性的途径之一。因此，法官在行使权力的时候，不能是赤裸裸的暴力与强制，需要通过修辞手法的运用来给权力以一定的“遮蔽”，增强判决的说服性和可接受性而非强制性和暴力性，即运用修辞使其裁判更加能够被受众接受，以增强司法权力的说服性与权威性。⑤ 另外，在司法过程中，各方主体都有可能运用修辞方法以实现自己言语或观点的可接受性，即公诉人及辩护人需要让法官接

① 参见武飞：《事实建构的修辞方法》，载《法律方法》，第 12 卷，济南，山东人民出版社，2012，第 85 页。

② 参见刘大为：《历史事实的修辞建构（上）》，载《福建师范大学学报》，2006（3）。

③ 参见俞小海：《案件事实形成过程的修辞分析》，载《广西政法管理干部学院学报》，2009（5）。

④ 参见刘燕：《案件事实的人物建构》，载《法制与社会发展》，2009（2）。

⑤ 参见张云秀：《论法官的修辞》，载《法律方法》，第 11 卷，济南，山东人民出版社，2011，第 52 页。

受或采信自己的观点以获得胜诉，法官也希望自己的判决得到公诉人或辩护人的信服，他们都希望观点能够沟通和交互接受，由此，法官需要注意判决书中修辞的应用。① 总之，修辞方法的运用对于司法判决的可接受性具有重要意义。

修辞是法律论证不可缺少的手段之一。逻辑方法在法律推理中的地位也是不言而喻的。法律推理过程是一个融合多方面的因素、运用各种思维方法、立体式和动态化的结构图式，而不是直线式、机械的决定论的思维模式，在此过程中，逻辑学方法和修辞方法都是必不可少的手段之一。只不过，形式逻辑想通过摆脱日常语言来实现计算的准确性与思维的纯粹性，以至于它不能为内在于论证和讨论的合理性提供某种适当的解释，而且逻辑的严格性也将损害法律的适应性。毕竟，形式逻辑只涉及前提和结论的法律论述之间的形式关系，这只是裁判过程的最后一步，其对裁决结论的实质合理性以及是否能够令人接受无能为力，即逻辑无法进行法律论证方面的实质判断，这种欠缺为修辞等其他论证方法提供了用武之地。② 逻辑论证方法在于从前提推出结论，表明前提与结论之间是否存在一种必然的联系；修辞方法的功能在于说服、吸引听众并使他们感兴趣。像有学者所形容的那样，修辞并不仅仅是用华美的词语做装饰，而是让生硬枯燥的法律成为更易接受的东西。如果把案件的判决看作法律产品的生产，则判决所用的修辞技巧就是法律产品的促销手段，只不过经过修辞的判决能为公众更好地接受。③ “判决的艺术必然是修辞，不能认识到这一点是法律形式主义学派的一个缺点。”④

判决中修辞的运用是社会效果和法律效果统一的必然要求。根据佩雷尔曼的听众理论，两类听众都是法官力图要说服的。“自己听众”，也就是法官首先要说服自己。特殊听众，是指具体情境中的听众，包括具体案件的参与者和观察者，这也是法官需要说服的对象。我国的刑事判决书里经常出现的一句话“不杀不足以平民愤”，就是将“愤”作为“民”（间接受众）对相关案件的主张和观点，既“强制性”地使被告人（直接受众）接受其“被杀”的裁判，同时也让“民”或公众接受这种裁判。当然，法官

---

① 参见孙光宁：《司法中的修辞因素及其意义》，载《内蒙古社会科学（汉文版）》，2011（2）。

② 参见焦宝乾：《逻辑、修辞与对话：法律论证的方法》，载《厦门大学法律评论》，第9辑，厦门，厦门大学出版社，2005。

③ 参见洪浩、陈虎：《论判决的修辞》，载《北大法律评论》，2003年第5卷。

④ 〔美〕理查德·波斯纳：《法律与文学》，李国庆译，北京，中国政法大学出版社，2002，第371页。

这样的修辞手法其实还是显得粗糙，只是基本的手法。① 此外，法官的判决不仅仅面对当事人，其还须考量相关社会公众的意见或法律的导向作用，考量公众对其将要作出的判决会持怎样的态度，尽量让其判决意见在合法的同时，也不与民意冲突。这是注重社会效果和法律效果的统一的必然要求。②

二、修辞方法在刑事判决中运用的现状

在网上查阅判决书可以看到，大部分刑事判决中少见修辞方法的运用，除了控辩双方的观点和证据的展示外，在“本院认为……”这一部分，仅仅有一些法言法语，甚至是刑法条文的复述，没有总结案件焦点，没有对争议焦点的详细论述，也没有对各方异议的深入评价和解释，更没有形象的人物或事实建构。判决书文字干瘪、老套。从“本院查明”（对事实部分的认定）到“本院认为”（对规范适用的说明），判决书的论证缺少在案件事实与规范适用之间建立联系的必要论述，要适用的法律规范与案件事实之间的涵摄关系难以从“各自为战”的判决书各部分中解读出来。③ 也即判决书的连贯性、逻辑性和论证力都不强，这样的判决书难说会有多大的说服力，难说会起到社会教化的作用。就如有学者所说，我国的法律人还不能熟练地运用法律修辞来影响人们对案件的判断，有时候，也是因为案件太多，法官没有精力或者不愿意投入更多精力运用各种方法包括修辞方法来深入详细地论证判决书。

刑事判决的作出，必须围绕案件事实认定中的核心问题、刑法规范选择的合理性以及相关争议焦点，通过论证得出合适的结论；并且，优秀的裁判文书，不仅需要正确认定事实和适用法律，还应当注意修辞艺术的融入，使一定的语言形式能够有助于法律观点的阐明、理解和接受。④ 某一案件中，犯罪人的行为构成什么罪，应处以多重的刑罚，本案的争议焦点是什么，都是案件的主要论题，法官需要对这一系列问题作出符合逻辑和情理的分析与论证。但是，这种要求在司法实践中并不尽如人意——判决

① 参见张云秀：《论法官的修辞》，载《法律方法》，第 11 卷，济南，山东人民出版社，2011，第 53 页。

② 参见张云秀：《论法官的修辞》，载《法律方法》，第 11 卷，济南，山东人民出版社，2011，第 53 页。

③ 参见孙光宁：《判决书写作中的消极修辞与积极修辞》，载《法制与社会发展》，2011（3）。

④ 参见刘永章：《谈裁判文书的语言》，载《政法论坛》，1986（3）。

缺少详细周密的论证和具有说服力的解释，不管是在众人热议的案件还是在名不见经传的案件中都不少见。以“许霆案”原一审判决书为例：除了控辩双方的意见以及证据的展示外，“本院认为”这一部分非常单薄，没有围绕本案的论题进行详细的分析和论证，尤其是对于争议的焦点——为什么定性盗窃罪而非侵占罪（辩护人的观点）？为什么不认定不当得利？许霆的第一次取款和第二次及其以后的取款在法律性质上有什么不同？许霆的行为是否符合盗窃罪的“秘密窃取”？ATM机是否可以解释为金融机构？或者说为何认定其行为符合加重犯罪构成并在最重量刑幅度内选择刑罚？——在判决书里都没有加以解释或论证。另外，好像法官没有意识到判决需要双向度的交流，需要运用一定的叙事方法或修辞技巧去说服听众，以至于判决书没有论证这些问题。“许霆案”之所以成为影响性案件，并且民众对“许霆案”的一审判决结果不服，除了量刑重之外，还和判决书缺乏合理论证和说服方法有关。“当下中国法院部分判决书的语言表达生硬而缺乏修辞，严重影响了判决的说服力。”① 缺乏详细论证和说理的判决，不仅难以得到当事人的认同，也很难得到公众的认可。可见，司法说服需要运用于判决书的论证②，法官们需要考虑判决的可接受性，从而选择适当的论证（修辞）方法，而不是依靠话语霸权或者政治修辞让人们接受判决。

司法实践中也不乏成功运用修辞方法的刑事案例。因为判决书是一种语言的叙事，只要人们通过语言来表达思想，语言表达出来的文本之中必然会有话语修辞行为。司法实践中，修辞论证方法其实一直都发挥着一定的作用，只是发挥作用的方式主要是经验的积累，而不是自觉地运用。③

刑事判决中的修辞主要运用于案件事实的建构，尤其是人物形象的描述。从陈述事实开始，判决书也就开始了其论证。因为案件事实并非不证自明，需运用语言进行建构。案件的法律事实，是在现有证据的基础上，通过审判“加工”或“剪裁”过的事实，是在法官与当事人共同参与下的事实“重构”。有效的修辞方法能够使建构的事实更具说服力。只要涉及对事实的表述，修辞就不可避免地渗透进来，影响着事实的存在方式。④

---

① 徐亚文、伍德志：《法律修辞、语言游戏与判决合法化》，载《河南省政法管理干部学院学报》，2011（1）。

② 参见彭中礼：《论司法裁判中的话语修辞》，载《法律方法》，第12卷，济南，山东人民出版社，2012，第143页。

③ 参见孙光宁：《司法中的修辞因素及其意义》，载《内蒙古社会科学（汉文版）》，2011（2）。

④ 参见刘大为：《历史事实的修辞建构（上）》，载《福建师范大学学报》，2006（3）。

无论是当事人、律师表述的事实，还是法官最终认定的事实，对事实的叙述都离不开修辞。① “当人们把自己所经历的事件当成故事来讲述的时候，必定会把道德性的评价编织到其中……”② 这种带有主观性的叙事往往能够产生非凡的实际效果。下面以“药家鑫案”中的一段判决书叙事为例：

> 药家鑫在发生交通事故后，因担心被害人张妙看见其车牌号以后找其麻烦，遂产生杀人灭口之恶念，用随身携带的尖刀在被害人胸、腹、背等部位连刺数刀，将张妙杀死，其行为已构成故意杀人罪。西安市人民检察院指控被告人药家鑫故意杀人的犯罪事实成立，罪名及适用法律正确，应予支持。……药家鑫作案后虽有自首情节并当庭认罪，但综观本案，药家鑫在开车将被害人张妙撞伤后，不但不施救，反而因怕被害人看见其车牌号而杀人灭口，犯罪动机极其卑劣，主观恶性极深；被告人药家鑫持尖刀在被害人前胸、后背等部位连捅数刀，致被害人当场死亡，犯罪手段特别残忍，情节特别恶劣，罪行极其严重；被告人药家鑫仅因一般的交通事故就杀人灭口，丧失人性，人身危险性极大，依法仍应严惩，故药家鑫的辩护律师所提对药家鑫从轻处罚的辩护意见不予采纳。③

判决书中的这段文字描述了药家鑫制造交通事故后的情景，包括心理描述和行为的叙事：“担心被害人记住其车牌号以后找麻烦”这种心理暗示和判断说明了药家鑫进一步产生故意杀人心理（杀人灭口）的动机和转变。“恶念”“随身携带”“尖刀”“连刺数刀”等一系列语词共同描绘了一个“动机极其卑劣、主观恶性极深、丧失人性”的犯罪人形象，这种形象是判决书对药家鑫主、客观方面的一种评价和认定，为使各方当事人包括公众接受罪名的认定和后面的量刑埋下了伏笔。“不但”不对被害人施救，“反而”因怕“被害人记住其车牌号以后找麻烦”的表述说明，按照公众通常认可的道德标准，药家鑫应该及时救助受伤的被害人，最起码应该有一般的同情心，但是，他没有做一般人应该做的，而是仅仅顾及自己的利益，作出了相反的、恶劣的行径，这使得判决书的受众会认为，药家鑫犯

① 参见武飞：《事实建构的修辞方法》，载《法律方法》，第12卷，济南，山东人民出版社，2012，第85页。

② 〔日〕棚濑孝雄：《现代日本的法和秩序》，易平译，北京，中国政法大学出版社，2002，第152页。

③ “药家鑫案”判决书，见 http://www.newsmth.net/nForum/#!article/Law/39204，访问日期：2015-01-12。

罪手段确实特别“残忍”，行径“恶劣”，主观恶性很深，“罪行极其严重”，判处其死刑既符合法律规定，又是其恶行的必然结果。

在案件事实的建构中，人物形象的建构对于受众的影响是非常大的，因为一个人的形象会影响人们对他的评价。在司法审判中，人物形象会影响法官的评价，同时司法文书中对人物形象的描述也影响受众对司法结果的接受程度。根据美国学者布莱克的研究，如果被告人在犯罪前有良好的职业和表现，通常会被认为对社会的危害比较小而获得轻判。而失业对于被告来说是一个不利条件。① 如果一个刑事被告有前科或者某些劣迹，就容易使法官对他形成否定评价，从而可能获得重刑。案件所涉人的存在是有时间和场域限制的，其形象不可能完整，是片段式地呈现，这就使得修辞成为人物形象塑造的必要方法。在判决书中，法官筛选案件中的相关素材，运用言辞技巧来塑造相关的人物形象，使判决书受众接受其对所叙述事实和人物的评价，从而认同裁决结果。② 如果听众认可塑造出来的人物形象，法官对人物形象的建构就是成功的。判决结果是否得到民众的接受和认可，实际上是法庭叙事所塑造的人物形象是否符合民众根据自身经验对现实人物的判断的问题。③ 为了使判决书呈现给受众的那个事实文本尽可能符合法律对某类情形的典型规定，事实描述的语言、各种证据材料的筛选等技术需要有一个明确的中心策略，即要通过人物形象的塑造去建构正义感，根据社会教化语境下的公平正义标准将涉案人物进行定位，目的是利用人物形象的描述激发、诱导受众产生修辞者意欲达到的效果④，以保证判决书的叙事得到受众的认同。在 2011 年年底裁决的“因车辆碰擦将奔驰车主打死案”⑤ 中，被告人郭某以往的诸多劣迹极容易使法官与公众对其行为产生否定性判断，从而，法官在判决书中这样表述：

本案确系由轻微交通事故引发，双方为事故责任问题有所争执本

① 参见武飞：《事实建构的修辞方法》，载《法律方法》，第 12 卷，济南，山东人民出版社，2012，第 86 页。

② 参见武飞：《事实建构的修辞方法》，载《法律方法》，第 12 卷，济南，山东人民出版社，2012，第 86 页。

③ 参见刘燕：《案件事实的人物建构》，载《法制与社会发展》，2009（2）。

④ 参见刘燕：《案件事实的人物建构》，载《法制与社会发展》，2009（2）。

⑤ 2011 年 6 月 13 日 11 点多，一辆桑塔纳轿车和一辆奔驰轿车擦碰，双方下车后，桑塔纳驾驶员郭某不顾路人劝阻，对奔驰轿车车主张某进行极为残酷的殴打，致其当场昏迷不醒。虽及时被民警送到医院，但张某仍因伤势过重抢救无效死亡。经查，郭某有多项前科，曾因故意伤害罪于 1989 年被判处有期徒刑 7 年，又因为流氓罪于 1995 年被判有期徒刑 15 年。2007 年出狱后不到一个月，他又因涉嫌诈骗被网上追逃；2008 年，因携带一支仿左轮手枪寻衅滋事被处理。

亦在情理之中，但被告人郭某仗着其身强体壮，为泄愤肆意殴打被害人，导致被害人死亡的严重后果，这一结果与被告人郭某以往有多次暴力违法犯罪行为、具有严重暴力倾向密切相关……对于被告人郭某这一特定个体而言，案件的发生在偶然中有其必然性……因此不能以民间纠纷的理由对被告人郭某从轻处罚。①

其中，一系列词语的运用，如"仗着其身强体壮""为泄愤肆意殴打被害人"，描述了一个没有道德约束、恣意妄为、恃强凌弱的粗鲁的人渣形象；"偶然中有其必然性""多次暴力违法""严重暴力倾向"等表述，建构出了郭某屡教不改的负面形象和潜在的人身危险性。这对于受众认可事实、接受（死刑）判决具有积极作用。又如"崔某杰案"一审判决书中的一段叙事：

被告人崔某杰于2006年8月11日17时许，在北京市海淀区中关村一号桥东南侧路边无照摆摊经营烤肠食品时，被北京市海淀区城市管理监察大队的执法人员查处，崔某杰对此不满，以持刀威胁的手段抗拒执法，当执法人员将崔某杰经营烤肠用的三轮车扣押并装上执法车时，崔某杰进行阻拦，后持刀猛刺该城市管理监察大队海淀分队的现场指挥人员李某强（男，殁年36岁）颈部一刀，致刀柄折断，后逃离现场。李某强因被伤及右侧头臂静脉及右肺上叶，致急性失血性休克死亡……崔某杰明知持刀刺扎他人要害部位会导致他人死亡的后果，仍不计后果持刀猛刺被害人颈部，并逃离现场，故崔某杰对其持刀刺扎他人颈部可能造成被害人死亡的后果采取放任的态度，其行为符合故意杀人罪的犯罪构成。

这段叙事描述了崔某杰在闹市区无照经营，是一个违法者，对于城管的执法人员，他实施了"持刀威胁、抗拒执法、阻拦、持刀猛刺"等一系列动作，其动作"致刀柄折断"，这些紧凑、残暴、有力的举动描述了一个不守法并且凶狠的歹徒形象。而被害人（城管）作为执法者，是城市秩序的维护者，这种身份使他们在叙事里占有一定的道德优势。而城管是如何执法的、态度如何，都没有具体描述。通过这些情节勾勒出鲜明的对立的人物形象，并表明了法官的价值定位：违法与执法、坏人与好人，即实施违法行为的凶恶歹徒残忍地杀害了捍卫社会秩序的执法者。这是叙事者对人物的评价，叙事者希望、诱导文本的受众接受其对人物的评价，以使

① 武飞：《事实建构的修辞方法》，载《法律方法》，第12卷，济南，山东人民出版社，2012，第85页。

他们认同司法结果。面对这么一个邪恶的坏人，受众对判决的预期，应该是将其绳之以法，得到因果报应——杀人偿命。有了上述叙事的铺垫，判决结果理所当然地迎合判决受众的这种预期：确认崔某杰的故意杀人罪，判处其相应的刑罚。①

三、刑事判决中修辞方法的运用技巧

刑事判决中修辞方法的运用要求。从内部语境的适应性角度说，刑事判决书的语句主要围绕事实是否符合犯罪构成各种要件，对案件事实与刑法规范的对接进行充分的论证。从外部语境看，公众对判决的接受度也是一个重要的评价指标。由此，判决书要有一定的通俗性，不能只考虑“法言法语”，而应考虑特定公众的理解能力。借鉴修辞学研究成果，我们也把修辞分为积极修辞和消极修辞。积极修辞强调各种修辞手法的综合运用，通过引发联想或煽情来实现最优的表达效果②，属于一种华丽而雄辩的语言风格，如重复、反问、排比、对偶等。消极修辞不追求语言的“艺术化”，而注重准确、简明、平实、严谨。由于判决书属于事务性文体中的公文，以及刑事领域的严肃性和罪刑法定原则的约束，刑事判决书少见积极修辞的运用（有些特殊情况下的出罪判决需要运用积极修辞），更多的是运用消极修辞方法，即强调一种“以记述事物为要旨”的叙事风格。刑事判决的语言，主要追求表达准确、规范、庄严、简洁，并符合以此为价值目标的修辞规律③，同时也要处理好规范与质朴、简洁与繁复、准确与模糊之间的矛盾，使刑事判决的语言情理兼顾，令人信服。

判决书的规范与质朴。刑事判决书的规范，通过使用法律术语、郑重的书面语等语言材料表现出来，如用“盗窃”而不用“偷”，用“故意”而不用“有意”或“存心”等。判决书运用刑法规范的法言法语，对那些没有法律知识的当事人所使用的日常话语叙事进行“法律技术上”的改造，不但可以使复杂的法律关系表达得更为明确和客观，而且能够赢得一种对于当事人智识上的优越感和压制力。这种“法律技术上”的话语因为其符号化程度而提出了专业化理解水平问题。判决文本使用这些标志着司法权力的术语符号对当事人行为的定性与处理，使得他们或公众不得不

---

① 参见刘燕：《案件事实的人物建构——崔英杰案叙事分析》，载《法制与社会发展》，2009（2）。

② 参见孙光宁：《判决书写作中的消极修辞与积极修辞》，载《法制与社会发展》，2011（3）。

③ 参见刘星辰：《论裁判文书说理》，吉林大学2005年硕士学位论文，第39页。

“诚服”，因为他们所熟知的普通话语无法与法官判决中的规范法律用语争夺话语权，由此，对专业知识权威性的认同和对知识的信仰或推崇，经由法言法语和权力的融合转化为对判决正当性的认可。但是，法学专业术语理论性强，业外人士常感陌生，有时候，为了加强说理，也需要注意质朴性，尤其是在事实建构的语言运用方面。

判决书的简洁与繁复。繁复是指详细，不是啰唆（啰唆主要是重复），是根据判决内容或论证的需要，把判决书所需内容表达得详细和透彻：证据分析环环相扣、法理分析透彻入微、结论演绎循序渐进，即是繁复。对于那些案情较为简单，当事人和公众容易理解判决的事实认定和法律适用，不至于对判决的正当性产生质疑的情况，判决书可以简洁明了。而对于案情较为复杂、各方观点存在较大分歧的案件，判决不能过于省略，应详加论证——综合运用各种方法进行细致的论证推理、适当的情节描述以及各方观点是否采纳的理由说明等，以澄清事实、明辨法理，达到判决的合法性与合理性的统一。

判决书语言的准确与模糊。运用语言准确是判决书的生命，而模糊也是刑事判决书必须使用的技巧之一，即所谓该精确就精确，该模糊就模糊。法律修辞中对言辞的模糊处理主要是适当减少词语的内涵、扩大其外延，以概括地表述内容的方法。生活本身就存在不少模糊不清的东西，各种事物之间的界限也并非泾渭分明、非此即彼，这种状况决定了语言不能准确描述所有事物，况且，有时，必要的模糊表述也是一种策略。在判决书中，言辞的模糊处理对于那些不易表达或讳言的事物，既能使之被更加恰当地描述，又可使之显得严肃和庄重。① 一般来说，法律用语应尽可能地追求准确，少用模糊词语，但是有时为了实现特殊的表达目的，模糊用语也会产生意想不到的效果。模糊性词语不等于含糊其辞、让人不易理解，而是利用语义的适当模糊，达到准确反映事物的目的。以时间的表示为例，“中午十二点左右”就是模糊词语与明确词语结合来达到准确表达的例子。“中午十二点”是明确的时间，但具体是多少分并不明确，如果非要描述出几分，反而会感觉有点不真实了。因此，模糊词语“左右”表示一个大致的时间，是符合客观情况的。另外，在表述案情涉及的隐私、秘密、庸俗情节等情况时使用一些模糊用语，也是法律的特殊规定或裁判文书的严肃性所必需的。② 如“犯罪嫌疑人钱某闯入店中，对该女青年进

① 参见寇红：《谈法律语言中的修辞运用》，载《北京人民警察学院学报》，2003（5）。

② 参见刘星辰：《论裁判文书说理》，吉林大学2005年硕士学位论文，第39页。

行调戏、凌辱，并用不堪入耳的语言进行辱骂”：“调戏、凌辱、不堪入耳”是模糊语言，这种描述既完整、准确地叙述了犯罪事实，又体现了法律语言的庄重和文明，维护了法律的尊严。①

判决书语言的情理交融。判决应晓之以理，还应动之以情，做到情理交融。从判决书的规范性来说，“理”始终贯穿其中。同时，“情”也是判决书不能忽视的因素之一：首先，受我国的“礼治”传统的影响，道德力量很多时候比生硬的法律规范更有影响力，更易让人理解和接受。美国大法官霍姆斯曾言：“法律乃是我们道德生活的见证和外部积淀。”② 虽然对事物的法律评价和社会评价标准不完全相同，但法律是以道德为基础的，是道德的底线。其次，人是兼具理性和感性的动物，在判决书的说理中，如能辅以道德情感来褒贬案件当事人的是非责任，是能够煽动人的情感的，对判决书的论证会起到意想不到的说服效果。

四、结语

尽管修辞学的研究已经出现了一种“走出技巧论”的倾向，但是，法律领域中的技巧论还没有受到相当的重视。对司法裁判文书写作中如何熟练运用一些技巧包括修辞的运用进行研究，具有相当的理论价值与实践意义。③ 不过，我们还需要注意的是，语言修辞在促成案件事实的最终形成的同时，也可以左右事实的真实性。④ 证据所提供的只是一些断裂的事件片段，最终的事实文本由叙事和修辞活动来形成。由于修辞的运用具有一定的目的性和主观性，因而其具有试图改变和修正事态的倾向，以至于在案件事实的认定中可能会出现不同的主体基于自身立场和偏好的不同版本。就是说，在同一证据材料或事件片段的前提下，通过不同主体的叙事、修辞可能建构出不同的事实版本，甚至不同的判决结果。基于此，有学者认为，修辞实际上是游走于理论与技艺之间、原则与概念之间、事实与规范之间，其易于偷换概念，甚至以假乱真，从而，修辞既是法律人的高级技艺，也是须警惕的陷阱，甚至“魔鬼在修辞中”⑤。故此，在强调

① 参见寇红：《谈法律语言中的修辞运用》，载《北京人民警察学院学报》，2003（5）。

② 〔美〕博登海默：《法理学：法律哲学和法律方法》，邓正来译，北京，中国政法大学出版社，1999，第376页。

③ 参见孙光宁：《判决书写作中的消极修辞与积极修辞》，载《法制与社会发展》，2011（3）。

④ 参见俞小海：《案件事实形成过程的修辞分析》，载《广西政法管理干部学院学报》，2009（5）。

⑤ 强世功：《联邦主权与州主权的迷思》，载《中国法学》，2006（4）。

修辞方法对裁判的重要价值及其运用时，不能不注意它的一些局限性，只能把它作为一种提升判决书质量的辅助性方法，而合法性、合理性、公平正义才是在司法裁判中发挥主导作用的因素。可见，它的滥用与限制还是一个需要深入探讨的问题。

第十一章　刑事判决书论证的结构和方法
——以吴英集资诈骗案刑事判决书为样本的论证分析

在刑法规范相对明确、案件事实较为典型的案件中，法官可以采用单一的论证方式对其判决进行论证，如使用演绎证立或内部证立。但实际上，单一的论证方式论证的效果通常并不尽如人意，尤其是在对事实或规则有争议的疑难或难办案件中，单一的论证方式根本不能解决问题，而需要通过多元的、平形式的、协商式的思维模式，运用各具功能的多种方法综合论证判决，包括逻辑方法、修辞方法和对话方法，以达到案件的形式公正、实质合理以及程序公正，追求刑事判决的法律效果和社会效果的统一。

第一节　判决书论证的结构和基本方法

一、司法实践中判决书论证的现状

在网上查阅判决书可以看到，大部分刑事判决书的论证不够充分，除了控辩双方的观点和证据的展示外，在“本院查明……”和“本院认为……”部分，事实叙述简单，规范适用仅仅有一些法言法语，甚至是刑法条文的复述，没有总结案件焦点，也没有对争议焦点的详细论述，更没有形象的人物建构，判决书文字干瘪、老套。从对事实部分的认定以及对刑法规范的适用看，判决书的论证缺少在案件事实与规范适用之间建立联系的必要论述，要适用的法律规范与案件事实之间的涵摄关系难以从“各自为战”的判决书各部分中解读出来①，即判决书过于简约、行文刻板，连贯性、逻辑性和论证力都不强。这样的判决书因为不能承载丰富的内容

---

①　参见孙光宁：《判决书写作中的消极修辞与积极修辞》，载《法制与社会发展》，2011（3）。

以证明裁决结论的正当性而损害司法的权威，同时，也会抑制法官的进取心。① 这样的判决书难说会有多大的说服力。从判决书的写作现状看，很多法律人还不是很擅长运用修辞方法论证判决，并借此影响人们对案件的判断。我们法律人经常抱怨社会不能接受真正的法治，但是我们法律人从没有想过，我们的法律言辞是否能够打动听众!②

二、判决书的论证结构

判决书应该具备合法性与合理性两个方面。合法性是首先要保障的，这是判决正当性的基本要求，是一种形式上的正义。合理性是实质正义的要求，它体现判决结论的正当性。判决的法律效力从直观的层面看，来自合法性，实质上则由判决的合理性所决定。因此，判决书的论证除了必须形式正确外，更重要的是，论证必须在实质方面令人接受。由此决定了判决书的论证在形式上要满足逻辑推理的要求，而在内容上，法律论证要融入价值评价或实质判断，符合所谓的“常识”“常情”或经验，以满足判决的正当性。③

关于判决书的论证，根据亚里士多德关于推论的三分法，包括证明、论辩与修辞。证明是指逻辑论证，它是“必然地得出”结论；论辩即为对话方法，强调“共识”或“合意”；修辞论证属于“或然性推理”“有条件地成立”④。论辩与修辞都不是“必然地得出”结论，只是，修辞是用以修饰辞句的叙述方式和艺术，是一种“独白”的艺术；论辩方法是通过相互沟通或辩论方式对没有定论的问题进行充分协商以寻找合适的答案，即一种“对话”的艺术。判决书的论证就是运用这三个相互区别又相互补充的方法：逻辑、修辞与对话。这三种论证方法各具功能：法律逻辑是法律论证的形式结构，它借助逻辑分析工具对法律发现过程及其结果加以处理；法律修辞是为法律推理之前提奠基的基本方法，它借助于修辞方法对形式逻辑手段不能解决问题的情况加以处理；对话论证体现了运用逻辑与修辞证立裁决的过程性和交涉性，主要为尚无定论的问题寻找具有普遍意义的答案，为判决依据提供正当性。总之，逻辑、修辞与对话这三种法律

---

① 参见郭卫华：《“找法”与“造法”》，北京，法律出版社，2005，第254页。

② 参见陈金钊：《把法律作为修辞》，载《山东大学学报（哲社版）》，2012（1）。

③ 参见焦宝乾：《逻辑、修辞与对话：法律论证的方法》，载《厦门大学法律评论》，第9辑，厦门，厦门大学出版社，2005，第5页。

④ 厉尽国：《司法裁决证立过程中的法律修辞——以“李庄案”判决书为素材》，载《北方法学》，2011（1）。

论证方法之间存在着相互联系、彼此互补的关系。[①] 在判决书的论证中，逻辑方法、修辞方法、对话方法从不同的角度，在不同的领域内发挥着作用。或者可以说这三种论证方法分别对应于法的形式、内容和程序这三种维度。

三、判决书中的逻辑论证——形式向度

逻辑有效性是对判决书的基本要求。逻辑是正确思维的前提，遵守逻辑规律是正确裁判的先决条件，只有逻辑严密的推理活动才能使人确信司法活动是公正的。逻辑方法注重法律论证的形式性，而形式效力标准被认为是基础性的。实用主义法学认为，法律的生命在于经验而不是逻辑。其实，逻辑永远都是维持法律生命力的重要一环，缺少了逻辑工具，法律难以获得完整而充实的生命。[②] 法学与逻辑的关系密不可分，逻辑方法对于法学研究和司法适用有着非常重要的作用。立法、司法都离不开逻辑工具的运用。[③] 法律是一种系统的、严谨的逻辑体系，在司法过程中，案件判决结果能否让人接受，一个重要的因素就在于法官论证的逻辑是否严谨、圆润贯通，从而让人信服。[④]

从法律适用的方法论意义看，法律逻辑的运用主要体现为“涵摄”，以“涵摄”为核心的法律适用过程表现为发现适当的法律规范，对具体的案例事实进行筛选和归类，将事实与规范进行比对。在刑事司法中，主要是对照犯罪构成的符合性，如果二者能够对接，即可推出一定的结论；如果不能对接，继续循环这样的过程。定罪、认定无罪、量刑等方面，都要进行这种逻辑推理。我国是制定法国家，法官在撰写判决书时应严格遵照法律的规定，运用形式逻辑的演绎推理进行论证分析。

一般来说，形式逻辑的适用一般是在认定案件事实以及发现刑法规范之后，从形式上推出案件的处理结论，主要功能在于使判决具备形式效力。即使某个案件存在多种解释可能，即使诉讼过程有当事人的参与和商谈，最终的判决都必须具备三段论推理的形式要件。

---

① 参见焦宝乾：《逻辑、修辞与对话：法律论证的方法》，载《厦门大学法律评论》，第9辑，厦门，厦门大学出版社，2005，第5页。

② 参见焦宝乾：《逻辑、修辞与对话：法律论证的方法》，载《厦门大学法律评论》，第9辑，2005，第5页。

③ 参见吴家麟主编：《法律逻辑学》，台北，五南图书出版公司，1993，第11页。

④ 参见谢晖：《论逻辑、修辞和语法之为诠释法律的工具》，载《山东审判》，2003（5）。

四、判决书中的修辞论证——实质向度

修辞是一种表达的艺术，是一种论证的技巧。在司法审判中，起决定作用的不仅仅有证据、规范、逻辑等一些能够论证案件真实性或推理性的要素，还有别的重要因素在发挥作用。① 修辞技术即为事实建构与增强裁判结果说服力的必要方法之一。逻辑论证方法强调论证的形式合理，而修辞论证方法主要论证判决的内容及其可接受性。② 司法裁判中修辞技巧对于判决的论证不仅仅起到一种加强论证和说服的作用，而且起到一种构成的作用，无论是事实建构还是刑法规范的选择，都涉及修辞方法的运用。修辞方法的论证方式不同于形式逻辑的演绎推理，后者要求具备确定的、无可置疑的前提，如果推理的前提不确定，或者前提之间存在着一定的矛盾和冲突，修辞方法的价值和优势就显现出来了。运用修辞方法的目的在于通过言辞性技巧使听众的思想受到一定的影响，以增加话语的说服性。修辞方法的选择必定需要有某种价值和伦理的标准，因此，修辞论证的实质指向是该行为背后的价值选择。修辞论证方法体现了一般的社会价值观。这种价值观是特定背景中特定群体达成的一种共识。论证者对这种价值观的选择和运用，体现出了个人价值观与社会价值观的一致性。③

刑事判决中的修辞主要运用于案件事实的建构，尤其是人物形象的描述。从陈述事实开始，就开始了判决书的论证。没有经过整理的案件事实是杂乱的，要想让事实具有法律意义，需要运用语言进行叙述。判决认定的事实并非纯粹客观的事实，而是在现有证据的基础上，通过审判“加工”或“剪裁”过的事实，是在法官与当事人共同参与下的事实“重构”。无论是当事人、律师表述事实，还是法官最终认定事实，对事实的叙述都离不开修辞。④ 因为，这些事实认定活动均须通过具有一定的故事性的叙事来进行言说，这种带有主观性的叙事往往能够产生非凡的实际效果。在案件事实的建构中，人物形象的建构对于受众的影响是非常大的。在司法过程中，与案件相关的主体都是有特定的时间和场域限制的，每个人的形象都不能完整地呈现，这就需要借助于修辞的运用进行人物形象的塑造。因此，在判决书中，法官需要选择与案件相关的各种素材，运用一定的语

① 参见刘燕：《案件事实的人物建构》，载《法制与社会发展》，2009（2）。

② 参见王孟斐：《我国司法裁判方法研究》，郑州大学2011年硕士学位论文，第19页。

③ 参见王孟斐：《我国司法裁判方法研究》，郑州大学2011年硕士学位论文，第20页。

④ 参见武飞：《事实建构的修辞方法》，载《法律方法》，第12卷，济南，山东人民出版社，2012，第85页。

言技巧来塑造相关的人物形象，使判决书的受众接受其对所叙述事实的评价，使他们认同判决结果。[①] 如果判决的受众认可塑造出来的人物形象，法官对人物形象的建构就是成功的。判决结果是否得到民众的接受和认可，实际上是法庭叙事所塑造的人物形象是否符合民众根据自身经验对现实人物的判断的问题。[②] 为了使判决书呈现给受众的那个事实文本尽可能迎合法律对某类情形的典型规定，修辞技术需要有一个明确的中心策略——通过人物的塑造去建构正义感，即按照通行的价值观，根据社会教化语境下的善恶标准对案件主要人物进行划分和定位，目的是利用人物形象影响、诱导受众，从而使他们作出修辞者预期的判断[③]，以保证叙事得到受众的认同。

五、判决书中的对话论证——程序向度

对话论证能为法官裁决的正当化提供充足的理由，增加判决结论的说服力。不管是哈贝马斯还是阿列克西，都主张通过程序的设计和运用来解决法律论证的问题。阿列克西认为法律论证是经商谈达成共识的一种沟通方式，论证的合理性在于商谈程序是否符合各方可接受的形式和实质标准。哈贝马斯的交往商谈理论同样以程序主义的商谈伦理学为基础，主张对话论证方法在法律领域（特别是司法领域）的具体运用；主张司法裁决的正确性与自洽性的获得必须将法律论证过程看作一个协商或对话的过程。法官注重参与主体间的论辩，让案件的所有相关者都作为自由和平等的人参加一种合作的真理追求过程，在这个过程中，各方充分表达意见、争论观点，法官通过听取、辨析各方意见，得出并论证自己的判决结论，即通过诉讼各方的对话或辩论，对案件事实的筛选认定和法律规范的适用进行澄清，以找出最佳的处理结果。[④]

判决书论证的优劣很大程度上还取决于对话程序是否满足可接受性的形式和实质的标准。对话的方法强调在司法裁判的整个庭审过程中，让案件各方参与人进行充分的对话和交流，各方（包括法官和当事人）通过特

---

① 参见武飞：《事实建构的修辞方法》，载《法律方法》，第12卷，济南，山东人民出版社，2012，第85页。

② 参见刘燕：《案件事实的人物建构》，载《法制与社会发展》，2009（2）。

③ 参见刘燕：《案件事实的人物建构》，载《法制与社会发展》，2009（2）。

④ 参见焦宝乾：《逻辑、修辞与对话：法律论证的方法》，载《厦门大学法律评论》，第9辑，厦门，厦门大学出版社，2005。

定的程序性运作，从而获得某种特定的、具有兼听则明效果的结果。① 既然在庭审过程中控辩双方对于事实、证据以及法律的适用都作了充分的论辩，那么，刑事判决书中的论证过程应该反映以下内容：控辩双方的争议观点，相关证据是否被采信，证据和观点是否被采信的理由。从宏观角度说，这是一个涉及公平正义的问题。从微观角度看，这是判决书的正当性和可接受性问题。判决书中对话论证的目的在于突出诉讼各方的主体性，将庭审过程中各方对话的情景和观点予以阐述并加以分析和评论，什么观点予以采信、采信的理由是什么，哪种观点不予采信、理由是什么，完全展现庭审中的辩论过程，并充分说理，以加强各方对判决结论的认同和接受程度，毕竟，形式上意见被尊重会被认为在一定程度上影响判决结论。② 因此，在判决书中对各方论点及论据的详细论证或反驳，给人的印象是：当事人的逻辑代替或影响了法官的逻辑，案件的处理结论不是法官的“独断”解释。这是一种明智的论证和说服方式。

第二节　以吴英集资诈骗案刑事判决书为样本的论证分析

吴英集资诈骗案③由于案情重大，涉及面广，当时颇受公众和媒体的关注。司法机关也非常重视对此案的审理，从一审、二审以及再审的判决

---

① 参见王孟斐：《我国司法裁判方法研究》，郑州大学 2011 年硕士学位论文，第 22 页。

② 参见任彦君：《对话思维在刑事公案中的运用》，载《河南财经政法大学学报》，2014 (5)。

③ 2005 年以后吴英（本色集团法定代表人）在浙江省东阳市区经营理发休闲屋、美容美体中心等，在此期间，吴英以投资和高息为诱饵进行非法吸收公众存款的行为。至案发前，吴英及本色集团非法吸收公众存款 8 亿多元。从 2005 年至 2007 年，吴英利用本色集团的一系列高调行为所产生的重大社会影响，以投资和高额利息为诱饵共向社会上 148 人非法吸收资金 14 亿余元，这些款项主要用于支付高息、偿还本金、公司经营以及个人消费等，最终巨额款项无法归还。2007 年 6 月，东阳市公安局将吴英等人涉嫌非法吸收公众存款案依法移送检察机关审查起诉。2009 年 12 月，金华市中级人民法院依法作出一审判决，以集资诈骗罪，判处吴英死刑，剥夺政治权利终身，并处没收其个人全部财产。2012 年 1 月，浙江省高级人民法院对吴英案进行二审宣判，维持对吴英的死刑判决，依法报请最高人民法院复核。最高人民法院经复核后认为，一审判决、二审裁定认定被告人吴英犯集资诈骗罪的事实清楚，证据确实、充分，定性准确，审判程序合法，综合全案考虑，对吴英判处死刑，可不立即执行，裁定发回浙江省高级人民法院重新审判。2012 年 5 月，浙江省高级人民法院经重新审理后认为，吴英集资诈骗数额特别巨大，给受害人造成重大损失，且其行为严重破坏了国家金融管理秩序，危害特别严重，应依法惩处。鉴于其归案后如实供述所犯罪行，并主动供述了其贿赂多名公务人员的事实，综合考虑，对吴英判处死刑，缓期 2 年执行，剥夺政治权利终身，并处没收其个人全部财产。

书看，都是进行了详细而深入的分析论证。尽管吴英集资诈骗案在报经最高人民法院核准死刑时，被以量刑不当（罪名定性准确，量刑过重）为由发回重审，但从论证的层面看，此案的二审判决书仍然是一个较为成功地运用各种论证方法的例子，具有一定的学术价值和示范意义。下面以本案二审刑事判决书为样本分析三种论证方法的运用。

下面是吴英集资诈骗案判决书片段：

> 被告人吴英上诉称：其没有非法占有的目的，主观上没有诈骗故意，所借资金大部分用于经营，没有肆意挥霍；客观上没有实施欺诈行为，没有用虚假宣传欺骗债权人；本案债权人不属社会公众，自己也不是向社会非法集资；本色集团合法注册，非为犯罪成立，也不是以犯罪为主要活动，本案是单位借款行为，而非个人行为，要求宣告无罪。吴英的二审辩护人以相同的理由为其辩护，要求宣告吴英无罪。同时又称，吴英即使构成犯罪，也不属犯罪情节特别恶劣，社会危害性极其严重，一审量刑显属不当；吴英检举、揭发他人犯罪的行为，构成重大立功。吴英在本院二审开庭审理中又称自己的行为已构成非法吸收公众存款罪。
>
> 出庭检察员认为：被告人吴英集资诈骗的犯罪事实清楚，证据确实充分；吴英使用诈骗的方法面向社会公众非法集资，有非法占为己有的主观故意和随意处置、挥霍集资款的行为，其行为构成集资诈骗罪，且系个人犯罪，原判定罪准确、量刑适当；上诉理由和辩护人的辩护意见均不能成立，建议驳回上诉、维持原判。
>
> 关于上诉理由和辩护意见，经查：(1) 吴英自 2006 年 4 月成立本色控股集团公司前已负巨额债务，其后又不计条件、不计后果地大量高息集资，根本不考虑自身偿还能力，对巨额集资款又无账目、记录；同时，吴英将非法集资所得的资金除少部分用于注册传统微利行业的公司以掩盖真相外，绝大部分集资款未用于生产经营，而是用于支付前期集资款的本金和高额利息，大量购买高档轿车、珠宝及肆意挥霍；案发前吴英四处躲债，根本不具偿还能力，原判据此认定吴英的行为具有非法占有的目的并无不当。(2) 在案的被害人陈述和吴英的供述证实，吴英均系以投资商铺、做煤和石油生意、合作开发酒店、资金周转等各种虚假的理由对外集资，同时，吴英为给社会公众造成其具有雄厚经济实力的假象，短时间大量虚假注册公司，并用这些公司装扮东阳市本色一条街；经常用集资款一次性向一个房产公司

购买大批房产、签订大额购房协议；买断东义路广告位集中推出本色宣传广告，制作本色宣传册向社会公众虚假宣传；将骗购来的大量珠宝堆在办公室炫富；在做期货严重亏损情况下仍以赚了大钱为由用集资款进行高利分红。吴英的上述种种行为显系以虚构事实、隐瞒真相、向社会公众虚假宣传的欺骗方法集资。(3) 吴英除了本人出面向社会公众筹资，还委托部分不明真相的人向社会公众集资，虽原判认定的直接受害人仅为 11 人，但其中林卫平、杨卫陵、杨志昂、杨卫江四人的集资对象就有 120 多人，受害人涉及浙江省东阳、义乌、奉化、丽水、杭州等地，大量的是普通群众，且吴英也明知这些人的款项是从社会公众吸收而来，吴英显属向不特定的社会公众非法集资，有公众性。(4) 本色集团及各公司成立的注册资金均来自非法集资，成立后大部分公司都未实际经营或亏损经营；吴英用非法集资来的资金注册众多公司的目的是虚假宣传，给社会公众造成本色集团繁荣的假象，以骗得更多的社会资金。而且吴英大量集资均以其个人名义进行，大量资金进入的是其个人账户，用途也由其一人随意决定。故本色集团及所属各公司实质上是吴英非法集资的工具，原判认定本案为吴英个人犯罪准确。综上，吴英上诉及其二审辩护人辩称吴英没有非法占有的目的、主观上没有诈骗故意、客观上没有实施欺诈行为、没有用虚假宣传欺骗社会公众、本案属于单位犯罪等理由均不能成立，不予采信。原判认定的事实清楚，证据确实、充分。吴英所谓检举揭发他人犯罪，经查，均系其为了获取非法利益而向他人行贿，依法不构成重大立功。

本院认为，被告人吴英以非法占有为目的，采用虚构事实、隐瞒真相、向社会公众作虚假宣传等诈骗方法非法集资，其行为已构成集资诈骗罪。吴英在二审庭审中辩称其仅构成非法吸收公众存款罪，二审辩护人提出吴英的行为不构成犯罪及要求改判无罪的理由，均与查明的事实及法律规定不符，不予采纳。吴英集资诈骗数额特别巨大，并给国家和人民利益造成了特别重大损失，犯罪情节特别严重，应依法予以严惩。二审辩护人要求对吴英从轻改判的理由亦不能成立，不予采纳。出庭检察员的意见成立，应予采纳。

一、逻辑论证

在法律适用中，由形式正义所决定，逻辑方法是所有判决书都一定适用的。吴英集资诈骗案判决论证中的演绎推理是这样的：

1. 确认有罪（以及何罪）

大前提：以非法占有为目的，使用虚构事实、隐瞒真相等欺骗方法集资，数额较大的（构成集资诈骗罪）。

小前提：被告人吴英使用诈骗方法集资，数额特别巨大。（法律事实）

结论：吴英的行为构成集资诈骗罪。（判决结果）

2. 量刑

大前提：集资诈骗，数额特别巨大并且给国家和人民利益造成特别重大损失的，处无期徒刑或者死刑，并处没收财产。（法律规则）

小前提：被告人吴英非法集资数额特别巨大。（法律事实）

结论：吴英应被判处死刑，并处没收财产。（判决结果）

二、修辞论证

在吴英集资诈骗案中的判决书中，出现不少修辞论证手法。其中，"不计条件、不计后果""根本不考虑自身偿还能力"的表述，说明吴英不怕还不上集资款，她本不打算还款。如果要还，就必须考虑这些资金投入经营后能够盈利多少，利息会不会超过盈利率，这些是必须斟酌和精心策划的。吴英对巨额集资情况以及其经营情况"掩盖真相"并"大量购买高档轿车、珠宝""肆意挥霍"，这些描述说明了吴英没有将这些资金全部用在公司经营中，而是用于个人的奢侈生活消费，没有对集资款还不上的担心，就说明了她对资金的非法占有的目的。为了给社会公众造成其经济实力雄厚的"假象"，精心"装扮"了东阳市本色一条街，做了大量的"虚假"宣传，还将骗购来的大量珠宝堆在办公室以"炫富"；在期货交易严重亏损情况下"仍"（加重语气来强调欺骗性）以赚了"大钱"为由用集资款进行高利分红，这些言辞论证了吴英以虚构事实、隐瞒真相的方法，使她掌控的本色集团显出"繁荣的假象"，目的是继续骗得更多的资金。关于吴英是构成个人犯罪还是单位犯罪方面，判决的描述是：大量资金进入了她的"个人"账户，用途也由其"一人随意"决定。这种论证方法说明，资金还是由她个人掌控，本色集团及所属各公司只不过是吴英非法集资的工具或幌子而已，从而排除了单位犯罪，属于吴英个人犯罪。① 吴英"所谓"的检举揭发他人犯罪，主要是为了获取非法利益而向他人行贿，不能认定为重大立功。"所谓"一词，字面意思是"所说"，其实可以引申出多种不同的含义，其中有"不承认、不肯定"之意，这里就是否定的意

① 参见张旦旦：《吴英非法集资案研究分析》，兰州大学 2013 年硕士学位论文，第 14 页。

思。这些修辞的运用对吴英诈骗的事实以及行为是否符合犯罪构成都起到了建构的作用。

三、对话论证

吴英集资诈骗案在当时备受瞩目，为了使判决书具备可接受性，更具说服力，判决书中对控辩双方的意见在表述的同时，都一一作了分析，哪些观点采纳、哪些观点不采纳、理由是什么，都依据法律规定和犯罪构成作了详细分析。首先，判决书中对吴英及其辩护人上诉中所提意见——“没有非法占有的目的”“没有诈骗故意”“资金大部分用于经营”“没有肆意挥霍”“没有虚假宣传以欺骗债权人”“债权人不属社会公众”，自己的行为属于“非法吸收公众存款罪”等——作了介绍，同时针对这些意见逐一作了深入分析和论证，或者说是反驳。其次，对公诉人所述的吴英犯罪事实清楚、相关证据认定、受害人的“公众性”、“非法占为己有的主观故意”等意见也一一作了表述和分析。在法院的意见中，针对吴英的行为构成集资诈骗罪所需要符合的各构成要件，包括主观方面（非法占有目的）、客观方面（哪些属于虚构事实、隐瞒真相等手段，以及本案属于募集“不特定公众”的资金），以及为何不认定为单位犯罪而是吴英个人犯罪（吴英的集资主要以其个人名义进行，资金也主要进入了其个人账户，并由她个人控制资金用途，本色集团实质上是其非法集资的工具）都进行了细致的论证。

吴英集资诈骗案判决书围绕案件的核心问题以及争议焦点通过论证得出结论。其中，对公诉人的指控事实与证据予以认定，对罪名的指控予以采纳，并说明了理由。对于吴英及其辩护人提出的意见（立功、没有非法占有目的、不属于个人犯罪、行为属于非法吸收公众存款等）作为争议焦点进行了辨析和论证。综观整个判决书，可以看到双方意见的表达与争论，法官对双方观点的评析、判断与取舍，反映了案件参与人的对话过程，体现了司法的民主化。可见，判决书的论证技巧是应该予以肯定的。

第十二章 疑难案件中刑法适用的评价标准

评价活动反映的是主客体之间的价值关系，是人把握客体对人的意义、价值的一种观念性活动。对刑法适用的评价主要体现在对刑事判决书的评价上。从宏观角度说，法律应追求正义、公平、平等、秩序、自由等价值，因此，刑法适用的评价标准应该是这些因素，但是“公平”“正义”的概念是极难解释，含义极难确定的，只能从更加具体的、相对可以操作的层面掌握刑法适用的评价标准。法学是包含价值评判因素的社会科学，合法性是法律思维要追求的首要目标；而作为涉及价值判断因素的学科，法律思维在某种程度上又少不了考虑法律结论的合理性和可接受性。①

第一节 刑法适用的评价标准

判决首先要满足合法性，这是正义的表层要求，是形式上的正义，而合理性则是判决正当性的更高要求，追求的是实质正义。从直观的层面看，判决的法律效力来自合法性，实质上则由判决的合理性所决定。判决的可接受性是一种社会标准，体现了司法民主。

一、刑事裁判的合法性

合法性是评价判决的一种基础性标准。“合法性”的主要含义是“符合法律规定”，指一种行为或者一个事物的存在符合现行法律的规定。刑事裁判的合法性是指判决是否符合刑事法的规定，包括刑事实体法和刑事程序法的规定。对刑事判决的合法性评价，决定了公众对判决结论权威或

---

① 参见范春莹：《法律思维研究》，山东大学 2008 年博士学位论文，第 54 页。

价值的认同与否，进而决定着其是否接受和服从刑事判决。[①]

合法性标准作为刑事裁判的评价标准之一，特点在于：（1）确定性。法律是明确的行为规范，它告诉人们哪些行为可以做、哪些行为不能做。[②]（2）客观性。作为一种明确的裁判规范，法律是一种制度性评价标准，它能够使人们预测评价结果，能够从较大程度上保证评价结果的客观性，是达到“相似情况相似处理，不同情况不同对待”效果的必要保证。

在司法实践中，案件的审理基本都做到了有法必依，包括对案件事实的认定，以及法律的适用，都是在现行的法律制度内运行的，符合了合法性标准。但是合法性标准还不足以全面满足判决的要求，主要是无法解决解释结果的多样性和合理性问题。合法性标准只是判决须具备的最低标准。[③] 刑事裁判合法性标准的判断依据就是刑事法规范，包括刑法和刑事诉讼法。

单纯从专业的角度看，刑事裁判的评价标准应当是合法性，但是，仅仅有合法性还不能完全合理地评价裁判效果，因为合法性标准的前提是：制定法是公正的、封闭的，是反映了人民群众意志和客观规律的。[④] 实际上，由于人的立法能力、社会变迁等因素的影响，法律滞后、不完善等情况一定是存在的，由此决定了仅仅有合法性还不足以评价刑事裁判的妥当性。对于刑事裁判来说，合法性标准只是一种基础性标准，这一标准面对刑法解释结论的多样性问题时无能为力。[⑤] 另外，我们也无法要求所有人都从专业角度看问题，不可能禁止民众以社会标准来看待和评判司法公正的问题。

二、刑事裁判的合理性

在刑法的适用解释过程中，尤其是在事实和规范难以对接的疑难案件中，由于存在不同的解释方法，并且它们之间没有固定的位阶关系，不同的解释方法会得出不同的或多样的解释结果。另外，不同的解释主体会从各自的立场或利益出发，运用不同的解释方法，不同方法决定了不同结果。“只要有理解，理解就会不同”，这是法律解释结果多样性存

---

① 参见冯军：《刑事判决合法性评价的基本范畴探讨》，载《东方法学》，2008（6）。

② 参见黄长木：《论评价司法公正的社会标准与法律标准》，载《九江职业技术学院学报》，2010（3）。

③ 参见孙光宁：《法律解释的评价标准：从合法性、合理性到可接受性》，载《内蒙古社会科学（汉文版）》，2009（5）。

④ 参见黄长木：《论评价司法公正的社会标准与法律标准》，载《九江职业技术学院学报》，2010（3）。

⑤ 参见孙光宁：《法律解释结果的多样性及其选择》，载《甘肃政法学院学报》，2009（4）。

在的原因之一。再者，法律体系的不完备性，也是导致多种法律解释结果的原因之一。由于合法性标准无法消除也无法解决刑法解释结论的多样性问题，就产生了解释结论的合理性选择问题，即刑事裁判的合理性判断问题。

刑事裁判的合理性判断是社会和谐的必要步骤。在很多刑事案件中，都可能存在多种价值的冲突，法官不得不在各种法律价值之间作出选择，选择的目的是使裁判达到实质上的合理。因为，法治除了关注法律的形式理性、形式正义，还应该重视公众的实质公平正义观念。兼具形式正义和实质正义的裁判，才能得到公众的接受与认同。如果只强调合法性，而不符合社会大众的观念，司法的负面影响将会凸显：人们要么对法律失去信任，要么对法律过分地盲从，由此带来大量的社会矛盾。在一定的时空中，法律的精神与人们的是非观不一定一致，如果只注重合法性（屈从于规则的逻辑运用），有可能造成人们对司法的不满，使法律与公众的正义感之间的差距变大，从而，法律就会在公众心里渐渐失去自身的可理解性和合理性。① 基于此，合理性评价也是形成法律的公众认同、达到社会和谐的必要方法之一。应该说，合法性主要代表着精英化的法律职业共同体对刑事裁判的判断标准，而合理性主要是照顾大众化的判断标准和社会需求。刑事司法裁判中如果忽视了裁判评价的合理性，机械司法（依据刑法规范对案件进行严格解释），既无法使结论获得社会的认同和接受，也会失去司法的权威和信任的根基。②

裁判合理性主要考察公平性和合目的性。公平性，既包括对同等的事物要求予以同等的待遇，这是在一般情况下，也包括特殊情况下的特殊处理方法，即个案的具体正义、实质正义。合目的性，是指司法裁判要注重现实社会的需求，应对适用不同的法律可能产生的效果，尤其在有两种以上的解释可能性存在时，先加以预测，而后再依据法律的目的，包括社会正义的实现、社会道德的导引、公共利益的增进等，进行客观的、合时代性的衡量，斟酌哪些效果是我们希望达到的、哪些效果是应该避免的，根据目的论观点评价后，决定把其中一项解释作为最终的解释结论。合理性评价作为刑法解释的关键一环，需要综合考虑各种法律价值、利益，根据

① 参见〔美〕R. M. 昂格尔：《现代社会中的法律》，北京，吴玉章、周汉华译，中国政法大学出版社，1994，第191页。

② 参见孙光宁：《法律解释的评价标准：从合法性、合理性到可接受性》，载《内蒙古社会科学（汉文版）》，2009（5）。

经验等协调各种冲突的利益或不同的价值立场，在综合权衡后确定解释结论，并对解释的论点进行一些合理性修整，如此，既能避免因机械司法而顾及不到妥当性的情况，又能够避免刑法解释的主观随意，从而克服解释方法本身的局限性和由此造成的不合理性现象。[①]

应该说，合理性判断的标准在法律之外，抽象地说，是社会普遍的正义观和价值取向，如宗教准则、伦理标准、交易习惯、风俗，等等，都可能成为考虑的因素。裁判的合理性只有在具体的情境中才能够判断，它不是放之四海而皆准的固定标准，它是一种实践理性，由具体案情、特定的时空背景、民众的关注程度、当时的法律目的、风俗习惯、政策方向，以及其他相关的社会因素等各种总和因素所决定。另外，刑事裁判的合理性评价要受制于刑法基本原则的要求，在合法性原则的前提下，才能依据合理性因素作出判断。[②] 当然，合理性是一种实质性考量，是一种价值判断，对于价值判断的正确性，科学是无能为力的，因为合理性问题涉及主体的主观评价，而这无法避免情感因素的渗入，无法完全排斥主观、恣意和片面的可能性。虽然如此，法律的适用依然少不了评价，法律原则本身就是一种评价，概念和规则更是具体化的评价。

三、刑事裁判的可接受性

司法过程追求的结果或中心目标，应该得到判决受众的实质性认可，内心认同才会服从。如果某一法律规则的实施只是依靠强制力做保障，那么，这种实施要么被指责为暴政，要么实效性不高，最终摆脱不了“法之不法”的命运。[③] 随着社会的发展进步和公民法律意识的提高，单纯依赖于传统法治意义上的强制已经不能满足愈来愈复杂的社会情势。中国社会中一直挥之不去的法不责众心理，以及多元化主体对利益最大化的追求，使得一种更广泛意义上的“强制性”成为需求，或者说，更准确也更具研究价值的可接受性成为当下最合适的替代者。[④] 另外，法律适用的最终目的并不是追求绝对真理，事实上也无法做到这一点，它不像数学那样进行精确的计算，也不是只要纯粹的逻辑证明，也没有绝对的真值或唯一的结论，而是基于一定的论据进行的说理论证，由此，说服力的大小以及可接

---

① 参见朱千里：《论刑法解释的合理性审查》，载《法律适用》，2010（5）。

② 参见朱千里：《论刑法解释的合理性审查》，载《法律适用》，2010（5）。

③ 参见周安平：《许霆案的民意：按照大数法则的分析》，载《中外法学》，2009（1）。

④ 参见孙光宁：《可接受性理论研究——走向开放的法律方法》，山东大学2007年硕士学位论文，第8页。

受性程度的高低才应该是它所关注的。“不同于为命题的真实性而论的一般论证，总体上看，法律上的论证标准或目标并不是‘真’，而是要让人接受或信服。在诉讼中，法律论证的目的在于找到不同阶段的命题和结论的正确性和可接受性。”① 因此，如果我们不认为司法裁判只是反映了国家权威，公众对裁判的认可和接受就是司法应追求的目标。另外，裁判的目的是为整体的民众利益服务的，民众的接受与认可应当受到前所未有的重视。这是实用主义与规范主义的评价结合，也是整个司法制度设计的终极目标。可接受性是一种社会评价，它不是把绝对意义上的真理作为评价标准，它讲究相对的合理性。② 法律评价的主要依据是事实和法律规范，社会评价的主要依据是民众的常识、经验和道德观念等。“法律是我们道德生活的见证和外部积淀。”③ 因此，社会评价是不可缺少的。虽然合法性评价和可接受性评价的判定标准不同，但二者之间却有着密切的联系。合法性评价应该努力追求与可接受性评价相一致，从而满足公众对公平正义的追求。同时，合法性评价也不能过多地背离社会评价，否则，刑事裁判缺乏了客观性，正义也难以实现。因此，刑事裁判的可接受性，是指法院作出的刑事判决书所具有的能够得到受众认可、吸纳甚至尊崇的属性。

裁判可接受性受制于法治文化、司法体制、程序正当性、法官素质、法律方法的运用等多种因素，其中，法治文化、司法体制、法官素质等是不易控制和改变的因素，只有技术性的方法，如程序问题和法律方法的运用是可以考察和评价的。因此，对于判决可接受性的评价主要在于程序是否正当、法律方法是否恰当运用、法律论证是否充分。另外，根据新修辞学理论，判决结论是否具备可接受性也取决于听众。“论证是以听众为中心的交流。不管如何运用论证方法，不管想产生什么影响，你准备和提供的论据都必须以听众为中心。如果不考虑你的听众，那你的论证不过是在锻炼你的书面论证能力罢了。”④

刑事裁判的可接受性有程度的差别，不同的利益视角下对裁判的可接

① 郑永流：《法律判断大小前提的建构及其方法》，载《法学研究》，2006（4）。

② 任何司法裁决结论的合理性都是特定历史时期、特定文化环境与带有不同“前见”的个体论证的结果。由于时代的发展、文化的变迁、个体认识能力的差异和知识的更新等，结论的合理性都是暂时的、相对的，只是能为“主体间”所接受的答案。

③ 〔美〕博登海默：《法理学：法律哲学和法律方法》，邓正来译，北京，中国政法大学出版社，1999，第376页。

④ Josina M. Makau & Debian L. Marty，*Cooperative Argumentation：A Model for Deliberative Community*，Wavel and Press，2003，p. 181.

受程度是不一样的。由于刑罚的严厉性和带给人痛苦的特点，被告人对判决的可接受性最多只能是低层次要求，即“服从判决”，不可能达到高层次要求，即“满意判决”①。一审判决后，如果当事方不上诉、抗诉，可以认为其基本上是接受一审判决结果的。对于已经发生法律效力的判决，判断当事人是否接受判决的关键在于看当事人是否申诉、抗诉或申请再审。如果当事人不申诉、抗诉或申请再审，可以认为其基本上是接受判决的；反之，如果当事人申诉、抗诉、申请再审或者上访，就说明当事人没有接受已生效判决。当然，当事人是否接受裁判并不是绝对重要的，因为刑事被告人和被害人是利益冲突的双方，由于受情感和利益因素的影响，他们对刑事判决的评价不一定是理性的。② 此处所说可接受性标准针对的对象就是法律职业共同体和公众。法律职业共同体是法治的精英阶层，它是指专门从事法律工作的人员，包括法官、检察官、律师、法学教师和研究人员等，他们是法律方法主要面向的听众。法律职业共同体作为判断判决可接受性的主体，由于其特殊的思维方式和技巧，以及其对规范的重视和推崇，决定了他们必然是从法律规范的角度理性地看待判决，对判决作合法性、合理性分析，从判决中法律方法的运用、判决的说理等方面考察判决的法律效果与社会效果。法律职业共同体享用着法律知识和话语，拥有共同的思维模式，追求共同的价值取向。他们对于刑事裁判的评价，主要是通过共同体成员间的商谈来进行的，包括法官、律师和法学者正式或者非正式交流，如律师在法庭上的发言，法官之间的交流，法学者的法律评论、论文、专著等。与当事人的评价视角不同的是，法律职业共同体主要依据法的目的、法的精神以及原则等，结合一定的法律方法来评价刑事裁判。因此，它是一种理性的、职业化的评价。③ 和当事人相比，社会公众和刑事判决之间是一种间接的联系，但由于社会秩序的影响，他们也关注刑事判决的合法性、合理性，从而也表现出对于判决是否接受。因此，他们也是一类不可忽视的主体。从人的天性看，人们容易将别人受到的不公正待遇类比为对自身的侵犯，通过移情或换位想象而设身处地地理解别人。这既是一种同情，也算是一种自卫（自身也可能会处于

---

① 由于诉讼具有双方当事人，并且其利益是针锋相对的，此消彼长，难以同时让双方“满意”。另外，“满意”是一个具有极大不确定性的概念，具有主观性，它更多的是一个人的内心感受，具有极大的模糊性和多变性，难以把握。因此，“满意”一词不能切合实际地表达判决的评价标准。

② 参见冯军：《刑事判决合法性评价的基本范畴探讨》，载《东方法学》，2008（6）。

③ 参见冯军：《刑事判决合法性评价的基本范畴探讨》，载《东方法学》，2008（6）。

这种境况)。[①] 由于法律专业知识的欠缺，社会公众对刑事判决的评价标准主要是其社会化过程中形成的道德信念——公平、正义等，这是一种非职业化的道德评价。公众对于刑事裁判的评价，主要运用一些常识性观念和经验，除了与道德无涉的生活常识、习俗外，普通的伦理道德观念和正义观念是更常采用的标准。如有学者所说的“常识、常理、常情”；“现代法治，归根到底应该是人性之治、良心之治，而绝不应归结为机械的规则之治”；“常识、常理、常情”或者说“良心”是公众普遍认同的社会基本价值观，是一个社会最基本的是非标准、价值观和伦理要求的底线。[②] 法律意欲追求和体现的“公平”和“正义”，应该是以特定时期公众认同的价值观和道德标准为基础的。如果法律的评价标准与公众的道德标准的差距不太大，公众还有可能有意识地适度修正自己的道德标准；然而，如果二者的差距太大，就会加剧法律与社会之间的矛盾和隔阂，使法律的认同感降低，规避法律的行为增加，以至于损害法制的权威……在大多数情况下，适当地厘清法律与道德的界限应该是立法者的使命，但司法实践中却经常把这样的难题摆到法官面前……当法律规则模糊时，道德标准自然可以作为解释法律的一种标准。[③] 法官虽然是裁判的专业人士，但也是社会成员，具有和一般公众同样的“常识、常理、常情”，因此，法官具备以公众的眼光看问题的素质。在刑事裁判中，这些都成为法官考虑的因素，也是判决可接受的基础。

刑事裁判可接受性的评价标准应采纳相对合理主义的思想。可接受性是受到一定时空的限制的，因为社会及其分层、社会观念等都是处于不断变化之中，法律也不可能是固定的、静止的，而总是在流变、发展的。因此，可接受性的评价标准也是随着时间（时代）和空间的不同而流变的。听众的多样性、价值观念的多元化、利益的冲突和复杂导致达成共识的难题，不同的听众由于立场、利益等不同对于基本问题存在重大分歧是难免的。[④]“共识”是一个很“奢侈”的结果。总体来说，对裁判可接受性的判断应采纳相对合理主义的思想。

---

① 参见〔美〕肯尼斯·基普尼斯：《职责与正义：美国的司法制度与律师职业道德》，徐文俊译，南京，东南大学出版社，2000，第31～32页。

② 参见陈忠林：《刑法散得集》，北京，法律出版社，2003，第37～38页。

③ 参见范愉：《法律怎样被信仰——谈法律与宗教及法律与道德的关系》，见http://www.china-judge.com/main.asp/法律思想/法理研究，访问日期：2005-12-06。

④ 参见孙光宁：《法律论证中的可接受性原则》，载《法律方法》，第8卷，济南，山东人民出版社，2009，第382页。

第二节　疑难案件裁判评价分析
——以“许霆案”再审裁定书为样本

在论证裁判的法律方法上，不管是逻辑推理、修辞论证还是对话商谈，其背后的目标都是实现裁判的合法性、合理性和可接受性。反过来说，要评价裁判是否达到这些目标就看裁判是否运用了上述论证方法。下面以“许霆案”再审刑事裁定书为样本进行分析。

在原一审中，许霆被判处无期徒刑，剥夺政治权利终身，并处没收个人全部财产。

一审判决后，定罪量刑结果不被民众接受，议论纷纷，观点纷呈，争议焦点主要包括：许霆的行为是不当得利还是构成犯罪？如果构成犯罪，是侵占罪还是盗窃罪？如果认定盗窃罪，是否具备“秘密”窃取的特征？柜员机是否属于金融机构？判决无期徒刑是否罪刑相称？这些问题在媒体、法学界成为热议的话题。从判决书看，事实叙述简单，规范适用基本是刑法条文的复述，没有总结案件焦点，也没有对争议焦点的详细论述。在论证方法上，少见修辞手法，逻辑论证也较为简单，对话论证也“时有时无”。虽然具备了判决的合法性，但不管是形式上的论证还是量刑上的实质合理，都没有达到公众接受的程度。

从再审裁定效果看，基本上达到了公众接受的效果，具备了合法性和合理性。这个裁定能够达到法律效果与社会效果统一的原因包括两个方面：形式合法和实质合理。下面是“许霆案”再审裁定书中的片段：

> 本院还认为，许霆恶意取款的行为已经构成了犯罪，触犯了刑法第二百六十四条第（一）项的规定，应当按照盗窃罪予以处罚。其理由如下：
>
> （一）许霆恶意侵犯公共财产所有权的行为具有严重的社会危害性。
>
> 许霆第一次在柜员机取款并多占有银行999元的利益属于民法上的不当得利，不是盗窃行为。因为许霆第一次取款时系无意中误输入1 000元的取款金额而导致多占有银行999元，许霆既不是故意要超余额取款，也不可能预见到银行柜员机出错会出现取1 000元只从账上扣款1元的情况，故其主观上既没有非法占有银行财产的故意，也

没有过失，其行为性质不是侵权行为更不是犯罪行为。但许霆多占有银行999元的利益没有法律上的依据，属于民法上的不当得利，应当由民事法律来调整。

但是，许霆通过第一次无意地多取款并查询余额后，明知柜员机出现了异常并能够多占有银行资金，连续取款170次，取款金额达174 000元，非法占有银行财产173 826元，尔后又携款潜逃，至今都未能退赃。许霆的上述行为已经属于一种严重侵权行为，不仅严重侵犯了公共财产的所有权，给国家财产造成了巨大损失，还危害了国家金融机构正常的金融秩序，损害了金融安全，具有严重的社会危害性。

（二）上诉人许霆恶意取款的行为具有刑事违法性，符合盗窃罪的犯罪构成要件。

首先，许霆主观上具有非法占有银行财产的故意。许霆在明知柜员机出现上述异常后，竟然在3个多小时内连续170次恶意取款，其行为相对第一次无意多取款的行为发生了本质的变化，从没有犯罪意图到临时产生了非法占有银行资金的故意。第一，许霆在第一次取款并通过查询银行卡余额后，已经明知柜员机出现了异常，能够超出余额取款且不能如实扣账，每次取款都能非法占有银行资金；第二，许霆利用柜员机的异常，主动多次实施取款行为，积极追求非法占有银行财产的目的；第三，许霆在取款后为逃避法律责任，又携款潜逃，最终实现非法占有银行财产的目的。上述事实充分说明了许霆主观上具有侵犯公共财产所有权的故意，其取款行为的目的就是非法占有银行财产。

其次，许霆客观上实施的非法取款的手段符合"秘密窃取"的特征。盗窃罪中规定的"秘密窃取"指的是行为人采取自认为不被财物所有人或保管人当场发觉的方法，违背财物所有人、保管人的意志，利用非暴力的手段取得财物的行为。即"秘密"具有主观性、相对性的特点，主观性指的是行为人主观上自认为其行为未被发觉，至于实际是否被发觉并不影响秘密性的成立；相对性指的是行为的秘密性只是相对于财物所有人或保管人而言，即只要行为人自认为不会被财物所有人或保管人发觉即可，至于是否会被其他第三人或财物所有人、保管人设置的工具发觉不受影响。秘密性还只相对于行为实行的当时而言，至于行为事后是否会被发觉亦不影响秘密性的成立。而"窃取"指的是行为人的行为具有违背财物所有人、保管人的意志性和手段的非暴力性。本案中，柜员机只是银行用于经营、保管资金的智能工具，当柜员机出现故障时，已不能正确执行和代表银行的意志。许霆利用银行柜员机出现的故障，趁银行工作人员尚未及时发觉柜员机的故障并对该柜员机采取有效保护措施之机，连续170次恶意取款。许霆取款时不仅明知柜员机出现了故障，而且通过第一次取款的成功，知道银行工作人员不会当场察觉到其恶意取款行为，且事实上银行也是直到许霆作案后第三天才发觉。上述事实足以说明许霆主观上产生了其非法占有银行财产的行为不会被银行工作人员当场发觉的侥幸心理，虽然许霆持有的是其本人的银行卡，柜员机旁亦有监控录像，这些都只是使银行事后能够查明许霆的身份，但不足以使银行能够当场发觉并制止许霆的恶意取款行为，所以许霆的行为具有“秘密性”特征；许霆持不具备透支功能的银行借记卡超余额取款，且每次取款银行卡账上都不能如实扣款，其恶意取款的行为之所以能够实现，是因为柜员机出现了异常，不能正确执行银行的指令，所导致出现的不如实扣账等故障情况违背了银行的真实意思，故许霆非法占有银行资金的行为显然违背了银行的意志；许霆取款时虽然输入了正确的密码，但由于许霆是基于非法占有银行资金的这一犯罪目的进行取款，在此前提下，其操作取款行为只是许霆非法占有银行财产的一种手段，密码是否正确并不影响行为的定性，仅说明其行为具有非暴力性。综上，许霆的恶意取款行为完全符合“秘密窃取”的法律特征。

最后，许霆的行为属于盗窃金融机构，且数额特别巨大。《最高人民法院关于审理盗窃案件具体应用法律若干问题的解释》第八条规定：“刑法第二百六十四条规定的盗窃金融机构，是指盗窃金融机构的经营资金、有价证券和客户的资金等，如储户的存款、债券、其他款物，企业的结算资金、股票，不包括盗窃金融机构的办公用品、交通工具等财物的行为。”本案中，自动柜员机是银行对外提供客户自助金融服务的设备，机内储存的资金是金融机构的经营资金，许霆盗窃自动柜员机中资金的行为依法属于“盗窃金融机构”的行为；许霆共计取款成功171次，取款金额共计175 000元，其银行卡账上共计被划扣175元。许霆首次取款的1 000元，因其不具备犯罪意图，不计为盗窃金额，其后170次共计取款174 000元，但银行为此从许霆银行卡账上扣款174元，许霆实际只非法占有银行资金173 826元。故认定许霆盗窃银行经营资金共计173 826元，依法属于数额特别巨大。

（三）许霆的恶意取款行为具有应受刑罚处罚性。

许霆的恶意取款行为已经不是民事侵权行为，其主观恶性及违法程度已经远远超出了民事违法的范畴，如果不受刑罚制裁，就不足以防止类似行为的出现，不能实现刑罚的预防目的。许霆没有法定的不承担刑事责任的情形，应当按照刑法相关规定处罚。

许霆的行为已经构成盗窃罪，且属盗窃金融机构，数额特别巨大，许霆没有法定减轻处罚情节，如仅适用刑法分则关于盗窃罪的规定，应当判处无期徒刑以上刑罚。但是，许霆的犯罪对象、犯罪手段、犯罪条件等具有特殊性：第一，许霆取款的柜员机出现了故障，已非正常的“金融机构”。许霆并无犯罪预谋，正是偶然发现了柜员机的异常情况才临时产生犯意，许霆的盗窃行为之所以得逞，除了其本人主动实施恶意取款行为外，柜员机的故障客观上提供了便利。许霆的犯罪是一个从量变到质变的发展过程，随着许霆不停地恶意取款，柜员机的故障亦助使其得逞，导致许霆的主观恶性越来越大，社会危害性越来越严重。第二，许霆的行为虽然构成了盗窃罪，但其采取的犯罪手段在形式上合乎柜员机取款的要求，与采取破坏柜员机或进入金融机构营业场所内部盗窃等手段相比，其社会危害性要小。第三，许霆的犯罪极具偶然性，是在柜员机出现故障这样极为罕见和特殊的情形下诱发的犯罪，类似情况难以复制和模仿，对许霆科以适度的刑罚就能够达到刑罚的预防目的，没有必要对其判处无期徒刑以上刑罚。考虑到上述特殊情况，许霆具有可以减轻处罚的酌定情节，如果仅只适用刑法分则的规定，对许霆在法定量刑幅度内判处最低刑罚仍属过重，有违刑法总则中所规定的罪责刑相适应的基本原则。故对于许霆可以依照刑法总则第六十三条的规定，鉴于本案有可以在法定刑以下量刑的特殊情况，尽管许霆至今未退赃，但仍然可以在法定刑以下判处刑罚。

对于本案的量刑，既要考虑到许霆行为具有严重的社会危害性，构成了盗窃罪，属于盗窃金融机构，数额特别巨大，又要充分考虑到许霆犯罪的偶然性及特殊性，对其在法定刑以下量刑既符合刑法关于罪责刑相适应的原则，又充分体现了法律效果与社会效果的统一。我国是适用成文法的国家，成文法始终存在一定的滞后性，无法包罗所有的犯罪现象和犯罪特征，很多酌定从严、从宽的量刑情节无法在已存的法律中规定。所以对被告人量刑既要考虑到法定情节，又要考虑到酌定情节及个案的特殊情况，只有将二者结合起来，综观全案妥善处理，才能最大限度地发挥条文法的优越性，弥补条文法的滞后性，充分体现法律效果与社会效果的统一。

综上所述，上诉人许霆以非法占有为目的，秘密窃取金融机构的经营资金，数额特别巨大，其行为侵害了刑法所保护的社会关系即公私财产的所有权，具有严重的社会危害性、明显的刑事违法性和应受刑罚处罚性，已构成盗窃罪。对于许霆及其辩护人提出不构成犯罪的上诉理由及辩护意见均不予采纳。但鉴于许霆是在偶然发现柜员机出现异常后临时起意犯罪、只是利用柜员机的故障通过持卡取款的方式实施犯罪等特殊情况，其犯罪的主观恶性、犯罪情节和社会危害性的严重程度要比有预谋盗窃或采取破坏性手段盗窃柜员机内的资金轻，虽然许霆没有减轻处罚的法定情节，但依照刑法罪责刑相适应的基本原则，仍可对其在法定刑以下量刑。

这个裁定书形式上能够让公众、法律职业共同体接受的原因在于：论证比较严密，法律论证方法丰富，综合运用了多种论证方法：修辞、逻辑和对话等。我们先看修辞方法的论证：在事实认定部分，描述许霆第一次取款时用了“无意中”来论证他的第一次取款行为没有故意，不属于盗窃，而是民法上的“不当得利”。从“无意”到“意识到”柜员机出现故障，描述了许霆主观心理的变化，即从没有犯罪故意转变为“具有非法占有公私财物的目的”。“携款潜逃”说明许霆本人意识到这种行为并不能为社会规范所允许和容忍。“至今都未能退赃”既说明了许霆行为的社会危害性和主观恶性，也为以后的量刑做了铺垫。另外，“连续取款”“再次”“累计取款 171 次”等语言勾勒出了许霆取款时的贪婪。这种叙事策略的运用，既建构了案件事实，又对判决书的论证起着加强说服力的作用，具有一种构成论证上的意义。因为司法审判所依据的案件事实，不仅是证据的产物，更是一个叙事活动的产物。① 我们再看逻辑方法的论证：许霆的行为构成盗窃罪的理由在于他的行为符合了犯罪的所有特征：其一，许霆的行为具有严重的社会危害性，即明知柜员机出现了故障，为了多占有银行资金，竟然恶意取款 170 次，总金额达到 17 万多元（非法占有银行财产 17 万多元），事后为逃避制裁而携款潜逃，并未能退赃，给国家财产造成了巨大损失。② 其二，许霆恶意取款的行为具有刑事违法性。其主观故意可以由“在 3 个多小时内连续 170 次恶意取款”推出。裁定书分析了其

① 参见刘燕：《案件事实的人物建构》，载《法制与社会发展》，2009（2）。

② 参见陈兴良：《利用柜员机故障恶意取款行为之定性研究》，载《中外法学》，2009（1）。

第一次多取款属于无意，但在知道柜员机出现故障后，自第二次取款行为开始，其主观心理就发生了变化，从“无意”多占有银行资金到产生了非法占有故意。并且，“取款后为逃避法律责任，又携款潜逃，最终实现非法占有银行财产的目的”，这说明许霆知道自己行为的性质（违法）。从客观方面看，裁定书认定许霆持没有透支功能的借记卡超出自己的余额取款，在明知柜员机出现故障，以至于在取款后银行卡账上不能如实反映扣款真实数额的情况下，仍故意多取款而非法占有银行资金，应该认定为“以非法占有目的”窃取银行资金的行为（许霆取款的行为不具有暴力性）。另外，许霆盗窃的对象属于金融机构资金，因为“自动柜员机是银行对外提供客户自助金融服务的设备”；许霆盗窃数额特别巨大——根据司法解释规定认定数额。其三，许霆的恶意取款行为具有应受刑罚处罚性。许霆的行为符合了盗窃罪的犯罪构成要件，其危害程度已经构成了刑事犯罪，如果不进行刑罚制裁，不足以防止此类行为的发生，难以实现刑罚的预防目的。[①]“许霆没有法定减轻处罚情节，如仅适用刑法分则关于盗窃罪的规定，应当判处无期徒刑以上刑罚。”（这也说明仅从法律条文看，原一审判决并没有判决错误，具备了合法性。）当然，由于“许霆案”的特殊性——“柜员机故障”“无犯罪预谋”“极具偶然性”“形式上合乎柜员机取款的要求”“类似情况难以复制和模仿”等“可以减轻处罚的酌定情节”，“对许霆在法定量刑幅度内判处最低刑罚仍属过重”，又由于“成文法的滞后性（主要指量刑数额起点）”，依据罪责刑相适应原则，对许霆适用了特殊的减轻处罚。最后，我们看对话论证方法的运用：“许霆案”原一审判决后，公众、法学界、官员及媒体纷纷发表意见，除了表示不能接受判决结果外，主要是对判决认定的一些问题提出了质疑，或者说争论。再审裁定中对这些问题一一作了论述和澄清。（1）关于不当得利问题。裁定书认为，许霆第一次在柜员机取款时，多取的 999 元银行资金，从性质上看属于民法上的“不当得利”，但是，许霆通过查询余额得知柜员机出现故障后，仍连续取款 170 次，非法占有银行财产 17 万多元，之后又携款潜逃，并且未能退赃。[②] 自第二次取款开始已经不再是“不当得利”，其行为严重侵犯了公共财产所有权，危害了金融机构正常的金融秩序，具有严重的社会危害性，已经构成犯罪。（2）关于是否“秘密”窃取的问题。裁定对于“秘密”的特点作了详细的分析，并论证了许霆的取款

① 参见陈兴良：《利用柜员机故障恶意取款行为之定性研究》，载《中外法学》，2009（1）。

② 参见陈兴良：《利用柜员机故障恶意取款行为之定性研究》，载《中外法学》，2009（1）。

手段完全符合了“秘密窃取”的特征。(3) 本案犯罪对象是否属于金融机构的问题。裁定认为，柜员机属于银行为便利客户而提供的自助金融服务设备，里面储存的资金是金融机构的经营资金①，柜员机可以看作是银行，故此，许霆的行为属于“盗窃金融机构”的行为。另外，裁定中对于许霆及其辩护人的意见、公诉意见、一审法院意见等都作了描述和回应，既反映了对话的程序，也表现了对话的结果。这种对话论证方法能够促成各方达成共识，提高判决结果的说服力和可接受性。总体来说，再审裁定的形式论证给人一种分析透彻、逻辑严密、兼听则明的感觉，从而能够让人从形式上接受它。

再审裁定能够具备可接受性的最主要原因还在于它具有实质合理性。原一审判决除了论证简单外，对罪名的认定争议主要集中在法学界的讨论中，而公众的质疑主要在于量刑过重。笔者认为，认定许霆的行为构成盗窃罪没有错误或不当，关键是原一审量刑过重。较之于罪名，社会公众主要关注的是刑罚的轻重。“在经验世界里，人们都是通过刑来认识罪的，因为刑罚是一种易感触的力量。”② 对于案件的判决结论，公众一般是先看量刑结果，再看罪名，而刑法学人的思路相反，是“先(罪名)定性再量刑”③。对于许霆的量刑，如果从严格遵守法条规定出发（盗窃金融机构数额特别巨大的，法定最低刑是无期徒刑），确实应该处以无期徒刑，因此，原一审判决判处许霆无期徒刑是具备合法性的，并无不当。④ 重审之所以改判 5 年有期徒刑，主要是基于实质合理或者个案公正的考虑：许霆在银行取款机出现故障的特殊情况下实施的犯罪行为具有特殊性；经济发展所致通货膨胀因素导致定罪量刑数额起点滞后。这些酌定从轻情节说明许霆行为的社会危害性没有达到可以判处无期徒刑的程度。因此，基于罪刑均衡原则的考虑，在程序上，根据《刑法》第 63 条⑤规定报经最高人民法院核准，改判低一个量刑幅度，即适用特殊减轻刑罚制度。最后的改判结果达到了实质合理，使公众和法学界的普遍能够接受。

---

① 参见陈兴良：《利用柜员机故障恶意取款行为之定性研究》，载《中外法学》，2009 (1)。

② 〔意〕贝卡里亚：《论犯罪与刑罚》，北京，中国大百科全书出版社，1993，第 25 页。

③ 高艳东：《从盗窃到侵占：许霆案的法理与规范分析》，载《中外法学》，2008 (3)。

④ 参见任彦君：《定罪量刑数额起点的反思》，载《郑州大学学报（哲学社会科学版）》，2014 (1)。

⑤ 《刑法》第 63 条：犯罪分子虽然不具有本法规定的减轻处罚情节，但是根据案件的特殊情况，经最高人民法院核准，也可以在法定刑以下判处刑罚。

第十三章　刑法适用走向方法时代之路

——刑法适用方法研究回顾与前瞻（1997—2014）

第一节　刑法适用方法研究回顾

一、概述

刑法的适用不是对刑法条文的机械套用，不是一个简单地对号入座过程，而是一个技术性思维过程，应立足于法律规则，并考虑实质正义、社会经验和案件具体情景而形成最终判断。[①] 这个过程需要一些专业的方法或技巧，或者说，我们需要进入一个“方法的时代”。从现行司法背景来看，热点案例的不断出现，舆论对“公案”的关注，反映了刑法适用方法研究的不足。这一点已经引起一些学者的注意，认为仅仅讨论案件如何定性，不足以从热点案件中得出更有价值的东西，重要的是反思为何事实清楚的案件，在适用法律上观点争议会如此之大——刑法适用的方法论等更深层次的问题需要深入研究。

刑法适用是将刑法规范运用于具体案件并得出裁判结论的过程，在这个过程中会涉及对刑法规范的解释、刑法漏洞的补充、相关利益的衡量和刑法价值的判断等诸多方法的运用。因此，下文主要对刑法适用中的思维方法、刑法解释方法、刑法漏洞的处理方法、刑法适用中的利益衡量、价值判断等相关方面的研究成果作一回顾、总结，并在发现不足的基础上对研究趋势作一展望，以期更加深入地研究和丰富刑法适用方法论，进而有益于刑事司法实践。

由于刑法适用方法的研究成果非常丰富，笔者只选取了 1997 年以后

---

① 参见刘艳红：《正义、路径与方法》，载梁根林主编：《刑法方法论》，北京，北京大学出版社，2006，第 85 页。

的论文、著作等。论文资料主要是来自中国知网，包括期刊论文、硕博士论文（由于搜索方法等方面的原因，下文中的论文数目只是大概数目，但大致能够反映情况）；著作主要来自于图书馆以及购买等，因此，著作的涵盖范围肯定不完全，但也能说明一些问题。另外，对于刑法适用方法的研究还召开学术会议进行了讨论，例如，“中国法学会刑法学研究会 2003 年年会”就刑法解释的一系列问题展开了探讨；2004 年在深圳召开的“刑法方法论高级论坛”对刑法方法论作一研讨，并出版了著作《刑法方法论》（北京大学出版社 2006 年版）；2008 年在中南财经政法大学法学院举办了“全国中青年刑法学者学术研讨会——刑法解释及相关问题研究”。这些会议对于推动刑法适用方法的研究具有非常重要的作用。

二、研究成果总结、回顾

（一）刑法解释方法

刑法适用的过程就是刑法解释的过程。在刑法适用方法的研究中，刑法解释方面的论文最多，包括期刊论文一千五百多篇，硕博士论文一百七十多篇；著作也很多，如杨艳霞的《刑法解释的理论与方法：以哈贝马斯的沟通行动理论为视角》（法律出版社 2007 年版）、张明楷的《罪刑法定与刑法解释》（北京大学出版社 2009 年版）、张明楷的《刑法分则的解释原理》（中国人民大学出版社 2004 年版），等等。总体说，这些研究成果反映出以下研究特点：（1）研究对象有所扩展。近年来法学研究由立法中心主义逐渐转向司法中心主义，使刑法解释学也产生一定的转向，在解释主体方面从关注机关的解释扩展到关注法官的审判解释①，从刑法解释的一般性理论②到更多地研究具体个案所涉问题的解释。③ 可以说，在刑法解释理论纵深发展的同时，各种解释方法具体运用的研究也成果斐然。（2）刑法解释的立场论争依然激烈，包括形式解释论④与实质解释论⑤之

① 参见张明楷：《罪刑法定与刑法解释》，北京，北京大学出版社，2009；李荣：《刑法适用中的法官解释》，北京，知识产权出版社，2007；牛克乾：《刑事审判视野中的刑法解释》，北京，法律出版社，2010。

② 参见赵秉志：《刑法解释研究》，北京，北京大学出版社；徐岱：《刑法解释学基础理论建构》，北京，法律出版社，2010，等等。

③ 参见国家法官学院、德国国际合作机构：《法律适用方法——刑法案例分析》，北京，中国法制出版社。

④ 参见陈兴良：《形式解释论的再宣示》，载《中国法学》，2010（4）。

⑤ 参见张明楷：《实质解释论的再提倡》，载《中国法学》，2010（4）；刘艳红：《走向实质解释的刑法学》，载《中国法学》，2005（6）；姜涛：《人之图像与刑法实质解释》，载《政法论坛》，2013（3），等等。

争，以及客观解释论[①]与主观解释论[②]之争。形式解释论主张，刑法解释应严格遵守罪刑法定原则，严格按照刑法条文字面可能具有的含义进行解释。实质解释论认为，刑法解释不能只注重法律规范的字面含义，须考量要保护的法益和法的精神，根据社会情势与规范目的来探寻法律规范的意义、目的。主观解释论认为，刑法解释的目标应是阐明刑法条文中蕴含的立法者当时的立法意图。客观解释论认为，刑法解释不应局限于立法原意，不应该往“后”看，而应根据变化了的社会情势赋予法律规范时代内涵。有学者对形式解释论与实质解释论之争作了深入分析和评论，认为形式解释论与实质解释论的理论分歧主要在于，是将刑事违法性作为犯罪的第一要件还是将社会危害性作为犯罪的第一要件。[③] 形式解释是解释的一般原则，实质解释是重要补充方法。[④] 关于客观解释论与主观解释论之争，有学者认为，主观解释论与客观解释论都是极端的解释立场，应采取主观解释为主、客观解释为辅的折中说。[⑤]（3）理论深入实践。关于刑法解释的研究成果中，结合具体案件运用各种解释方法的研究成果逐渐增多，使得各种解释方法的运用更加语境化、更具有示范作用。（4）研究视角不断增多。有不少学者尝试从其他角度或层面对刑法解释方法进行研究，如有人提出了确立人本主义的刑法解释范式，并探讨了人本主义刑法解释范式的相关问题。[⑥] 有学者对刑法适用解释的各种规则进行了分析，提出刑法适用解释应遵循严格解释规则、同一律规则、正确解释规则、生活逻辑规则的形式逻辑与辩证逻辑规则等。[⑦] 有学者基于对话协商理论提出了刑法解释主体是具有多元价值观的解释者构成的解释共同体，刑法解释的目标是解释共同体通过对话协商获得一种共识。[⑧]

（二）刑法适用思维方法

刑法适用的常用思维方式是概念思维，即法官通过判断案件事实是否符合犯罪构成要件中概念所描述的全部特征而寻找规范，推出结论。对于

---

① 参见王政勋：《论客观解释立场与罪刑法定原则》，载《法律科学（西北政法大学学报）》，2011（1）；张明楷：《刑法解释理念》，载《国家检察官学院学报》，2008（6），等等。

② 参见李希慧：《刑法解释论》，北京，中国人民公安大学出版社，1995；徐光华：《刑法解释立场的历史考察——主观解释论之提倡》，载《河北法学》，2008（2）。

③ 参见杨兴培：《刑法实质解释论与形式解释论的透析和批评》，载《法学家》，2013（1）。

④ 参见赵星、周婷：《刑法的实质解释与形式解释》，载《河北学刊》，2013（5）。

⑤ 参见赵运锋：《刑法解释立场：在形式主义与现实主义之间》，载《东方法学》，2011（4）。

⑥ 参见袁林：《以人为本与刑法解释范式的创新研究》，北京，法律出版社，2010。

⑦ 参见梁根林：《刑法适用解释规则论》，载《法学》，2003（12）。

⑧ 参见袁林：《超越主客观解释论：刑法解释标准研究》，载《现代法学》，2011（1）。

常规案件，运用概念思维即可解决裁判问题，但是，由于案件的复杂性和多样性，概念思维的运用具有局限性。于是，刑法学界开始注意和研究类型思维在刑事案件裁判中的运用，并且相关研究成果也日益增加。① 一般认为，概念思维与类型思维都是刑法适用中的基本思维方式，与概念思维相比，类型思维更具有开放性、直观性的特点，更适合刑事疑难案件。对于一些刑法适用中似是而非的案件，或者说案件事实与刑法规范难以准确对接的情况，有学者讨论了结果导向思维②的运用，认为刑事疑难案件中完整的裁判思维是结果导向思维与顺向思维的整合。③ 对于刑法适用中的思维方法研究，总体来说，还是较为薄弱：既没有深入研究，研究对象也不多，或者说，刑法适用中是否还有其他思维方法需要研究和探索。

（三）刑法推理方法

法律推理方法在法理学方面较受关注，推理方法的一般性研究比较丰富，但结合刑法和实际案例进行的探讨依然不多，大概有十多篇期刊论文，几篇硕博士论文。有学者从抽象概念与刑法推理的关系出发，分析了抽象概念对刑法推理正反两方面的影响。④ 有学者对我国刑法适用中法律推理机制的因素及其作用、刑法适用中的法律推理模式作了分析。⑤ 也有学者探讨了我国刑事法官思维方式现状：重形式推理轻实质推理；在形式推理中重视演绎推理，忽视归纳推理与类比推理。同时，对刑事法律推理机制的构建与适用作出深入探讨。⑥ 有人对定罪推理的逻辑特征和要求等作了研究。⑦ 有学者对刑法推理的一般理论，类比推理、演绎推理、辩证推理等在定罪量刑中的具体运用以及推理的客观性、合理性及其制约等问

---

① 参见刘艳红：《刑法类型化概念与法治国原则之哲理》，载《比较法研究》，2003（3）；吴学斌：《刑法思维之变革：从概念思维到类型思维》，载《法商研究》，2007（6）；王昭振：《类型思维：刑法中规范构成要件要素存在的法理根据》，载《法制与社会发展》，2009（1）；齐文远、苏彩霞：《刑法中的类型思维之提倡》，载《法律科学（西北政法大学学报）》，2010（1）；等等。

② 刑法适用中的结果导向思维是指："入刑"思考（先考虑是否将某一行为纳入刑事司法的轨道，或者根据社会危害的严重程度评判后，在符合刑法规定的前提下，基于实现社会公正需要而决定纳入何种刑罚幅度）——结论——小前提——大前提的逻辑顺序，即先有"入刑"思维，以量刑反制定罪。

③ 参见任彦君：《刑事疑难案件中结果导向思维的运用》，载《法学评论》，2012（2）。

④ 参见李金明：《抽象概念与刑法推理》，载《北京理工大学学报》，2005（6）。

⑤ 参见冯建军：《刑法适用中的法律推理机制》，载《中国刑事法杂志》，2005（4）。

⑥ 参见赵运锋：《刑事法律推理机制的缺失与构建》，载《武汉理工大学学报（社会科学版）》，2011（4）。

⑦ 参见雷励：《关于定罪推理的逻辑再思考》，载《西南民族学院学报（哲学社会科学版）》，1999（2）。

题作了系统研究。①

（四）刑法论证方法

不管是法理学界还是刑法学界，对于论证方法的研究，与对解释方法的研究在深度和广度上都是不可比的，法理学主要是对国外理论的译介和分析，更多的属于形而上的东西。刑法学界对刑法论证的研究只是处于起步阶段，还不能满足指导司法实践中遇到的疑难案件的需要。不过，也有学者开始注意这个论题。有学者认为，刑法中的价值判断须通过实体性论证规则（妥当的论证程序和论证方法）才能合理化。② 有人提出，法律论证强调对话、论辩、理性程序，使刑法的适用超越“法律形式主义”，能够兼顾形式正义与实质正义。③ 有学者对刑法论证的特征、刑法论证过程、刑法论证责任及刑法论证的理论导向等进行了分析。④ 有学者在分析了刑法解释的局限性的基础上，认为刑法论证应该作为刑法适用的基本方式。⑤ 总体来说，刑法论证在“公案”或者疑难案件中的重要作用以及其操作方法等问题还需深入研究。

（五）刑法漏洞处理方法

法律存在漏洞是不争的事实，刑法也不例外。自 1997 年《刑法》确立罪刑法定原则、禁止类推以后，似乎如何处理刑法漏洞成为一个避讳的论题，似乎填补漏洞就会违反罪刑法定。尽管如此，还是有不少论文对刑法漏洞问题作了探讨。有的论文对刑法产生漏洞的原因、刑法漏洞填补的现状、模式以及刑法解释对漏洞填补的作用等进行了较为深入的分析。⑥ 有的论文从具体刑法法条入手，结合案例对刑法漏洞问题作了研究。⑦ 这

---

① 参见沈琪：《刑法推理方法初论》，中国政法大学 2006 年博士学位论文；王斌：《论刑法推理在刑法适用中的运用》，西南财经大学 2011 年硕士学位论文；伊传锋：《刑法适用中的推理研究》，西南政法大学 2008 年硕士学位论文，等等。

② 参见苏彩霞：《刑法价值判断的实体性论证规则》，载《华东政法大学学报》，2008（1）。

③ 参见王瑞君：《法律论证与罪刑法定的实现》，载《河北学刊》，2008（1）。

④ 参见陈航：《刑法论证及其存在的问题》，载《环球法律评论》，2008（2）。

⑤ 参见童德华：《从刑法解释到刑法论证》，载《暨南学报（哲学社会科学版）》，2012（1）。

⑥ 参见石晶晶：《关于我国刑法漏洞填补模式的思考》，吉林大学 2008 年硕士学位论文；杜娟：《刑法漏洞的填补与刑法司法解释的完善》，华东政法大学 2008 年硕士学位论文；王瑞君、张建明：《罪刑法定的司法运作》，载《中国刑事法杂志》，2006（3）；包健、蒋涛：《刑法解释是否可以适用“漏洞补充”方法》，载《政治与法律》，2008（4）；李洁：《刑法超法规司法解释的理性选择》，载《甘肃政法学院学报》，2007（5），等等。

⑦ 参见梁根林：《受贿罪法网的漏洞及其补救》，载《中国法学》，2001（6）；肖军：《我国税收刑事立法缺陷分析及其补足研究》，吉林大学 2005 年硕士学位论文；聂立泽、肖鹏：《走私罪若干疑难问题探讨》，载《云南大学学报（法学版）》，2003（1），等等。

些研究成果对于丰富和发展刑法适用的理论，对于解决司法实践中遇到的相关问题具有重要作用。总体来说，结合刑法分则的某些罪名界定刑法漏洞的观点还存在分歧，因此造成是否存在漏洞、对“漏洞”是否应该填补以及如何填补的讨论和对话不在一个话语平台上，这是需要进一步研究和理清的问题。另外，不管是关于刑法漏洞的一般性理论还是结合刑法法条而论的刑法漏洞的研究，都还远远不够，无法为司法实践提供较好的理论支撑，使漏洞的处理没有较为统一的做法，任凭案件的处理“仁者见仁、智者见智”。

（六）刑法适用中的利益衡量和价值判断问题

刑法学界已经注意到刑法适用中的利益衡量问题。① 有学者认为：在刑法适用过程中加入利益的考量不会破坏罪刑法定，犯罪构成并不是定罪量刑的唯一评价因素。在有多个规范可以适用的案件中，或者案件事实与刑法规范不能完全对接、似是而非时，根据个案的社会背景或特殊情况，在犯罪构成评价的前提下，通过利益衡量作出更加妥当的判决也是有效的刑法适用方法之一。② 有学者认为利益衡量是一种重要的刑法解释方法，它不是从法律条文中直接得出结论，而是在实质判断的基础上选择应适用的法律条文，在注重裁判的社会效果方面，利益衡量论符合当前我国的司法政策。③ 从研究现状看，关于利益衡量方法在刑事案件中的适用的研究成果不多，尤其关于在刑法适用中的地位、范围、适用的标准和限度等问题，还没有展开进一步的讨论。

关于法律适用中的价值判断问题，法理学界的研究成果不少，但是关于刑法适用中的价值判断问题，刑法学界的研究成果却不算多。有学者研究了刑法价值判断方法论对于实现我国刑法学具体知识的转型的影响，主要包括价值判断对我国犯罪构成理论体系以及推动刑法理论的体系化所应起的作用。④ 有学者认为刑事裁判中价值判断是不可或缺的方法，原因在于刑法规范的不完美性和抽象性；并认为价值判断的运用不会影响到刑事裁判结果的客观性。⑤ 有学者认为，为保证刑法规范的开放性，须根据时

---

① 参见王海桥、马渊杰：《我国刑法解释理论变迁中的利益衡量思考》，载《中国刑事法杂志》，2012（5）；谭华：《刑事司法过程中的利益衡量》，山东大学2011年硕士学位论文，等等。

② 参见任彦君：《论利益衡量方法在我国刑事裁判中的运用》，载《法学评论》，2013（5）。

③ 参见蔡淮涛：《刑法解释中的利益衡量》，载《河南警察学院学报》，2011（4）。

④ 参见周光权：《价值判断与中国刑法学知识转型》，载《中国社会科学》，2013（4）。

⑤ 参见黄京平、陈鹏展：《刑事裁判过程中价值判断问题研究》，载《法学家》，2005（6）。

代精神作出价值判断。在罪刑法定原则的制约下，只有部分法外的价值判断可以向法内的价值判断转换。在刑法解释中，应优先以刑事政策所含价值取向来填充其间的价值判断内容。① 只是有些问题还没有较为一致的看法，如价值包括什么，价值判断与利益衡量的区别是什么，价值判断如何具有形式上的合法性，价值判断的标准与限度，等等。对这些问题还没有更充分和细致的研究，属于这方面研究的初级阶段。

第二节　刑法适用方法研究的简单评价与展望

一、刑法适用方法研究成果评价

1. 刑法解释方法一直是刑法学界关注的论题，特别是自2003年以“刑法解释”为主题的刑法学年会召开以来，刑法学界开始兴起对刑法解释研究的热潮。在刑法适用方法研究中，刑法解释方法的研究成果最多、最丰富，理论既有纵深发展，也有与司法实践相结合的横向发展。与其他适用方法的研究相比，刑法解释方法研究争论最多，学者对该领域相关问题各抒己见，已经有了学派之争，可谓观点纷呈、亮点彰显。同时，也应该看到，对刑法解释中的一些重要问题还存有不少争议，没有达成基本的共识。另外，司法实践中层出不穷的新问题新情况还需要刑法学界去关注并寻求妥当的解释方法。总之，司法实践中案件的复杂性和多样化需要我们对于刑法解释方法的研究不断推进，需要使刑法解释理论研究更深、更系统化，并更加适应社会的发展。

2. 虽然法理学界对于思维方法有不少研究，但结合刑法学科的特点对刑法适用中思维方法的研究还不算多，现有的科研成果主要集中在2003年以后。这是重规范解读轻法官思维的表现。② 从研究内容看，对于类型思维研究相对较多，一般是在与概念思维的比较中进行分析。类型思维的具体运用标准以及有哪些限制是今后该领域需要重点研究的方向。还有没有其他思维方法？如何运用？这是鲜有讨论的问题。

---

① 参见劳东燕：《刑事政策与刑法解释中的价值判断》，载《政法论坛（中国政法大学学报）》，2012（4）。

② 参见赵运锋：《刑事法律推理机制的缺失与构建》，载《武汉理工大学学报（社会科学版）》，2011（4）。

3．在我国刑事理论界与司法实务界，对刑法推理的关注还远远不够。在研究内容方面主要局限在理论层面，没有更加具体化、系统化的研究成果，对司法实践的指导意义不大。所以有必要结合一些具体案例，讨论如何把握刑法适用中推理方法的运用。

4．在法律漏洞处理方面，研究成果主要集中在法理学、民法学等学科，刑法学者论及的文章不多。有个别文章主要是在司法实践中遇到问题时才发现漏洞的存在，以至于研究主要是关于具体条文中漏洞的处理方法。这当然是发现和总结漏洞处理方法的基础方法，是这方面理论发展的契机，由此，在对具体法条漏洞研究的基础上，归纳出刑法漏洞处理的一般理论是刑法适用研究的一个方向。另外，如何处理刑法漏洞的填补方法与罪刑法定原则的关系、刑法漏洞填补和类推是什么关系等都是不可回避并需要深入研究的问题。

二、刑法适用方法研究展望

近些年重大疑难案件和一些“公案”的出现，本来应该是刑法理论纵深发展的契机，但研究的焦点却主要集中在了定罪量刑的争论，几乎是完全在犯罪构成的框架内，而结合案件社会背景对于刑法适用方法的检讨进行的研究较少。根据刑法适用方法研究现状和社会发展需要，笔者提出以下建议：(1) 法学是具有实践品格的学科，由于种种原因，任何新的法律问题都可能在个案中出现，因此，刑法适用方法研究，在注重一般性理论研究的同时，也要结合刑事司法实践中暴露出的具体问题进行研究，使刑法适用方法的研究更注重案件的语境，更具有实践性、可操作性，能够在刑法稳定性与社会流变之间搭建一座沟通的桥梁。(2) 我们要积极引介国外在刑法适用方法方面的研究，在学习已有方法论的基础上，结合我国刑事政策或相关司法背景，创造出适合我国国情的刑法适用理论。(3) 刑法适用方法的研究还应该加强与其他相关学科的沟通与渗透。首先，要注意吸收理论法学的方法论研究成果，因为法理学中方法论的研究比较繁荣，这是刑法方法论研究的基础；其次，要注意其他部门法学对于法律适用方法的研究现状，通过学科特点的比较进行刑法适用方法的学习和研究，以及时创新和丰富刑法适用方法论，促进刑法适用方法研究的繁荣和发展。

后　记

说不清什么时候开始喜欢看方法论方面的文章，喜欢的原因可能是方法论方面的知识给我一种豁然开朗的感觉：通过对思维方法的实然与应然的透彻分析，找到法律适用的技巧。作为刑法学人，除了应该对刑法理论进行深入学习和研究外，还应该涉足方法论领域，对刑法适用的现状、司法实践中存在的问题、各种方法的运用等进行反思和探讨。那些众人瞩目的热点案件掀起的波浪引起了我尝试探索刑法适用方法论的兴趣，我开始思考和研究刑事疑难案件中所运用的各种思维或裁判方法，在此过程中，产生了将这些方法系统整理的想法，于是就申报了国家社科基金项目，让我惊喜的是居然成功了，感谢那些我所不知的专家们，给我一个机会让我对这些问题深入认真地研究下去。历时 3 年，可以说经历了几多欢乐几多艰辛，终于写完了这本书。其间真正品尝了学术研究的辛苦与不易，在图书出版的时刻也感受到了难以言说的快乐。

感谢我的同仁臧冬斌教授、方嘉亮博士，在本书写作过程中，有很多疑惑和观点与他们进行了深入的探讨，其中的一些章节还让他们做了第一读者，并听取了他们不少独到的见解和中肯的建议。

这个课题的完成，还要感谢我的学生范媛媛、张源，她们帮助收集和查阅了很多资料，减轻了我的一些负担。另外，本书的完成借鉴了很多前人的成果，这是学术不可逾越的研究基础，在此我一并表示感谢！

最后，由于本人学力有限，书中的一些理论观点还不够深入或成熟，既希望在以后的工作和学习中能够进一步丰富和完善，也期盼它能够成为引玉的一块“砖头”。

图书在版编目(CIP)数据

刑事疑案适用法律方法研究/任彦君著. —北京：中国人民大学出版社，2015.12
国家社科基金后期资助项目
ISBN 978-7-300-22119-9

Ⅰ.①刑… Ⅱ.①任… Ⅲ.①刑法-法律适用-中国 Ⅳ.①D924.05

中国版本图书馆 CIP 数据核字（2015）第 273573 号

国家社科基金后期资助项目
刑事疑案适用法律方法研究
任彦君 著
Xingshi Yi'an Shiyong Falü Fangfa Yanjiu

出版发行	中国人民大学出版社		
社　　址	北京中关村大街 31 号	邮政编码	100080
电　　话	010－62511242（总编室）		010－62511770（质管部）
	010－82501766（邮购部）		010－62514148（门市部）
	010－62515195（发行公司）		010－62515275（盗版举报）
网　　址	http://www.crup.com.cn		
经　　销	新华书店		
印　　刷	涿州市星河印刷有限公司		
开　　本	720 mm×1000 mm　1/16	版　　次	2016 年 1 月第 1 版
印　　张	12.75 插页 2	印　　次	2024 年 6 月第 2 次印刷
字　　数	221 000	定　　价	76.00 元